U0926133

魏　峻　主编
吴昌稳　编著

超级链接者

黄埔港与海上丝绸之路

學苑出版社

图书在版编目（CIP）数据

超级链接者 ：黄埔港与海上丝绸之路 / 魏峻主编 ；吴昌稳编著. -- 北京 ：学苑出版社，2024. 12.

ISBN 978-7-5077-7037-7

Ⅰ. K296. 51

中国国家版本馆 CIP 数据核字第 20240L4K37 号

出 版 人：洪文雄
责任编辑：徐志琴
出版发行：学苑出版社
社　　址：北京市丰台区南方庄 2 号院 1 号楼
邮政编码：100079
网　　址：www.book001.com
电子信箱：xueyuanpress@163.com
联系电话：010-67601101（营销部）、010-67603091（总编室）
印 刷 厂：北京建宏印刷有限公司
开本尺寸：787 mm × 1092 mm　1/16
印　　张：15.5
字　　数：200 千字
版　　次：2024 年 12 月第 1 版
印　　次：2024 年 12 月第 1 次印刷
定　　价：86.00 元

本书由
黄埔区魏峻工作室出品

目录

导　论

秦始皇三十三年（前 214），秦朝统一岭南，设桂林、南海和象郡，其中南海郡治设在番禺，即今广州市越秀区。广州由此开启了作为南方大都会和交通枢纽的新阶段，并保持至今。优越的地理位置使广州成为连通岭北和岭南、沟通中国和域外的超级链接者。纵观中国历史长河，很少有一个像广州这样浓缩中外关系发展全景，并对中国社会进程产生如此巨大影响的城市。

广州从汉代开始就是中外交往的海上孔道，唐宋时期已是重要的海贸港口和物流中心。明清时期，特别是在明代“广中事例”之后和清代“一口通商”期间，广州口岸下的黄埔港成为中国最重要的对外贸易港口和商品集散地，无数货物由此输入国内或走向世界，黄埔港也因此成为蜚声中外的海上丝绸之路中心港。[1]

梳理黄埔港在海上丝绸之路发展中的作用，须从历史变动的常情与变态来考虑。由于受珠江水文情况的影响，历史上黄埔港的具体位置几经变动。唐宋元时期，它位于扶胥镇（今广州市黄埔区南

---

1 〔英〕裕尔撰，〔法〕考迪埃修订，张绪山译：《东域纪程录丛：古代中国闻见录》（第一卷），商务印书馆 2021 年，第 59—60 页。

海神庙东侧的庙头村一带），明清时期扶胥港逐渐淤积，黄埔港遂迁至今海珠区凤浦村，也就是今日人们所熟知的“黄埔古港”。清同治年间，黄埔古港因泥沙淤积，迁往一江之隔的长洲岛，即今黄埔军校所在的江中小岛，长洲岛也以黄埔岛名世。民国时期，黄埔港移到鱼珠码头附近，称黄埔新埠。从今天的广州行政区划来说，黄埔港一开始位于今黄埔区，明清时期又迁至今海珠区，民国时期又复归于今黄埔区。

黄埔港在中外贸易和海上丝绸之路交往中的地位如此重要，其中纷繁复杂的海贸历史，内容宏阔的文化交流，以及中外交往中观念、制度和文化的融合与冲突都需要被认真审视。黄埔港在中国历史进程中的重要地位需要被完整呈现，而那些流逝在时光之中的吉光片羽，更是黄埔港无限芳华的印记。

本书在先行研究的基础上，对黄埔港进行了更细致的研究，除了从大历史角度考察黄埔港的发展脉络，还计划从物质、文化和思想角度，横向、纵向阐释黄埔港一千多年的发展历程。

作为区域史研究的一部分，华南研究本身具有重要的影响力，并且形成了自身的范式[1]，即通过细致的田野调查和社会研究去理解整体的历史。黄埔港无疑是一个小的区域，但却与历史发展的长河相始终，即始终参与历史进程，站在历史洪流之中见证历史发展。因此，从黄埔港来观察国家，是一个非常好的落脚点，其中的面向则可以丰富我们对国家和地方的理解。

1　刘志伟：《在区域史研究中认识国家历史》，《江西师范大学学报（哲学社会科学版）》2022年第1期。

一、选题旨趣

黄埔港的位置曾经在今天的广州市黄埔区和海珠区之间变动。这个位于珠江下游尾端的小区域，至迟自唐代就是岭南走向世界的龙头，并在一千多年的时间里作为海上丝绸之路的焦点存在，长期影响世界贸易格局。黄埔港身后是广东以及广袤的中原腹地，它们支撑着黄埔港成为国货出海的桥头堡；黄埔港面前则是滚滚向前的江水和广阔无垠的南海，无数外国货物逐浪而至，奇珍异宝、异域文化和不同肤色人士由此进入中国。

文献和出土文物都证明，广州中外商贸的历史最早可以追溯到西汉。《史记》云："番禺亦其一都会也。珠玑、犀、玳瑁、果布之凑。"[1]"番禺"即今天的广州，而珠玑、犀、玳瑁、果布等或出自海洋或来自域外，为当时的舶来品。可见，西汉时海外商品就不断输入广州，其中多为贵重的物品，供上层社会使用。作为滨海之地，海外货物非船只不能至此也。按照常情推断，西汉以前岭南与海外的来往已经形成，因此西汉时奇珍异宝在广州汇聚的现象并非突然出现，只是岭南被纳入中原王朝统治后，相关信息才被中原人士感知到并载入史册的。

贸易往来是双向的。当时漂洋过海的小船，无论如何不会空驶而来，也不会空驶而归，货物交易是贸易双方联系最为紧密的纽带。海外商品的输入和岭南乃至中国商品的输出都在这里持续发生。从经济角度来说，海上航行存在巨大风险，为提高收益，货物价值往往比较高。这就自然而然引出下一个问题，船只的停靠、商品的吞吐和货物的补给都依赖港口或码头。早期船只规模不大，对港口和码头的要求

1 〔汉〕司马迁撰:《史记》，中华书局2014年，第3966页。

不高，为了减少风险，彼时岭南的港口主要位于今天广东省的西南，如徐闻、合浦等地。

随着海上交通工具的进步、海上航行经验的提升，以及海上航路的延伸，海外船只逐渐北上，而广州地处珠江口，拥有作为港口和码头的天然之利：可以为北上的船只提供诸如商品贸易、货物补给和人员交流的全部条件，也可以为国外商品沿着珠江水道上溯至西南、长江流域提供便利。汉晋时期，广州城市范围尚小，因此有不少海外船只直抵广州城，位于今越秀区的坡山古渡，就是当时比较重要的内河港口。

根据现有资料可知，黄埔港成为广州对外往来的主要港口是从隋唐时期开始的。唐代的开放姿态和盛世气象吸引万国来朝。《旧唐书·卢钧传》载："南海有蛮舶之利，珍货辐凑。旧帅作法兴利以致富，凡为南海者，靡不梱载而还。钧性仁恕，为政廉洁，请监军领市舶使，已一不干预。"[1]从中不难看出，唐代广州是南海重要的货物集散地，外国商人和商船源源不断来这里开展贸易，延续了历史上珍货辐辏的传统，并且规模越来越大。中外贸易体量的增加使得主政官员禁不住想方设法从中渔利，中央政府也设立专门的机构对贸易行为进行管理，并抽取商品赋税，因此有市舶使之设。唐朝政府设市舶使的主要目的有二：一是服务"远人"，即"思有矜恤，以示绥怀"；二是征收税收。[2]

开元二年（714），唐朝政府初设市舶使于安南（今越南），开元十年（722）移至广州并常驻于此。位置的变动说明广州在国家治理中的重要性增强，其已成为岭南地区的政治、经济和文化中心。其中，

1 〔后晋〕刘昫等撰：《旧唐书》卷一百七十七"卢钧传"，中华书局1975年，第4591—4592页。

2 黎虎：《唐代的市舶使与市舶管理》，《历史研究》1998年第3期。

广州在中外贸易中地位的提升是重要影响因素。作为当时贸易往来的重要商业中心，扶胥港在南海港群中的地位自然也是最为重要的。因此，唐开元十四年（726），中央政府派张九龄南下，祭祀南海神。唐天宝十年（751），敕封南海神为“广利王”，而位于广州市黄埔区南海神庙的“南海神广利王庙碑”则成为唐代广州对外贸易地位的见证物。

宋朝政府对海舶之利更加重视，设置市舶司，用一整套官僚体系管理中外贸易，抽取赋税，以供国用。吕思勉指出，“市舶之职，盛于宋实始于唐。然唐代之市舶使，似非如宋代为征榷之要司也”[1]。《宋会要辑稿》称，宋太祖开宝四年（971）任命同知广州潘美、尹崇珂并充市舶司，其部下兼任市舶司判官。[2]此时，北宋政权才控制广州数月，便急不可待地落实海贸管理体制，设立市舶司，以广州知府兼任市舶司主官。个中缘由自然是广州市舶之利十分丰厚：“市舶者，其利不赀，榷金山珠海，天子南库也。”[3]“天子南库”一词可谓是对广州市舶之利的精准概括，其在国家财政体系中的地位可见一斑。宋神宗赵顼对此有十分清晰的说明：“东南利国之大，舶商亦居其一焉。昔钱刘窃据浙广，内足自富，外足抗中国者，亦由笼海商得术也。”[4]他要求各地市舶司因地制宜，找到适合的管理方法，做到“不惟岁获厚利，兼使外蕃辐辏中国”[5]。因此，市舶司的任务是多重的，作用也是多个面向

1 吕思勉：《吕思勉读史札记》，上海古籍出版社 1982 年，第 999 页。

2 〔清〕徐松辑：《宋会要辑稿》职官四四之一，中华书局 1957 年，第 3364 页。

3 〔元〕富大用：《古今事文类聚遗集》卷一三“天子南库”，转引自郎国华：《宋代广东经济发展研究》，暨南大学 2004 年博士学位论文，第 101 页。

4 〔宋〕杨仲良撰：《皇宋通鉴长编纪事本末》卷六六“三司条例司”，江苏古籍出版社 1988 年，第 2135—2136 页。

5 〔宋〕杨仲良撰：《皇宋通鉴长编纪事本末》卷六六“三司条例司”，江苏古籍出版社 1988 年，第 2136 页。

的，如对市舶征收税赋可以减轻一般民众的负担。宋代统治者对此颇有认知："市舶之利最厚，若措置合宜，所得动以百万计，岂不胜取之于民？朕所以留意于此，庶几可以少宽民力尔。"[1]

元代国土广袤，统治者也以开放的胸襟管理国家。此时，不仅陆上丝绸之路不断拓展延伸，海上丝绸之路也深受国家重视。1278年，忽必烈下令推动海外贸易："诸蕃国列居东南岛屿者，皆有慕义之心，可因蕃舶诸人宣布朕意：诚能来朝，朕将宠礼之，其往来互市，各从所欲。"[2]元代，广州仍是我国对外贸易的主要港口之一，黄埔港进出口货物数量还在持续增加。

明代，随着我国社会和经济制度进入稳定状态，国家治理进入守成阶段，在对待中外贸易的态度上，显示出消极态度。明代早期，中外贸易主要以朝贡贸易的形式存在。明朝政府对周边国家前来中国的频率有着严格的规定，有十年、五年、三年和一年之别，来船一般不超过三艘，人员不超过二百人，其目的主要是治理和规训藩属国和"远人"。当时，广东仍是中国对外贸易的重要地区，管理朝贡贸易的机构是广州市舶司。洪武至永乐年间，广东贡舶所装载的货物由政府全部收买，正德三年（1508）才对贡舶征税，采取抽分制。中外贸易中分量更重的是商舶贸易，即民间组织的贸易。这种以营利为目的的贸易，在很长一段时间内被统治者禁止。"隆庆开海"标志着明朝放开"海禁"，允许民间从事海外贸易，"准贩东西二洋"[3]。

有明一代，广州在对外贸易中的地位逐渐上升，黄埔港则成为广州对外贸易最重要的港口。明代遇到了全球历史进程的大转折，随

1 〔清〕梁廷枏：《粤海关志》卷三"前代事实二"，《续修四库全书》（第835册），上海古籍出版社2002年，第485页。

2 〔明〕宋濂撰：《元史》卷十"世祖七"，中华书局1976年，第204页。

3 〔明〕张燮撰：《东西洋考》卷七"税饷考"，明万历四十六年王起宗刊本。

着“地理大发现”和“文艺复兴”的发生，欧洲资本主义因素不断增长，工业革命助推的全球贸易成为第一次全球化的典型特征。明末，葡萄牙商人前来中国开展贸易。这是一种全新的贸易形式，标志着中外现代化贸易的开启，但是明朝政府和整个中国社会依然朝着“过密化”和“内卷”发展[1]，所谓的资本主义萌芽也因制度上的阻碍始终未能发展出本土的资本主义生产方式，中国因而失去主导全球贸易的机会。

清代，康熙帝在统一台湾之后，放松了“海禁”[2]，形成“现今东西两洋皆与中华回［互］市，西洋来市，东洋往市”[3]的贸易格局。清朝政府设立四个海关管理海外贸易，粤海关即为其中之一。乾隆二十二年（1757），清政府实施“一口通商”政策，广州成为全球贸易焦点。黄埔港因为位置显要，靠近省城，成为中外商品汇聚岭南的咽喉和广州最重要的港口。前来广州贸易的商人称：“在世界上没有哪个地方，比公司船队集结在黄埔的那种景象更好看的了。各船的进口货已起卸完毕，每艘船排成优美的行列，等待装运茶叶。那些巨大的船只，不是今天的飞剪船的式样，而是后部宽阔，船舷隆起，船头宽圆。船上各物整洁，秩序井然，显示出纪律与力量。”[4]

这略带夸张的描述，在很大程度上表明海上丝绸之路旺盛的生命力。特别是在“大航海”时代之后，全球海上交通路线被打通，世界各国联系更趋紧密，各地先后被纳入全球体系，黄埔港因此变成中国

1　黄宗智：《中国经济史中的悖论现象与当前的规范认识危机》，《史学理论研究》1993年第1期。

2　田汝康：《十七世纪至十九世纪中叶中国帆船在东南亚洲航运和商业上的地位》，《历史研究》1956年第8期。

3　〔清〕包世臣：《安吴四种》卷二六“齐民四术卷二 农二”，国家图书馆藏本。

4　〔美〕威廉·C.亨特著，冯树铁译：《广州“番鬼”录》，广东人民出版社1993年，第9页。

参与全球贸易体系的支点。但是，这种繁荣是寄生于传统王朝统治下的，它不仅缺乏弹性、自我更新能力[1]，更无法跟上欧洲新兴资本主义蓬勃发展的势头。这种被后世历史学家称为“闭关锁国”的政治治理措施，确实延误了中国的近代化进程。

我们认为，这一历史现象要放在明清时期中国社会发展的大背景中来理解。首先，它是清朝统治者“天朝上国”心态带来的苦果，是由中华帝国晚期的体制僵硬而自我更新能力薄弱导致的。其次，中国的地理环境具有封闭性，东面临海，西北沙漠漫漫，西南山脉绵延，而内部生存空间巨大，导致民族外向精神不足。再次，虽然资本主义痴迷于全球市场，但是对于清政府而言，维持统治稳定和内部稳定是首要任务，海外贸易带来的收益整体上对于以农业立国的中国来说诱惑不大，反而还会导致种种边患。最关键的是，中国属于大陆国家，海上贸易的好处没有深入帝国内部，无法激起广大统治阶层形成发展海上贸易的共识。从管理成本来说，与其将各种风险引入国内，不如拒之门外，这在当时是最优选择。因此，“一口通商”政策的形成在很大程度上是当时历史发展的惯性，客观上导致当时的中国政府没有开放的积极性和意愿。当然，这一政策导致中国错失历史发展机遇，造成中西方的“大分流”[2]，中国由此进入约一个世纪落后挨打的被动局面。

回到本书，黄埔港作为中外贸易的重要节点，延续的时间长，包含的内容广，具有重要的研究价值。特别是在“一口通商”的清代，广州口岸垄断中外贸易长达80余年，黄埔港迎来其发展历程中最为辉

---

1 〔美〕杜赞奇著，王福明译：《文化、权力与国家：1900—1942年的华北农村》，江苏人民出版社1996年，第68页。

2 〔美〕彭慕兰著，史建云译：《大分流：欧洲、中国及现代世界经济的发展》，江苏人民出版社2003年。

煌的时段。彼时海路大开，“广州为中国唯一之互市场，各国商船，率自东莞县虎门入口，聚泊省城之黄埔”[1]。然而，辉煌之后，便是中国历史的大低谷和大变局。中国被世界发展大势裹挟，被动卷入全球化进程，并长期被西方资本主义国家压迫和宰割。本书以黄埔港的贸易发展为中心，希望从三个方面进行努力：一是梳理黄埔港的贸易发展历程；二是关注黄埔港对内外产业、行业的影响，以及黄埔在中外贸易中的地位；三是黄埔港在中外接触过程中所带来的文化层面的交流。实际上，物质层面的接触和传播，只在一定时空范围内呈现比较强烈的状态，但是从历史长河来看，精神层面的交流产生的影响往往更加深远。是故，本书旨在以历时性的视角，考察黄埔港千年贸易史，聚焦中外交往的多个面向，省思贸易与广州、广东乃至中国社会广泛而深入的关系。

二、学术史

就黄埔港而言，学术界对它的关注和研究并不少，既有一定数量以“黄埔”“黄埔港”为题的专书专文，也有不少海关史、贸易史、经济史对其有所涉及。特别是近年来兴起的海上丝绸之路相关研究，为黄埔港贸易史研究带来更多新方法和新史料。关于黄埔港成为海外贸易重要节点的文献，早期最有代表性的当数唐代韩愈所撰的《南海神广利王庙碑》。其中对南海神庙的描述如下：“广州治之东南，海道八十里，扶胥之口，黄木之湾。”[2]此后，关于黄埔港的研究不断出现。宋元笔记谈到广州时，不少会提及黄埔港。当然，此类文献算不上真

---

1 黄鸿寿：《清史纪事本末》（第4册），中华书局1925年，第1页。

2 广州市地方志办公室编，陈锦鸿点注：《南海神庙文献汇辑》，广州出版社2008年，第161页。

正的研究，而属于不同视角的记录和记述。学界真正对黄埔港开展研究，是在现代学术观念传入中国之后。学者们依托文献资料、档案和口述史料对黄埔港开展的探索，大致可以分为以下专题。

（一）黄埔港位置的考证

港口本身应有一个确切的地理位置，这也是它的物理空间。一般而言，港口的位置是确定的，不过“物”与“名”的对应，既是一个历史问题，也是一个文化问题。具体到黄埔港，它的地理位置就曾经多次发生变动，因此确定黄埔港的位置和了解其变化是开展黄埔港研究的基础。目前，学术界对黄埔港位置已有定论，其位置变动的具体情况也较为清楚。从“扶胥之口，黄木之湾”开始，黄埔港的位置随着珠江口水文情况发生变化。

1985年，秦庆均在《黄埔史话》中称，环绕南海神庙的珠江河段古称“黄木之湾”，“黄埔”是“黄木”的谐音[1]，存在音同字异的情况。同年，邓端本在《广州港史》中围绕广州港的历史发展进行总体研究，涉及黄埔港的内容较多。在广州外港的认知方面，该书认为：唐代广州港的外港在菠萝庙附近地区而非通行所称的“扶胥港”；宋代的广州外港已经迁至珠江南岸的琵琶洲（琶洲）；明代澳门实际上成为广州外港，琶洲黄埔港因而深受影响；清代广州港的外港则为菠萝庙上游的“黄埔港”。[2]邓氏所言的“菠萝庙”即今广州市黄埔区的南海神庙，位于今庙头村范围内。琶洲位于今广州市海珠区，目前有黄埔古港遗址，位于石基村内。至于菠萝庙上游的“黄埔港”，现称黄埔老港区，位于现在的鱼珠街道。实际上，晚清黄埔港并不在鱼珠，而是

1　秦庆均：《黄埔史话》，广州市黄埔区政协文史资料研究委员会编：《黄埔文史》（第一辑），1985年铅印本，第3—11页。

2　邓端本：《广州港史》（古代部分），海洋出版社1986年，第63、150、113、195页。

在长洲岛北侧。鱼珠作为黄埔港所在地是在民国二十三年（1934），黄埔港是孙中山先生擘画“南方大港”计划的一部分。

1986年，赵立人的《黄埔港的沧桑》从南宋王象之《舆地纪胜》开始，在文献方面大体梳理了黄埔港作为广州外港的历史脉络，并且认为“黄埔港的形成和发展过程相当复杂，必须分别从古斗村、扶胥镇和琵琶洲说起”[1]。赵氏另一篇文章《黄埔港的变迁》进一步明确了黄埔港的位置变化，即黄埔港的位置从唐宋时期的扶胥镇变成明清时期的琵琶洲黄埔村，再到晚清迁址长洲岛。[2]这一结论是较为可信的。此外，梁根、梁榕芬的《历史上的黄埔港为何四易港址》对此也有提及。[3]

1989年，吴家诗主编的《黄埔港史》（古、近代部分）是全面研究黄埔港史的专书。关于黄埔港位置的变动，吴氏认为：隋唐至元朝，广州外港在庙头村西的扶胥镇，称为扶胥港；明清时期，广州外港由扶胥镇内迁至黄埔洲和琵琶洲一带水域，“始称黄埔港”；清同治年间，黄埔港迁往长洲岛北岸，长洲岛随之改称黄埔岛；20世纪30年代，鱼珠附近兴建“黄埔新埠”。[4]此即1400多年黄埔港之位置变迁。目前，学界对黄埔港位置的认识多采吴家诗的观点，本书也采纳这一说法。此外，《民国时期的黄埔港建设研究（1925—1938）》对民国早期的黄埔港建设做了研究。[5]

---

1 赵立人:《黄埔港的沧桑》,《广州对外贸易学院学报》1986年第3期。

2 赵立人:《黄埔港的变迁》,《岭南文史》1986年第2期。

3 广州市黄埔区政协文史资料研究委员会编:《黄埔文史》（第4辑），1988年铅印本，第1—11页。

4 吴家诗主编:《黄埔港史》（古、近代部分），人民交通出版社1989年，第4—5页。

5 孙晓林:《民国时期的黄埔港建设研究（1925—1938）》，广东省社会科学院2020年硕士学位论文。

（二）黄埔海关研究

黄埔港作为广州港的外港，清代属于粤海关的挂号口，相关研究如《黄埔港史》《广州港史》《广州海关志》[1]《广东省志·海关志》[2]等，对黄埔港的管理体制以及贸易情况都有比较充分的讨论，对黄埔港基本史实的梳理也较为清楚。近年来，相关研究更近一步对黄埔港的若干组成部分进行“深描”，关注黄埔港发展过程中的细节问题和关键节点。

袁峰在《黄埔海关考》中着重考察了自清康熙二十四年（1685）粤海关黄埔挂号口设立到1980年黄埔海关正式直属海关总署近300年的历史，涉及黄埔口岸海关沿革和关区对外贸易发展情况。[3]范岱克在研究广州体制时称，黄埔锚地是个既优质又安全的停泊处，这里能够抵御中国南海猛烈台风的侵袭。黄埔锚地附近没有任何重要设施可以让外国人破坏或者制造威胁，而且此地远在广州视野和射程之外。只要外国船只被限定在黄埔，它们就保持着与地方行政中心和中央政治中心的安全距离。所有这些因素结合起来，使广州自然而然地成了中国外贸的中心。范氏强调，粤海关对外国船只的港口费用征收存在舞弊和尺度不一等情况。[4]

黄埔锚地不仅在文献当中有很多记载，在很多外销艺术品当中也有体现。一些海外研究，如《广州“番鬼”录》，还记载了黄埔港内部的运作。外国商船到达伶仃洋后，需要派“快艇”通知它在广州的代理人，同时派出另一只“快艇”去澳门雇请引水员，领入内河，驶

1 广州海关编志办公室编：《广州海关志》，广东人民出版社1997年。

2 梁金成主编，广东省地方史志编纂委员会编：《广东省志·海关志》，广东省人民出版社2002年。

3 袁峰：《黄埔海关考》，中央编译出版社2016年。

4 〔美〕范岱克著，江滢河、黄超译：《广州贸易：中国沿海的生活与事业（1700—1845）》，社会科学文献出版社2018年，第13、6页。

入被称为“内碇泊所”的黄埔。[1]亨特同时还记载外国商船所需缴纳的规礼和船钞。[2]另外,《早期澳门史》“补编”中对虎门至黄埔的航线,以及“黄埔碇泊所”等有较为详细的记载。[3]

一些来华外国人还通过游记，以亲历者或记录者的视角，对黄埔港的一些情况进行描述，如《东域纪程录丛：古代中国闻见录》《中国印度见闻录》《伊本·白图泰游记》《马可波罗行纪》《利玛窦中国札记》《中国传奇：美国人眼里的中国》等。这些外国人的著作让我们从微观角度了解了不同时代广州和黄埔港的历史。

（三）黄埔港贸易商品研究

港口最重要的功能就是货物吞吐。实际上，中外贸易中货物的品类特别多，并且不同的历史阶段，货物类型和数量也都不同。从隋唐开始，黄埔港的中外贸易商品变化情况就非常复杂。梳理不同时代贸易商品的变化，既可以了解当时国内的产业、市场和消费情况，也可以了解国外的需求变动及中外贸易变化趋势。

1928年，武堉干在《中国国际贸易史》中引用德国历史学家夏德的观点认为，公元前3世纪，广州就是中国和罗马等西方国家贸易的终点。[4]田汝康在《十七世纪至十九世纪中叶中国帆船在东南亚洲航运和商业上的地位》中指出，中国帆船于明清易代之际在东南亚仍保持

1 〔美〕威廉·C.亨特著，冯树铁译:《广州“番鬼”录》，广东人民出版社1993年，第8—9页。

2 〔美〕威廉·C.亨特著，冯树铁译:《广州“番鬼”录》，广东人民出版社1993年，第74—75页。

3 〔瑞典〕龙思泰著，吴义雄、郭德焱、沈正邦译，章文钦校注:《早期澳门史》，东方出版社1997年。

4 转引自武堉干:《中国国际贸易史》，商务印书馆1928年，第15页。

较为领先的优势，大多数贸易被中国控制。[1]由于广州距东南亚地区较近，广州港成为很多往来中国和东南亚船只补给和贸易的中转站，即前文所述的“西洋来市，东洋往市”情况。有学者更进一步将中外互市局面描述为“东洋往市，南洋互市，西洋来市”[2]。李龙潜在《明代广东的对外贸易》中强调，广东是明代对外贸易的重要地区，贡舶和商舶运载而来的不少货物进入广州布政司的广丰库。[3]

汪敬虞在《十九世纪西方资本主义对中国的经济侵略》中对五口通商后的黄埔海关货物进出口价值进行研究，发现黄埔港的外国商船总量虽然下降，但部分国家的商船数量有所增加。[4]邓端本、章深在《广州外贸史》中对广州以及黄埔港的管理体制进行研究，对外贸发展的面向研究较为深入。[5]张晓宁的《天子南库：清前期广州制度下的中西贸易》从贸易史角度解读清代前期广州体制的发生、发展和演变情况。[6]廖大珂的《中国传统海外贸易》在分析历代海外贸易时，论及广州对外贸易商品和清代广州“一口通商”政策。[7]骆昭东的《朝贡贸易与仗剑经商：全球经济视角下的明清外贸政策》从全球史的角度，审视明代全球大变革中的中国贸易和世界贸易形势，其中对广州的贸易格局、商品和状况着墨较多。[8]

---

1 田汝康：《十七世纪至十九世纪中叶中国帆船在东南亚洲航运和商业上的地位》，《历史研究》1956年第8期。

2 刘军：《明清时期海上商品贸易研究（1368—1840）》，东北财经大学2009年博士学位论文，第4页。

3 李龙潜：《明代广东的对外贸易》，《文史哲》1982年第2期。

4 汪敬虞：《十九世纪西方资本主义对中国的经济侵略》，人民出版社1983年。

5 邓端本、章深：《广州外贸史》，广东高等教育出版社1996年。

6 张晓宁：《天子南库：清前期广州制度下的中西贸易》，江西高校出版社1999年。

7 廖大珂：《中国传统海外贸易》，海天出版社2019年。

8 骆昭东：《朝贡贸易与仗剑经商：全球经济视角下的明清外贸政策》，社会科学文献出版社2016年。

蔡鸿生的《广州海事录：从市舶时代到洋舶时代》探讨了世界格局的变化，并在跨文化贸易视野下，梳理广州口岸从中古到近代的海事变迁。[1]蔡氏关注的方面较为广泛，如对“舶”“鬼市”的考证，以及对市舶、洋舶中的“新事物”的关注，其所关注并不拘泥于贸易一端，而是由贸易延伸至文化、典籍、生活和民俗，对本书的构思有启发。

近代前后，中西方贸易成为黄埔港的贸易主流，其中鸦片贸易是欧洲国家扭转贸易逆差的关键手段。1987 年，马建和的《鸦片战争前西方殖民者在黄埔港的鸦片走私》考察了黄埔港的鸦片走私贸易。据统计，黄埔港进口货值在 1818 年占广州进口总值的 87% 以上，1819 年和 1820 年各占 84% 以上。该文对鸦片战争前西方殖民者在黄埔港的鸦片走私情况，包括鸦片输入数量及鸦片走私对港口外贸影响等问题做了较为深入的研究。[2] 1990 年，梁根、梁榕芬的《明清时期黄埔港的对外贸易》梳理了明清时期黄埔港的对外贸易发展历程和实际规模。[3]学者们从个别商品和微观角度对黄埔港的贸易情况进行研究，也证明了黄埔港的重要地位和作用。

（四）海上丝绸之路主题研究

近年来，海上丝绸之路的研究成为“显学”。黄埔港作为海上丝绸之路的焦点，是学者们从事该论题研究绕不过去的对象。由于海上丝绸之路包含内容较广，对黄埔港的研究多作为研究的背景或组成部分被论及，从而为本书的写作留下了空间。

江滢河的《清代洋画与广州口岸》探讨中西方绘画艺术的交流，

---

1 蔡鸿生：《广州海事录：从市舶时代到洋舶时代》，商务印书馆 2018 年。

2 马建和：《鸦片战争前西方殖民者在黄埔港的鸦片走私》，《岭南文史》1987 年第 1 期。

3 广州市黄埔区政协文史资料研究委员会编：《黄埔文史》（第 5 辑），1990 年铅印本，第 1—8 页。

对黄埔港在中西文化交往中的作用有所涉及。[1]江氏的另一部著作《广州口岸与南海航路》记载了广州口岸的地理条件和经济环境，并对秦汉、唐宋、郑和下西洋前后、大航海时代等不同时期的广州口岸和航道的历史变迁进行梳理，其中有不少内容涉及黄埔港。[2]

2006年，李庆新在《海上丝绸之路》中详述海上丝绸之路的开辟与拓展，以及中外经济、文化交流的历史，并对汉代至明清时期广州港口历史及其对中国海外贸易的重要影响有较多论述。[3]李氏在《濒海之地：南海贸易与中外关系史研究》中，提倡以外向视野来研究区域社会经济史，并在相关专题中运用海外资料研究中国海贸问题。[4]

王元林在《内联外接的商贸经济：岭南港口与腹地、海外交通关系研究》中对黄埔港在海上丝绸之路交往中的地位进行了考察。作者还就港口与其他省份之间的关系进行了研究，这对以往的研究是一种推进。[5]周鑫、王潞在《南海港群——广东海上丝绸之路古港》中对南海诸多港口进行研究，黄埔港也在论列。[6]黄启臣的《广东海上丝绸之路史》以通史的形式，介绍自汉代以来广东海上丝绸之路的历史，关注的领域较宽，包括经济和文化，以及海上丝绸之路对社会的影响。[7]李燕的《广州港与海上丝绸之路》对广州港的历史进行了纵向梳理，并基于海上丝绸之路的视野，对其进行了比较全面的梳理。[8]

---

1 江滢河：《清代洋画与广州口岸》，中华书局2007年。

2 江滢河：《广州口岸与南海航路》，广东人民出版社2002年。

3 曾玲玲：《广州古代海外贸易历史研究40年回顾（1979—2019）》，《海交史研究》2020年第1期。

4 李庆新：《濒海之地：南海贸易与中外关系史研究》，中华书局2010年。

5 王元林：《内联外接的商贸经济：岭南港口与腹地、海外交通关系研究》，中国社会科学出版社2012年。

6 周鑫、王潞：《南海港群——广东海上丝绸之路古港》，广东经济出版社2015年。

7 黄启臣：《广东海上丝绸之路史》，广东经济出版社2014年。

8 李燕：《广州港与海上丝绸之路》，广东经济出版社2019年。

一些“十三行”的研究也涉及黄埔史事，如梁嘉彬的《广东十三行考》[1]、王元林主编的《广东海上丝绸之路史料汇编》《广州十三行与海上丝绸之路研究》[2]，以及谭元亨的《十三行史稿：海上丝绸之路的一部断代史》[3]等，对黄埔港的相关历史和文献都有涉及，对本书的撰写有一定的启发和借鉴意义。值得一提的是，一些船史研究也对黄埔港的造船情况有所涉及，如《造船史话》《广东船舶发展简史》《中国木帆船》[4]，等等。

总的来说，学术界对黄埔港的研究具有较好的基础，这是黄埔港历史和现实地位重要的表征，也充分说明黄埔港在中外贸易史上巨大的影响力。一千多年来，黄埔港作为中国贸易港口和“开眼看世界”的窗口，对其开展深入研究是必要的。历史研究是一个不断深入的过程，随着研究旨趣、思路和方法的变化，加上研究者学术禀赋和知识资源的差异，黄埔港的研究可以不断推进。

三、研究资料与思路

黄埔港的基础研究材料不仅谈不上集中，而且显得零碎和分散。这是非常常见的现象。一般而言，历史研究当中，资料的搜集、爬梳、选择、辨证和使用，非常考验研究者的才、学、识。就黄埔港研究而言，其材料存在以下难点：一是材料分散，未见围绕黄埔港出版大型

1 梁嘉彬：《广东十三行考》，广东人民出版社2009年。

2 王元林主编：《广东海上丝绸之路史料汇编》，广东经济出版社2017年；王元林主编：《广州十三行与海上丝绸之路研究》，社会科学文献出版社2019年。

3 谭元亨：《十三行史稿：海上丝绸之路的一部断代史》，中山大学出版社2021年，第278—308页。

4 陈建平、关伟嘉、端木玉等编著：《广东船舶发展简史》，哈尔滨工程大学出版社2018年；何国卫：《中国木帆船》，上海交通大学出版社2019年。

资料汇编。二是港口贸易只是少部分人的生活经验，绝大多数人觉得陌生，而且古代社会识字率低，书籍出版困难，大量的港口情况未进入学者或知识人的视野，而从事海上贸易的人群自身书写有困难，因此第一手材料阙如。三是黄埔属于广州，作为往来通商的口岸，在前贤的记述中往往被一笔带过。因此，黄埔港的研究需要深入挖掘各类资料。就黄埔港研究而言，正史、志书和笔记都是重要的资料来源。

一是正史和方志。正史方面，历代正史中的“食货志”“地理志”“职官志”对各个时期的港口和对外关系有所记载，其中可能会涉及广州和黄埔。明清两朝实录中也有一些记载对外贸易制度、管理和交涉等方面的资料。方志集中记载某一地方的事情。梁启超言：“最古之史，实为方志。”[1]广东方志的编纂比较频繁，且黄埔位于省城附近，因此历代《广东通志》《番禺县志》以及《粤海关志》等记载了不少黄埔港的信息。另外，《舆地纪胜》《读史方舆纪要》等也具有一定价值，可以为本研究提供资料或线索。

二是笔记。宋代以来的笔记，不少涉及岭南地区的世貌风情。如《岭表录异》《广东新语》《游岭南志》《道园类稿》《波罗外纪》《觚剩续编》《海国闻见录》《岭外代答》《檐曝杂记》《瓯北集》《唐大和上东征传》《粤东闻见录》等，可以弥补正史之不足。这种以个人见闻为载体的文献，近年来深受学者的重视。“个人视角”虽然主观，但具有更强的穿透性，可以引起人们更多的共鸣，让后人更好地“进入”那些过去的年代。

三是近现代以来的资料汇编，如《中西交通史料汇编》《海国图志》《广州大典》《近代广州口岸经济社会概况——粤海关报告汇集》《广东海上丝绸之路史料汇编》《清代广州十三行编年史略》《中国近代

1　梁启超：《中国近三百年学术史》，东方出版社2004年，第324页。

对外贸易史资料》《大英图书馆特藏中国清代外销画精华》《中国近代工业史资料（1840—1895）》等。资料汇编可以较快、较全面地让研究者集中了解某一主题的材料，提高学术研究的效率。

如前所述，黄埔港的研究成果比较丰富，本书希望在既有研究的基础上对该主题的研究有一定的推进。首先，利用现有研究和史料来呈现黄埔港的历史变迁，特别是集中展示清代黄埔港鼎盛时期的繁荣景象，一些收藏在博物馆中的文物可以反映这一情况。其次，将物质交流和文化、精神交流熔于一炉，既重视物质层面的研究，也关注文化、精神层面的接触，并且重新评估一些文化和精神层面的交流对我国文化传统产生的影响。最后，服务现实需求。历史研究需要有问题意识，需要回应当代关切，因为人生活在当代，受时代意见影响，必须解决现实的问题。黄埔港的发展与隋唐以来的中国社会发展进程有着密切的关系。实际上，一个国家的港口就是这个国家发展的一面镜子，与国家命运深度结合。黄埔港所见证的繁荣兴旺，黄埔港所见证的风雨飘摇，无不证明封闭带来落后，落后就要挨打。因此，历史的教训，我们不能遗忘。我国改革开放以来取得的巨大成就也说明，中国要紧紧拥抱全球化，扛起“全球化”的大旗，为全世界人民的福祉做出贡献。

本书希望实现以下目标：一是立体呈现黄埔港作为中西贸易焦点的历史；二是从贸易角度，将黄埔港作为海上丝绸之路链条上的重要节点予以考察，评估其物质交流的丰富面向；三是考察黄埔港在中外文化交流方面的角色、作用、作为和影响力；四是从社会发展角度，展现全球贸易交流、人文往来、资本主义浪潮对中华民族产生的巨大影响。我们会发现，一个非常小的区域可能导致世界范围内的重要政治实体发生全局性的变化。

今天，中外贸易大开大合。在本书撰写期间，中外贸易，尤其是中美贸易面临着巨大的分歧：一方面，新兴国家，特别是我国，在经济、贸易全球化过程中迅速成长，并成为全球化的拥护者、推动者和引领者；另一方面，美国等老牌资本主义国家在全球化过程中，因产业变动，自身工业水平下降，贸易结构发生变化，国内出现逆全球化的呼声，一场仿佛 1840 年前中西方贸易争端的翻转版正在上演。生活在 21 世纪前期的我们，见证了相似却全然不同的历史。历史的发展虽然不以个人的意志为转移，但是历史发展却是人在推动的。在此过程中，激烈的冲突似乎远未到来，一场关乎全球未来发展的风暴，是席卷全人类，带来巨大灾害，还是云开雾散，皆大欢喜，都是未定之数。笔者希望，人类能够智慧地吸取历史教训，以全人类的福祉为考量，毕竟历史上软、硬对抗带来的教训太过于深刻。现代文明并不是黑暗森林，深度融合已经成为当代世界的潮流，因此政治家们应该摒弃个人偏见，共谋人类发展，并将发展成果惠及全球百姓，从而推动构建人类命运共同体。

第一章　黄埔港的位置与角色

黄埔港地处珠江出海口，区位优越，是珠江三角洲地区人们走向蓝色大海的要冲，也是我国走向世界的重要支点。隋代在今黄埔区庙头村，即古之所谓的“扶胥之口，黄木之湾”的近海岸边配建南海神庙，敕封火神祝融为“南海神”，唐代进一步提升“南海神”的地位，封其为“南海广利王”。这些行为表明，黄埔港在隋唐时期就是岭南重要的外港，在中外海上贸易方面具有非常重要的地位。不过，由于黄埔港位于珠江出海口，受珠江水文和泥沙淤积的影响，其位置发生过多次变动。虽然如此，但黄埔港作为隋唐以来中国南方重要的对外贸易港口，地位不仅没有受到削弱，甚至在明清时期还得到进一步加强。

第一节　位置变化

黄埔港位置的变化反映出人类在利用自然方面的主动性和应变能力。目前，学界公认的黄埔港最早一处位置是扶胥港，史料表明，至少在宋代，位于庙头村的扶胥港仍然是一处优良的外港。但是，明清时期，由于珠江口泥沙淤积，庙头村的水道逐渐淤塞，广州外港转移到今海珠区琶洲的黄埔村一带，“黄埔港”也正式得名。清同治年间，黄埔港也因淤塞被弃，迁至长洲岛北岸，清末至民国时期的黄埔海关即在此地，长洲岛沿用黄埔之名，称“黄埔岛”[1]。

特殊的位置和历朝历代的重视，使广州在中外贸易中扮演着极其重要的角色。[2]广东自汉代就是海上丝绸之路的起点。《汉书》记载：“自日南障塞、徐闻、合浦船行可五月，有都元国；又船行可四月，有邑卢没国；又船行可二十余日，有谌离国；步行可十余日，有夫甘都卢国。自夫甘都卢国船行可二月余，有黄支国，民俗略与珠崖相类。其州广大，户口多，多异物，自武帝以来皆献见。有译长，属黄门，与应募者俱入海市明珠、璧流离、奇石异物，赍黄金杂缯而往。所至皆廪食为耦，蛮夷贾船，转送致之。亦利交易，剽杀人。又苦逢风波溺死，不者数年来还，大珠至围二寸以下。平帝元始中，王莽辅政，欲耀威德，厚遗黄支国，令遣使献生犀牛。自黄支船行可八月，到皮宗；船行可八月，到日南、象林界云。黄支之南，有已程不国，汉之译使自此还矣。”[3]

由是观之，汉朝船只出洋时，在今岭南多地补给，并且与海外诸国之间的往来已经较多，航行经验非常丰富，航距则以“月”“日”为计量单位。文中提到的出洋地点——日南郡，即今越南广治省东河市广治河与甘露河的合流处；徐闻当时属于南海郡，今仍属于广东省管理；合浦今属于广西壮族自治区——都位于南海之滨。从它们所处位置及汉代中国的开发情况来看，日南、徐闻、合浦都属于边僻地带，

---

1 赵立人、黄伟：《黄埔港的变迁》，《岭南文史》1986 年第 2 期。

2 〔瑞典〕龙思泰著，吴义雄、郭德焱、沈正邦译，章文钦校注：《早期澳门史》，东方出版社 1997 年，第 301 页。

3 〔汉〕班固撰，〔唐〕颜师古注：《汉书》，中华书局 1999 年，第 1330 页。

货物、技术和人员都不足以支撑起完整的海外贸易，故应是补给港。揆诸实际，汉代的船只体量较小，以近海航行为主，需要频繁补给，故沿途会经常停靠海港，笔者认为，上述几个地方只是船只在离开国境之前经常停靠的港口。

实际上，汉晋时期，广州城外有多个码头，如坡山古渡等，就是古码头，为外国商品直接进入广州提供了极大便利。从这一点来说，隋唐以前的广州外港应在城市附近，断不会离岭南政治、经济和文化中心如此之远。《汉书·地理志》记载，合浦郡当时有 15398 户，约 78980 人；南海郡有 19613 户，约 94253 人。[1] 虽然两地人口相差不是很多，但是南海郡作为当时岭南的统治中心，拥有比较发达的航海技术、造船技术，可以制造船只，也可以维修船只。这些优势使得广州成为海上丝绸之路上重要的支点。

一、隋唐宋元时期的黄埔港

《舆地纪胜》载："广州东一百里有古斗村，自此出海，溟渺无际。"[2] 此处的古斗村，如今称为庙头村，是隋唐时期扶胥港所在地。今天，庙头村前早已没有烟波浩渺的南海，但是其位于珠江岸边，一千多年前的珠江江面较今日广阔，因此，"溟渺无际"之感并不出奇。

隋唐时期，扶胥港是岭南的出海口，从事中外贸易，并且已经成为海上交通的重要节点，从而受到国家层面的重视。《隋书·礼仪志》记："开皇十四年闰十月，诏……东海于会稽县界，南海于南海镇南，并近海立祠。"[3] 也就是说，开皇十四年（594）隋文帝杨坚诏令在南海

1 〔汉〕班固撰，〔唐〕颜师古注：《汉书》，中华书局 1964 年，第 1630、1627 页。

2 〔宋〕王象之撰：《舆地纪胜》卷八九"广南东路"，国家图书馆藏影宋抄本。

3 〔唐〕魏征等撰：《隋书》卷七"礼仪志二"，中华书局 1973 年，第 140 页。

镇南建立祠庙，以崇祀南海神，祈求保佑南海风平浪静。元大德七年（1303），《重建波罗庙记》亦载："隋文帝始命于近海立祠……南海祀于南海镇，即今之扶胥镇，距城八十里者也。"[1]可见，南海镇即扶胥镇，杨坚诏令修建的应是南海神庙。

扶胥镇庙头村成为黄埔港的初兴之地是有原因的。此处位于珠江主干流北岸，东江三角洲平原、广州准点平原和沙湾河口包绕的狮子洋顶端，是珠江前后航线及东江汇合之处。庙头村前有黄埔、沙路二深水湾，东有东莞丘陵，西有市桥台地，北有广州丘陵，黄埔深水湾前还有长洲、洪圣沙、龙船沙、大吉沙、鲨鱼洲、铜鼓沙等岛屿排列如带，是一个天然良港。[2]由于地理条件优越，扶胥港历隋、唐、宋、元四朝而不衰。

隋唐时期，广州已经是岭南的交通中心，陆路、水陆交通便利，大量岭北物产汇聚于此，可以为海外贸易提供源源不断的货物。唐代诗人刘禹锡这样描绘："连天浪静长鲸息，映日帆多宝舶来。"[3]当时，东亚的日本和朝鲜、东南亚各国、南亚的印度和西亚的波斯（今伊朗及其周边地区），以及阿拉伯地区和非洲东岸等不少国家前来黄埔港贸易。中国的商船也从这里出发，前往海外。1973年，在南海神庙西侧鱼塘发现成排的码头枕木，长2米多，延伸20米以上，据碳14测定，为晚唐遗物。[4]

---

1 同治《番禺县志》卷三十，《中国方志丛书》（第四十八号），成文出版社1967年，第376页。

2 吴家诗主编：《黄埔港史》（古、近代部分），人民交通出版社1989年，第1页。

3 刘禹锡：《南海马大夫远示著述兼酬拙诗辄著微诚再有长句时蔡戎未弭故见于篇末》，转引自高建新：《"映日帆多宝舶来"——唐诗中的"海上丝路"》，《唐都学刊》2021年第5期。

4 闫晓青：《南海神庙——中国古代海上丝绸之路的重要遗迹》，《南方文物》2005年第3期。

在海外贸易不断发展的情况下，714年唐代在广州设市舶使。市舶使主要负责征收船舶进口税，掌管海外贸易。当时来广州的外国人很多，为方便管理，划广州城西南濠东岸蕃舶码头区作为外国人的居住区，即著名的“蕃坊”。蕃坊中，设蕃长管理内部事务。

宋元时期，扶胥港仍是广州主要的外港，因此广州古代航海贸易的兴盛基本代表了扶胥港的繁荣。南宋乾道元年（1165），《南海广利洪圣昭顺威显王记》记载了扶胥港的航运盛况：“夷舶往来，百货丰盈。顺流而济，波伏不兴，自唐迄今，务极徽称。”[1]黄埔港繁荣的中外货物贸易长盛不衰。两年后，南宋乾道三年（1167），《重修南海庙记》对此也有描述：“胡商越贾具万斛之舟，张起云之帆，转如山之柁，乘长风破巨浪，往来迅速，如履平地……西南诸蕃三十余国，各输珍赉，辐辏五羊。珍贵之货，不可缕数。闽浙舢船，亦皆载重而至。岁补何啻千万缗，廛肆贸易，繁夥富盛，公私优裕，王之力焉。”五羊即五羊城，广州之别称。由碑文可知，宋代有30余国常年与中国有贸易往来。半个多世纪之后，南宋宝庆元年（1225），《重修南海神庙碑》则称“外通蛮夷何啻百十国”。从通商国家数量上来看，黄埔港接待的国家超过百个，实实在在成为中外商贸往来的枢纽和焦点。研究人员从“南海Ⅰ号”出水文物中发现来自佛山奇石窑的产品[2]，说明它停靠过黄埔港，在总共18万多件船货中，可能大量是在黄埔港装载的。

与宋代相比，元代黄埔港因泉州港的竞争，地位有所下降，不过仍是海上丝绸之路的重要支点性和关键性港口。据统计，元代黄埔港的主要航线有7条之多：①广州至交趾（今越南北部地区）、占城（今越南南部地区）和真腊（今柬埔寨境内）的航线；②广州至马来半岛

1 冼剑民、陈鸿钧：《广州碑刻集》，广东高等教育出版社2006年，第324页。

2 吴寒筠、李灶新、肖达顺、崔剑锋：《广州南越国宫署遗址和“南海Ⅰ号”沉船出土酱釉器产地分析》，《文博学刊》2022年第2期。

的航线；③广州至苏门答腊岛的航线；④广州至爪哇岛的航线；⑤广州至加里曼丹岛（别称婆罗洲）的航线；⑥广州至菲律宾的航线；⑦广州至印度半岛、波斯湾和红海的航线。[1] 广阔辽远的航线使黄埔港广纳外国商舶，也为中国商品走向世界提供了重要的出海口。1322—1328年，意大利人鄂多立克到达广州。据其称，当时的广州港要比威尼斯港大3倍，停泊着数量极其庞大的船舶。[2]

元代陈大震在《大德南海志》中记录了与广州有贸易往来的140多个国家和地区。书中称广州为“蕃舶凑集之所，宝货丛聚，实为外府，岛夷诸国名不可殚”[3]。这说明元代的海外贸易较之宋代更加繁荣，贸易范围也更大，同时也证实广州在元代依然是一个繁忙的对外贸易大港。元代史籍中还有很多类似记载可证广州贸易兴盛，如“岁时蕃舶金、珠、犀、象、香药、杂产之富，充溢耳目，抽赋帑藏，盖不下巨万计”[4]“东广之为郡，服岭以南一大都会，临治海岛。近悦远来，贡赋货殖充斥，瑰异比于中州，而文物称焉”[5]。

二、明清时期的黄埔港

元代以后，东江三角洲继续发育，扶胥港前的海滩泥沙淤积，已不适合作为港口。崔弼称，“（扶胥港）淤积既久，咸卤继至，沧海为田，潮当涨，就岸犹易，水稍退，则平沙十里，挽舟难行，进退两

1　李燕：《广州港与海上丝绸之路》，广东经济出版社2019年，第48—50页。

2　张伟湘、薛昌青：《广东古代海港》，广东人民出版社2008年，第13页。

3　〔元〕陈大震纂修：《大德南海志》，中华书局编辑部编：《宋元方志丛刊》，中华书局1990年，第8430页。

4　〔元〕吴莱：《渊颖集》卷九“南海山水人物古迹记”，四部丛刊景元至正本。

5　〔元〕虞集：《道园类稿》卷二三“广州路右文成化庙记”，新文丰出版有限公司编辑部编：《元人文集珍本丛刊》（第五册），新文丰出版有限公司1985年，第602页。

难"[1]。因此，广州外港逐渐从扶胥转移到黄埔洲和琵琶洲一带水域，即由东江口黄埔深水湾的东边向内转移到黄埔深水湾的西边，始称黄埔港。这一时期，广州港重新成为全国第一大港和全球贸易航线中的枢纽。

黄埔洲和琵琶洲是珠江水道上的两个小岛，宋代即作为中外商船停泊之所。北宋时曾任南海尉的方信儒在《南海百咏》中说："琵琶洲在郡东三十里，以形似名。俗传洲在水中，与水升降，盖海舶所集之地也。"他还有"仿佛琵琶海上洲，年年常与水沉浮。客船昨夜西风起，应有江头商妇愁"[2]的诗句。如是观之，黄埔港在当时还有部分客运功能。

明代实施海禁时，不准外国贡船进入广州内港，黄埔港成为贡船停靠点，其在贸易关系中的位置更加重要。明人王圻曾说："贡舶与市舶一事也……凡外夷贡者，我朝皆设市舶司以领之，在广东者专为占城、暹罗诸蕃而设……贡舶者，王法之所许，市舶之所司，乃贸易之公也。海商者，王法之所不许，市舶之所不经，乃贸易之私也。"[3]可见，在当时的中外贸易中，贡舶与市舶是合法的贸易，而海商运货是非法贸易，为"王法之所不许"。黄埔港作为海道贡使出入的关卡，凡贡舶到来，先由"守澳官验实申海道，闻于抚按衙门，始放入澳"[4]，然后由地方官会同广州市舶司官员来到黄埔港和其他各"澳"贡船上，加以检验。海事官员在核验"勘合"无误后，将贵重贡品加封造册报户部，差人将贡使与贡品解运入京。

---

1 〔清〕崔弼辑，闫晓青校注:《波罗外纪》卷二，广东人民出版社 2017 年，第 66 页。

2 〔宋〕方信儒:《南海百咏》"琵琶洲"，嘉应吴兰修据甘泉江氏藏影钞元本校刊，道光元年（1821）刊本。

3 〔明〕王圻:《续文献通考》卷三一"市籴考"，北京大学图书馆藏本。

4 〔明〕庞尚鹏《百可亭摘稿》卷一,《四库全书存目丛书》集部第 129 册，第 130 页。

隆庆开海以后，私商的海舶贸易取得合法资格，中外贸易变得更加繁荣，外国至广东贸易船只成倍增加，从黄埔港起航前往东、西洋贸易的商船络绎不绝，帆影纵横南海和印度洋。例如，海瑞之孙海述祖拥有巨大资本，独资经营海外贸易。他“治一大舶，其舶首尾长二十八丈以象宿，房分六十四口以象卦，篷张二十四叶以象气，桅高二十五丈，曰擎天柱”[1]，从广州黄埔港和海南岛载货前往海外诸国贸易。当时从事海外贸易的民间船只规模越来越大，一般使用双桅船，以船队形式，携带大量船货从事海上贸易。许多海商为长期从事中外贸易，居留异国，在海上丝绸之路上形成一条由船主、海商、揽头、华侨组成的商业网络，推动明代海上贸易的发展。明朝政府还在黄埔港开展港口建设。万历二十六年（1598），在琶洲岛上建“九级浮屠，屹峙海中，壮广形胜，名曰海鳌”[2]。“海鳌”塔又名琶洲塔，作为黄埔港的“海望标志”，起着指引中外船只航行的作用。

清代前期，出于政治上的需要，政府对东南沿海采取海禁政策。统一台湾后，海禁逐渐放开。康熙二十四年，粤海关设立，延续千年的市舶制度被改变。清政府在黄埔设立粤海关的挂号口（黄埔税馆），它也是中外贸易的关键节点。黄埔挂号口的主要功能有：第一，对抵达广州贸易的外国商船进行检查、登记注册。清政府规定：载洋货入口的外国商船，不得沿江停泊，必须下锚于黄埔，外国商船未获许可不得入境贸易。外商货物卸岸后，一般在酱园码头后面临时搭寮保管。第二，征收船钞及其他杂费。除进出口货税在省城大关征收外，外国商船的船钞、引水费、船规银、通事买办费和挂号银等，均由粤海关黄埔挂号口征收，具体办理地点为黄埔税馆。第三，办理外国商船进

1 〔清〕钮琇：《觚剩续编》卷三“海天行”，北京大学图书馆藏本。

2 〔明〕郭棐修：《广州通志》卷十四，明万历三十年（1602）刻本。

出黄埔港和外国商人由黄埔港往返广州城以及贸易相关事宜，具体由夷务所负责。第四，为停泊在黄埔港的外国商人提供后勤保障，比如代买食物及日常生活用品等，由买办馆具体负责。第五，营兵驻防，以保卫黄埔港安全。永靖营是清政府派驻黄埔挂号口的驻军，一般由1名广州协标外委、12名士兵驻守。[1]雍正二年（1724），清政府重申“外来洋舶向俱泊于近省黄埔地方”[2]。

乾隆二十二年，乾隆皇帝发出上谕：“嗣后口岸定于广东，不得再赴浙省，此于粤民生计，并赣、韶等关均有裨益，而浙省海防亦得肃清。”[3]清政府正式推行“一口通商”政策，黄埔港成为广州口岸主要的进出口港。按照规定，外国商船需要在黄埔港停泊，将货物用西瓜扁等小型内河船只运送至十三行馆区；运往外国销售的货物，则由十三行行商组织，也由内河小船运送至黄埔港，装船外运。“黄埔离省二十余里，外有虎门协左右两营星罗控制，洋船必由横档、南山二炮台出口，以达狮子外洋，其大小虎门、鹿步、新造、四沙等要隘，俱有营汛兵船，把守严密。我朝柔远德意遍及遐方，航海而来者共沾圣主恩膏，中外一体。夷商进口，俱安分交易，甚为恭顺，自来无敢滋生事端。”[4]

鸦片战争前，黄埔港为全国唯一合法的与西方开展贸易的口岸，因而空前繁荣。许多史籍记载了当时黄埔港的繁荣景象。清初顾祖禹说：“闽、浙舟楫入广者多泊于此。”[5]魏源亦说：“黄埔在水中央，周围

1　袁峰：《黄埔海关考》，中央编译出版社2016年，第41页。

2　〔清〕王之春著，赵春晨点校：《清朝柔远记》，中华书局2008年，第60页。

3　姚贤镐编：《中国近代对外贸易史资料（1840—1895）》（第一册），中华书局1962年，第181页。

4　周鑫、王潞著：《南海港群——广东海上丝绸之路古港》，广东经济出版社2015年，第37页。

5　〔清〕顾祖禹撰，贺次君、施和金点校：《读史方舆纪要》卷一百一“广东二”，中华书局2005年，第4600页。

皆洋货船，而内地尤帆樯如林。”[1]《粤海关志》记载，清朝前期，黄埔港已有人工码头，港口管理机构也甚为齐全。

三、晚清民国时期的黄埔港

鸦片战争以后，中国对外贸易中心向上海转移，黄埔港的地位受到削弱。清同治年间，黄埔港的港口管理机构迁到一水之隔的长洲岛北岸，新港址仍沿用黄埔旧名，因此长洲岛随之被称为黄埔岛。黄埔岛四周虽然水深，但它是江中孤岛，与陆上交通不便。辛亥革命后，孙中山将黄埔港移至与黄埔岛隔江相望的珠江北岸，新建了鱼珠码头，称为“黄埔新埠”。今天广州市黄埔区的工业和交通正是依托港口发展而来的。

清末民初，广州港有了进一步的发展，港口建设更具规模。第二次鸦片战争后，因外轮可以进入我国内河，加上清末西江开放通商，黄埔港功能被削弱，广州内港的功能得到加强。此后，外商、华商和广东地方当局纷纷在广州西面和河南增加港埠设施，新建大量堤岸、码头、仓库、货栈、商铺、煤油池等。同时，广州河道上的码头数量增多，船只停泊之处和货物存放之地随之增加，货物吞吐量增大，港口和码头的管理得到进一步完善。此时的广州港已初步形成近代港口群。[2]

虽然长洲岛四周纵深较好，但它位于珠江之中，与陆上交通不便，令其发展受阻。黄埔港曾是孙中山《建国方略》中“南方大港”的中

1 〔清〕林则徐译：《华事夷言》，清光绪十七年上海著易堂铅印《小方壶斋舆地丛钞》本，第7页。

2 方志钦、蒋祖缘、徐松荣主编：《广东通史》（近代·下），广东高等教育出版社2010年，第657页。

心。孙中山将“南方大港”的港址选在今黄埔区的鱼珠，主要考量因素是该处的优越地理条件。第一，黄埔位于广州河汊的顶点，在珠江主干流北岸，土地肥沃，物产丰富，人口众多，是建设繁荣新广州适宜之地。第二，黄埔地处海洋运输的起点，既为中国南方内河水运的中轴，又为海洋交通的枢纽，经济腹地广阔，具有成为世界级海港的地理位置。第三，黄埔地区有黄埔、沙路二深水湾，江阔水深，适合巨舶停泊，是建设“南方大港”的理想地方。

为了把黄埔的鱼珠建成“南方大港”，孙中山在《建国方略》“第三实业计划”中提出了一系列配套计划与航道整治措施。其一，疏浚黄埔至伶仃岛出口航道，计划在伶仃岛至虎门外建筑两道共8英里[1]长的水底范堤，将航道疏浚至50英尺[2]深；虎门至黄埔段，修建7道共5英里长的水坝，利用自然水力冲刷河底，将航道疏浚至40英尺以上，使远洋巨轮自公海直通广州城。其二，改良广州水路系统。通过对东、西、北三江和河汊的整治，沟通黄埔与广东内陆地区、广西、云南、贵州、湖南以至长江的联系。其三，建设西南铁路系统。以广州为起点，建广州至重庆、广州至成都、广州至云南、广州至广西等7条铁路，将广州同西南地区所有重要城市与矿产地联结起来，使其成为“南方大港”深远广阔的经济腹地。[3]孙中山的“南方大港”计划，不但是一个建设新广州的计划，也是一个建设大西南的宏伟蓝图。[4]不过，因为当时国内局势和港英当局欲维护香港国际货运中心地位，这些计划无法付诸实施。

1　1英里=1609.344米。

2　1英尺=0.3048米。

3　孙中山著，牧之、方新、守义选注：《建国方略》，辽宁人民出版社1994年，第160—162页。

4　吴家诗主编：《黄埔港史》（古、近代部分），人民交通出版社1989年，第207页。

1929—1936年，广东处于陈济棠的统治之下。这段时间，广东政局较为安定，陈济棠比较重视地方工业和交通的发展。广东地方政府十分注意黄埔港的建设，把它作为“繁荣广州之主要工作”，打算扩大黄埔港内外港区的建设，以黄埔为枢纽，沟通各处河道，建立官营远洋和内河船队，将湘、鄂、黔、桂、滇、闽置于黄埔港运输辐射范围内。[1]黄埔港工程建设在20世纪30年代初被重新提了出来。当时，先后拟订了两个黄埔港建设计划，即《黄埔港计划》与《黄埔开埠计划书》。前者是港与市相结合的计划，拟将黄埔发展成11万人口的港口城市，规划的港市面积达523平方公里[2]；后者规划的面积和规模更加宏大，计划将黄埔建设成75万人口的港口城市。1937—1938年，国民政府在鱼珠炮台、珠岗村、横沙乡、乌冲口一带兴建了深水码头，当时称为“黄埔新埠”，即今日的黄埔老港。[3]

目前，黄埔作为广州市辖区，总体发展情况较好，后劲也较足。作为最早的“黄埔港”所在地，相关历史遗迹至今仍然在诉说着黄埔悠久的中外贸易历史。如今，广州主港已经变成南沙港，但是黄埔区支撑广州港口的地理和水文条件一直都在。1973年，国家在黄埔老港下游东江口西南的墩头基开辟了新港区，称为“黄埔新港”。

从隋唐时期开始，直到1949年，黄埔港虽然四易其址，但每次港口变迁，都没有超出黄埔深水湾的范围。这说明黄埔深水湾具有支持港口发展的优越地理条件。[4]由于黄埔港与广州城区距离适中，在严“夷夏之防”的时代和珠江自然水文变化过程中，它始终是“链接”中国与世界的焦点。直到21世纪兴建南沙港，广州港才走出虎门，以适

1　吴志辉：《陈济棠时期广东的经济布局》，《广州研究》1985年第3期。

2　吴家诗主编：《黄埔港史》（古、近代部分），人民交通出版社1989年，第218页。

3　袁峰：《黄埔海关考》，中央编译出版社2016年，第3页。

4　吴家诗主编：《黄埔港史》（古、近代部分），人民交通出版社1989年，第4—5页。

应广州建设现代国际航运中心的时代新要求。[1]

第二节　角色变迁

前有述及，德国历史学家夏德认为，早在公元前3世纪，广州地区就已经和海外诸国建立了相当密切的贸易关系：“中国与罗马等西方国家的海上贸易，要以广州为终止点。盖自纪元三世纪以前，广州即已成为海上贸易之要冲矣。”[2]西汉南越王墓及南越国宫署遗址出土遗物可以印证夏德所言非虚，其中具有异域特点的银盒、金花泡以及八棱石柱，皆是广州与海外交往的历史见证物。也就是说，广州作为两千多年来岭南地区的早期贸易港是没有疑义的。

广州作为全球贸易中心能够长盛不衰，主要得益于其良好的区位优势。广州不仅面朝南海，是中外贸易的重要支点，而且拥有广阔的腹地作为支撑。广东背靠南岭，岭北即是广阔的中原，黄埔港的出口商品除产自本地外，还包括广西、湖南、云南、贵州及湖北、江西、四川的部分地区。在历史发展过程中，黄埔港的辐射能力不断增强。清代“一口通商”时期，全国的进出口物资都要经过黄埔港集散。具体来说，苏、皖、浙、闽、湘、鄂、川、赣、云、贵等省的茶叶、瓷器、丝绸、生丝、土布，以及鲁、直、晋、陕、甘的水果、药材、皮货、酒类等土特产，都需要经过黄埔港出口。[3]西方进口物资也只有在黄埔港卸载后，方可运销全国各地。

1　李燕：《广州港与海上丝绸之路》，广东经济出版社2019年，第33页。

2　转引自武堉干：《中国国际贸易史》，商务印书馆1928年，第15页。

3　吴家诗主编：《黄埔港史》（古、近代部分），人民交通出版社1989年，第5页。

一、隋唐时期

隋炀帝大业三年（607），屯田主事常骏等请求出使赤土国（今马来半岛西岸梅尔博河下游）。当年十月，常骏从南海郡乘季风出使赤土国。《隋书》载曰："赤土国，扶南之别种也。在南海中，水行百余日而达所都。土色多赤，因以为号……其年十月，骏等自南海郡乘舟，书（昼）夜二旬，每值便风。至焦石山而过，东南泊陵伽钵拔多洲，西与林邑相对，上有神祠焉。又南行，至师子石，自是岛屿连接。又行二三日，西望见狼牙须国之山，于是南达鸡笼岛，至于赤土之界。"[1]从上述记载中可以得知，常骏的船队需经20个昼夜的航行，到达焦石山（今越南占婆岛），之后暂泊于其东南的陵伽钵拔多洲（今越南归仁以北的燕子岬），复南行至师子石（今越南昆仑岛附近），再西行则接近马来半岛沿岸之狼牙须（今泰国南部北大年一带），再南航才抵达赤土国。赤土国国王派出30艘小船前来迎接，举行了盛大的欢迎仪式。[2]常骏回国时，赤土国国王遣其王子随行入贡。与上文提到的隋文帝敕建南海神庙的材料相联系，常骏从广州出发的港口，应该就是扶胥港。

当时，广州是海上丝绸之路沿线国家开展贸易的关键节点。《唐大和上东征传》载："（广州）江中有婆罗门、波斯、昆仑等舶，不知其数；并载香药、珍宝，积载如山。舶深六、七丈，师子国、大石国、骨唐国、白蛮、赤蛮等往来居［住］，种类极多。"[3]此处的"大和上"指鉴真，其第五次东渡日本失败，漂流至今海南，返回扬州时途经广州，居留广州期间，看到黄埔港繁忙壮观的贸易场景。从其所见可知，

1 〔唐〕魏征等撰：《隋书》卷八十二"南蛮传"，中华书局1973年，第1833－1834页。

2 〔唐〕魏征等撰：《隋书》卷八十二"南蛮传"，中华书局1973年，第1834页。

3 〔日〕真人元开著，汪向荣校注：《唐大和上东征传》，中华书局1979年，第74页。

当时黄埔港停留着许多国家和地区的商舶，涉及区域涵盖印度、阿拉伯、东南亚和非洲南部等。其所谓白蛮指的是白色人种，赤蛮则为黑色人种。港口的贸易商品琳琅满目，数量众多，“积载如山”。这是一幅非常生动的唐代广州中外贸易图景。

在规模上，直观的数字可以揭示广州与海外联系的紧密性。唐大历四年（769），李勉出任广州刺史和岭南节度观察使时，“前后西域舶泛海至者岁才四五，勉性廉洁，舶来都不检阅，故末年至者四千余”[1]。张星烺按“每舟容载二百人计之”[2]，4000多艘海舶每年约有80万人进出广州，进行各种商贸活动。不过，此处“四千余”应是“四十余”之误，即每年来广州的外国人应在8000人左右。这一数字在当时也是非常惊人的。

唐中期，广州对外贸易发展迅猛，成为全国最大的对外贸易港口。扶胥港因此勃兴，古斗村发展成南海镇，成为南海县治所在。《新唐书·地理志》中提到“广州通海夷道”，长度达1.4万公里。[3]“广州通海夷道”的出现还与唐中后期的周边局势有关。当时西南吐蕃政权变得强大并四处侵扰，中亚信奉伊斯兰教的阿拉伯帝国也在崛起并发动

1　〔后晋〕刘昫等撰：《旧唐书》卷一百三十一“李勉传”，《文渊阁四库全书》第270册，台湾商务印书馆影印，第541页。关于李勉任广州刺史期间西域船只数量，不同版本的《旧唐书》数量不同。如《文渊阁四库全书》为“四千余”，中华书局版《旧唐书》（中华书局1975年，第3635页）为“四十余”。张星烺《中西交通史料汇编》（第二册）中用“四千余”之说，此处存疑。揆诸实际，每年4000多艘船只来到黄埔港，且当时仅凭季风才可到广州，因此每天到广州的船只应有四五十艘之多。〔宋〕欧阳修、宋祁等撰：《新唐书》卷一百三十一（中华书局1975年，第4508页）中为“四十余舵”。《新唐书》（《文渊阁四库全书》第274册，第637页）为“四千余舵”。上述差异可能系抄写之误，笔者认为，每年“四十余”是合理的。

2　张星烺编注，朱杰勤校订：《中西交通史料汇编》（第二册），中华书局1977年，第204页。

3　姚楠、陈佳荣、丘进：《七海扬帆》，中华书局1990年，第68页。

东征，沟通中西贸易的陆上丝绸之路被阻塞，西北丝路贸易衰落，海上丝绸之路乘势而起。贾耽记载的从广州到波斯湾及其以南的航路非常翔实，“广州通海夷道”的可信度很高。[1]因此，8世纪时，中国船舶到达波斯湾一带港口的史实是非常可信的。

作为第一大港，唐代广州号称“雄藩夷之宝货，冠吴越之繁华”[2]，中阿之间的商贸往来十分热络，双方对对方的货物需求都特别大。曾经旅居广州的大食（阿拉伯帝国）商人苏莱曼对广州当时的外贸地位有确切的描述：“广府是船舶的商埠，是阿拉伯货物和中国货物的集散地。”[3]这里的“广府”就是广州，而进出广州的货物依赖黄埔港中转。货物贸易背后，人员交往也很密切，唐代“从伊拉克去中国和印度的商人络绎不绝”[4]，广州因而产生专供外国人居住的“蕃坊”。在广州居住期间，他们经历了唐末的黄巢起义并受到冲击，不少阿拉伯人离开广州回国。[5]

二、宋元时期

宋代，广州仍是全国最大港口，也是世界贸易中心之一。“崇宁初，三路各置提举市舶官，三方唯广最盛。”[6]元代，泉州取代广州成为中国最大、最繁忙的港口，但广州港的地位仍然十分突出，仅次于泉州港。从规模来说，在宋元400多年的时间里，广州的对外贸易比隋

1 〔宋〕欧阳修、宋祁撰：《新唐书》卷四十三下，中华书局1975年，第1146页。

2 〔清〕董诰等编：《全唐文》卷八百二十七，中华书局1983年，第8717页。

3 穆根来、汶江、黄倬汉译：《中国印度见闻录》，中华书局1983年，第7页。

4 穆根来、汶江、黄倬汉译：《中国印度见闻录》，中华书局1983年，第95页。

5 穆根来、汶江、黄倬汉译：《中国印度见闻录》，中华书局1983年，第96页。

6 〔宋〕朱彧撰：《萍洲可谈》卷二，上海古籍出版社编：《宋元笔记小说大观》（第二册），上海古籍出版社2001年，第2308页。

唐时期更加发达，扶胥港比之前更加繁荣。

首先，进出口货类的变化。宋元时期，经黄埔港进出的货物与前代相比，无论是种类还是数量都大幅增加。在频繁的贸易交往中，中国的世界影响力不断上升，许多国家积极拓展和中国的贸易关系，对东方大国也抱有美好的期待。这一时期，国家对海上贸易持积极态度，对外贸收益有很大期待，因此广州黄埔港呈现出一派繁忙景象："千门日照珍珠市，万瓦烟生碧玉城。山海是为中国藏，梯航尤见外夷情。"[1]这一时期也是中国工商业十分发达的时期，各种各样的货物，如丝织品、瓷器、金属器、农副产品、药品等经扶胥港出口域外。这些商品一部分产自广州，大部分产自国内其他地方，比如省内诸多窑口以及湖南长沙窑生产的瓷器。

其次，进口商品对百姓生活影响巨大。贸易的作用在于互通有无，中国进口商品主要是异域特产和自身所缺之物。中国对香料和奇珍异宝十分感兴趣，因此香料，包括调味品的进口数量庞大，占据主要地位。同时，各种土特产品，如象牙、犀角以及异域鸟兽也在其中。香料主要来自东南亚、东非等地区，深受各阶层人士的欢迎，成为许多百姓日常生活的一部分。值得一提的是，南宋广州进口香料数量很多，南宋政府在广州设置"香药库使"[2]，专门负责采购和解送香药。

繁荣的对外贸易为扶胥港及其周边地区、广州乃至岭南带来巨大的发展。扶胥镇商业最发达，税收最多，仅市务税一项，年收入就达4467贯，而其他县如增城仅4661贯，清远为3623贯[3]，以一镇敌一县尚不遑多让，榷税更是以扶胥居多。

1 〔宋〕王象之编著，赵一生点校：《舆地纪胜》卷八十九"广南东路"，浙江古籍出版社2012年，第7册，第2206页。

2 〔清〕徐松辑：《宋会要辑稿》食货四〇之二，中华书局1957年，第5509页。

3 〔元〕陈大震纂修：《大德南海志》，中华书局编辑部编：《宋元方志丛刊》，中华书局1990年，第8421页。

三、明代

明代是全球大历史发展过程中的关键时期。[1]当欧洲国家纷纷向资本主义社会迈进时，中国的王朝统治进入更加成熟的阶段，但总体统治思想趋于保守。明朝的生产关系中虽然产生了若干积极因素，如雇佣制和更加细化的社会分工，但经济基础仍是传统的农耕经济。[2]15世纪后，随着资本主义的发展，西方世界打破了穆斯林社会对丝绸之路的垄断。新兴的资本主义国家如葡萄牙、西班牙通过大规模的商船队降本增效，从事东西方贸易活动，构建全球贸易网络。中国作为西方世界十分向往的国度，是全球贸易网络中不可或缺的一环，黄埔港因此成为它们进入中国的要冲。

明代晚期，以葡萄牙为代表的欧洲国家希望与中国建立正式的商贸关系。正德八年（1513）或九年（1514），葡萄牙商人若热·阿尔瓦雷斯到达黄埔港的出海口屯门岛，与中国走私商人开展交易。正德十二年（1517），葡萄牙人费尔南率领8艘帆船抵达屯门岛，要求与中国开展贸易。因两广总督陈金不在广州，费尔南等待一个月后没有得到回复，遂直接驾驶两艘战船闯入黄埔港，并驶抵广州怀远驿。最终，明正德皇帝接见了葡萄牙使臣皮雷斯。在中葡贸易过程中，葡萄牙人还以贿赂地方官员的方式，假托南洋各国来中国开展朝贡和商舶贸易。嘉靖三十二年（1553），葡萄牙人骗取在我国澳门的居留权。之后，西班牙想仿照葡萄牙人的做法占据珠江口的岛屿，但未得逞。

万历二十九年（1601），荷兰人第一次到达广东，并经黄埔进入广州。荷兰不是中国的朝贡国，广东当局仅允许他们在广州逗留一个

1　黄仁宇：《中国大历史》，生活·读书·新知三联书店1997年，第177页。

2　〔美〕黄宗智：《长江三角洲小农家庭和乡村发展》，中华书局1992年，第77页。李伯重：《英国模式、江南道路与资本主义萌芽》，《历史研究》2001年第1期。

月。[1]英国入侵中国，比葡萄牙要晚一个多世纪。崇祯十年（1637）6月27日，英国派遣约翰·威德尔率领4艘军舰到达珠江口，以行贿的方式直达黄埔，进入广州。时任两广总督张镜心派兵驱赶，威德尔一行不得不离开。

明朝的“海禁政策”对广州港口的影响很大，严重妨碍了中外贸易的发展。不过，由于广东悠久的对外贸易历史和特殊的地理位置，当地仍然有大量的私人贸易。明朝中前期，政府在一定程度上允许官方贸易的存在，并限定各港口的具体通商国家和地区，其中“宁波通日本，泉州通琉球，广州通占城、暹罗、西洋诸国”[2]。很明显，广州是明朝对外贸易的主要地区，绝大部分国家被限制在广州进行贸易。嘉靖年间，因为西方殖民者的入侵与沿海倭寇的侵扰频繁，嘉靖皇帝下令罢闽、浙市舶司，仅保留广州市舶司一处开展对外贸易。因此，广州在对外贸易中的地位更显重要。明代“隆庆开海”后，私商贸易合法化，黄埔港的进出口贸易顿时增加。

四、清代

清初，郑氏政权割据台湾。为统一全国，清政府曾颁布五次海禁令与三次迁海令。康熙二十二年（1683），郑氏政权覆灭，台湾重回祖国怀抱。康熙二十四年，清政府宣布设置江海关、浙海关、闽海关和粤海关，在“江之云台山、浙之宁波、闽之厦门、粤之黄埔，并为市地，各设监督，司榷政”[3]。其中，粤海关主要管理南海诸国及西亚、

1　朱杰勤：《十七世纪中国人民反抗荷兰侵略的斗争——纪念郑成功收复台湾三百周年》，《历史研究》1962年第1期。

2　〔清〕张廷玉等撰：《明史》卷八十一“食货志”，中华书局1974年，第1980页。

3　〔清〕梁廷枏：《夷氛闻记》卷一，北京大学图书馆藏本。

欧洲诸国来华贸易事宜。从康熙朝的决定来看，清初政府拥有较为开放的心态，海关之设也是为了便于管理中外贸易，这是从社会和国际需要出发的。从中也可以看出，国家的外贸政策从属于政治实际，之前的“海禁”服务于国家统一的需要，之后的放开海禁也是国家的实际需要。

值得注意的是，18世纪前后，西方资本主义对构建全球统一市场的渴望更加强烈，因此多次要求与中国开展直接贸易。乾隆二十年至二十二年（1755—1757），英国人洪任辉屡次违反中国贸易规则，闯入宁波等北方港口，引起清政府的嫌恶和警惕。乾隆皇帝以“天朝大国”的心态，收紧作为“体恤”外国商人而设立的四大海关，谕令：“虎门、黄埔在在设有官兵，较之宁波之可以扬帆直至者，形势亦异，自以仍令赴粤贸易为正。本年来船虽已照上年则例办理，而明岁赴浙之船必当严行禁绝……将来只许在广东收泊交易，不得再赴宁波。”[1]因此，自乾隆二十二年开始，只允许外国商人在粤海关从事中外贸易，这一决定的影响是十分深远的。在欧洲资本主义国家向全球扩张过程中，中国传统社会仍然沿着既有的轨道徐徐前行，显得成熟有余而进取心不足。此时国内的各种变数增加，统治者更加注意内政，如治理河道、镇压民变等，对国际事务的认知仍然囿于“天朝上国”的观念，视通商为一种恩赐。

此后，西洋商船按照清政府的规定来中国贸易，首先需要在澳门领取粤海关签发的牌照，然后才能驶入黄埔港停泊，所有货物在黄埔交易和装卸，并经小船运往上游的十三行商馆区。自1757年至1842年，除俄国商队跨越中国北方边疆来华贸易外，其他欧洲国家的商船

1 《高宗实录》卷五五〇，乾隆二十二年十一月戊戌，《清实录》第15册，中华书局1986年，第1023页。

都集中于黄埔港。1769年，英国人威廉·希克称，“珠江上船舶运行穿梭的情景，就像伦敦桥下的泰晤士河，不同的是，河面的帆船形式不同，还有大帆船，在外国人眼里再没有比排列长达几哩的帆船更为壮观的了”[1]。此外，其他到广州贸易的国家，如日本、东南亚诸国、西亚以及北非等地区的国家，也都集中在黄埔港。

据统计，嘉庆二十二年（1817），广东进口总值为23488440元，其中黄埔港进口总值达19711440元，约占广东进口总值的84%。[2]可见，黄埔港在粤海关所有关口中占据绝对主导地位。鸦片战争前，黄埔港的贸易情况，在很大程度代表着中外海上贸易的体量。

近代以来，人们把广州“一口通商”政策视为清政府全面实行闭关锁国政策的开始。一些西方学者认为，中国实行“闭关自守”的政策，才导致西方殖民主义者的入侵，这种观点不无可议之处。

前有述及，康熙二十四年，国家设立了4个海关管理对外贸易，后来只限于粤海关。但是，开放一口贸易不能与闭关画等号。17世纪至18世纪，英国一直是世界上最大的贸易国家，当时也仅仅依靠伦敦一个港口对外贸易[3]，同期的中国实行广州“一口通商”，在海关数量上，二者并没有区别。实际上，二者本质上的不同在于心态，从秦朝统一天下开始，中国传统王朝统治模式发展至清朝呈现出“集大成”的特点，但自身发展陷入体制创新的僵局，而当时的欧洲资本主义正在突破欧洲封建主义的桎梏，探索全新的政治、社会和商业模式。也就是说，中国传统社会治理模式无法“应变局”，包括资本主义这种新兴的制度对手，而绝非“闭关锁国”可以一言以蔽之。

1　张伟湘、薛昌青：《广东古代海港》，广东人民出版社2008年，第16页。

2　武堉干：《中国国际贸易史》，商务印书馆1928年，第76—77页。

3　萧致治、杨卫东编撰：《鸦片战争前中西关系纪事（1517—1840）》，湖北人民出版社1986年，第220页。

因此，广州“一口通商”政策不能与“闭关锁国”画等号，而是一种比较经济或消极的行为，它是传统社会治国方略内在理路的体现。梁嘉彬认为，乾隆皇帝提出广州“一口通商”有四大原因：第一，粤省地窄人稠，沿海居民俱借洋船为生，受益群体广；第二，虎门、黄埔设有官兵，较宁波等地形势不同；第三，闽、浙向非洋船聚集之所，不应加重它们的海防负担；第四，外船专限广州通商，不独粤民有益，且赣、韶等关均有裨益。[1]这一政策给黄埔港带来了长时间的繁荣。

在中外贸易的大潮中，中国船舶也竞相由广州扬帆远航，穿梭于越南、暹罗（今泰国）、爪哇、苏门答腊、新加坡、吕宋（位于今吕宋岛马尼拉一带）等地。《海国闻见录》记载了噶喇吧（雅加达）当时的盛况：“噶喇吧，甲诸岛番埔头之盛，各处船只聚集贸易，中国、大西洋、小西洋、白头、乌鬼、无来由岛番，罄珍宝物食无所不至……中国人口浩盛，住此地何啻十余万。”[2]仅新加坡一地，每年便有90余艘中国船往来贸易。康熙年间，广东道监察御史李清芳在奏折中也说：“商人往东洋者十之一，往南洋者十之九。”19世纪20年代，每年在暹罗和中国之间往返的由华商经营的船舶有82艘，加上其他商人经营的船舶，中暹之间共有116艘常态化运营的船舶开展贸易，总吨位20000吨以上。此外，据《印度半岛史》记载，“当时行驶在马来海面上的中国船有加里曼丹10只，共5600吨；爪哇7只，共5300吨；望加锡2只，约1000吨；安议1只，500吨；马六甲1只，1000吨；林牙群岛以及附近岛屿3只，2100吨；丁加奴1只，800吨；吉连丹1只，800吨，总计26只，17100吨”[3]。

1　梁嘉彬：《广东十三行考》，广东人民出版社2009年，第92页。

2　〔清〕陈伦炯：《海国闻见录》“葛喇巴”，《昭代丛书》续编戊集，1833年世楷堂本，第22页。

3　田汝康：《十七世纪至十九世纪中叶中国帆船在东南亚洲航运和商业上的地位》，《历史研究》1956年第8期。

第二次鸦片战争后，中国对外贸易中心逐步由广州向上海转移。不过，19 世纪 40 年代，黄埔港对外贸易货值仍高于其他港口。以 1847 年为例，当年“五口”从英国进口贸易总值为 14821302 元，其中广州从英国进口贸易值为 9625760 元，占比超过 65%；全国出口英国贸易总值则为 22483494 元，广州出口贸易值达到 15721940 元，约占 70%。[1] 以上数据表明，无论是出口还是进口，广州在五个对外通商口岸中都处于遥遥领先的位置。1852 年，广州对英国的进出口贸易总值仍在上海之上，但贸易总值从 1846 年起就呈下降趋势，1850 年的进出口总值仅为 1844 年的 38.9%。1853 年，上海的中英贸易总值已超过广州，若单从出口英国贸易值计算，则上海在 1852 年就已超过广州，是年广州出口英国的贸易值为 650 万元，而上海出口英国的贸易值达到 1140 万元，比广州的出口贸易额高 75.3%。[2]

从 19 世纪 50 年代开始，黄埔港进出口贸易值逐渐下降。就船运数量来说，1845 年到达黄埔港的外国船超过 300 艘，而同年的上海港进出口船舶仅为 176 艘。[3] 不过，美国一直到 19 世纪 50 年代初，到达黄埔港的商船仍然超过上海两倍。[4] 可见，19 世纪四五十年代黄埔港仍然在全国对外贸易港口中占据重要位置。

19 世纪 60 年代后期，外国资本输入广州，投资航运和船舶修造工业。与此同时，广东民族工业开始兴起，促进了广州进出口贸易的发展。甲午战争后，进出口贸易值增长尤为迅速。1873 年，黄埔港进出口贸易总值达 19073893 海关两，1895 年增至 34149180 海关两，1910

1　姚贤镐编：《中国近代对外贸易史资料（1840—1895）》（第一册），中华书局 1962 年，第 628 页。

2　黄苇：《上海开埠初期对外贸易研究》，上海人民出版社 1979 年，第 73 页。

3　黄苇：《上海开埠初期对外贸易研究》，上海人民出版社 1979 年，第 177—178 页。

4　汪敬虞：《十九世纪西方资本主义对中国的经济侵略》，人民出版社 1983 年，第 70 页。

年突增至86586169海关两。[1]

从鸦片战争后黄埔港的进出口贸易情况来看，大致是马鞍型发展趋势，即19世纪40年代处在上升阶段，19世纪50年代逐步下降，19世纪60年代开始回升。从贸易地位来说，从19世纪50年代起，黄埔港逐步失去国内第一大港的地位，被上海港超越。不过，黄埔港仍然是华南地区最大的进出口贸易港口，直到20世纪初仍居全国第二位。[2]

广东背山负海，既是国家控驭南海的抓手，又是辐射海上丝绸之路沿线国家和地区的文化中心地。两千多年来，广州长盛不衰，今天已发展成为国家中心城市，也是国家四大交通枢纽城市之一，而长期发达的港口交通是其厕身其间的重要因素。作为少有的两千多年持续繁荣的港市和千年商都，广州一直是内引外联、沟通中外的桥梁。黄埔港是支撑广州城市发展的重要力量，其所在的黄埔区现已成为广州经济增长的新引擎。历史经验告诉我们，良好的经济发展态势可以提升文化软实力，我们相信，随着黄埔区文化遗产价值不断深入地挖掘，今后将有更加丰富的区域文化面貌显现出来。黄埔作为粤港澳大湾区建设的核心区域，会继续在全球化进程中发出璀璨的光彩。

1　吴家诗主编：《黄埔港史》（古、近代部分），人民交通出版社1989年，第173页。

2　吴家诗主编：《黄埔港史》（古、近代部分），人民交通出版社1989年，第173页。

第二章　黄埔港与中外物质交流

海上丝绸之路上的交流建基于物质，这也是人类交往最原始的冲动——互通有无。黄埔港作为“广州通海夷道”上的关键节点，见证了一千多年中外物质层面的交往。物质是时代的产物，镌刻着时代的印记。以物质形式表现的贸易商品，以及航海相关设施，如船只、港口等是整个中外贸易往来的核心要素。因此，梳理物质以及以物质为载体的中外交往，是了解黄埔港、广东乃至中国贸易发展史的重要方面。

第一节　货物交流

李调元在《南海竹枝词》中称：“自是繁华地不同，鱼鳞万户海城中。人家尽畜珊瑚鸟，高挂阑干碧玉笼……奇珍大半出西洋，番舶归时亦置装。新出牛郎云光缎，花边钱满十三行。”[1]由此可见，货物交流

1 〔清〕李调元：《南海竹枝词》，《中华竹枝词》（第4册），北京古籍出版社1997年，第2743—2744页。

是中外贸易的主要内容。从物质交换的角度来说，海上丝绸之路为相关国家和地区的人民带来了多种多样的商品。从物种传播角度来说，一些农作物的传播改善了引入国人民的生活条件。明代玉米、红薯和花生等的传入，对中国人口增长起到了十分重要的作用，华南地区则是它们进入中国的口岸。[1]因此，黄埔港进出的包括农作物在内的各种商品，在不同层面见证着中外交往的历史。

一、出口商品

黄埔港的出口商品随着时代和贸易对象的不同呈现出阶段性特点。唐宋时期，丝绸、瓷器等是中外贸易的大端，之后茶叶、民生用品更是成为外国消费市场上广受欢迎的商品，再往后原材料的出口比重增加，体现出中国半殖民地半封建的社会特征。

（一）唐宋元时期

如前所述，唐代最鼎盛时每年抵达扶胥港的商船有 40 多艘，而从广州出海的商船数量更多。出口货物中，丝绸是最主要的商品，瓷器、漆器、铜器、铁器、金银器等也是出口的大宗。当时，广东很多窑口，如官冲窑、西村窑都是著名的外销窑口。此外，湖南长沙窑的产品借助广州港大量走向海外。

唐朝以后，中国陶瓷受到海外市场的喜爱，成为丝绸之外的另一种主要出口商品，因此海上丝绸之路又被学者们称为海上瓷路。《宋史》记载，中国出口到海外诸国的商品，主要有“金银、缗钱、铅锡、杂色帛、瓷器”[2]。广州出口的商品以瓷器为大宗，从“南海 I 号”出水

1　王双怀：《明代从海外引入华南的粮食作物》，《中国历史地理论丛》1998 年第 1 期。
2　〔元〕脱脱等：《宋史》卷一八六“食货下八”，中华书局 1977 年，第 4558 页。

文物来看，船货十分丰富，有瓷器，金属器如金、银、铜、铁、锡器，漆器，朱砂，水果，坚果，香料如花椒、胡椒，端砚，铜镜，水晶坠饰，等等。[1]其中，瓷器约有16万件，占出水文物的绝大部分。

经广州出口的陶瓷器，包含本地产品和国内其他各重要窑口产品。唐代，经广州出口的陶瓷器，主要有越窑青瓷、邢窑白瓷、长沙窑瓷器、巩义窑唐三彩，以及广东、福建各窑口的瓷器。此时广东已能生产出高质量的青瓷，且制瓷行业出现了外向型的趋势，产品大量出口东南亚、印度半岛和波斯湾诸国。当时广东的外销瓷生产基地有8处：粤东的潮州窑、梅县水车窑，珠三角的南海奇石窑[2]、新会官冲窑、三水窑、广州西村窑，粤西的廉江窑、遂溪窑。它们大都分布在沿海或沿江地带，交通便利，瓷土资源丰富。

宋元时期，我国陶瓷业发展迅猛，工艺完全成熟，全国窑口众多。宋代瓷器无论是产量、质量还是制作技术，都比前代大为提高。除官、汝、哥、定、钧五大名窑外，耀州窑、磁州窑、龙泉窑、景德镇窑、吉州窑等生产也十分兴盛，产品大量外销。广东的陶瓷业同样有了大发展，形成了以广州为中心，东至潮州、梅县，西至肇庆、湛江，北至韶关，南至惠阳等地的生产网。当时的外销窑口主要有广州西村窑、潮州笔架山窑、惠州窑、南海奇石窑和雷州窑等。其中，最有代表性的，一是潮州笔架山窑，它有“百窑村”之称，产量巨大，大量出口；二是位于广州城西的西村窑，其产品在国内墓葬和遗址中较为少见，反而在东南亚、中亚、西亚地区多有出土[3]。这也说明西村窑是一个以生产外销瓷为主的窑口，它利用邻近黄埔港的便利条件，大量生产贸

1　刘冬媚：《南海一号沉船——解读南宋海洋贸易的重要宝库》，《收藏家》2019年第5期。

2　吴寒筠、李灶新、肖达顺、崔剑锋：《广州南越国宫署遗址和“南海Ⅰ号”沉船出土酱釉器产地分析》，《文博学刊》2022年第2期。

3　黄静：《广东海上丝绸之路与陶瓷外销》，冯小琦主编：《古代外销瓷器研究》，故宫出版社2013年，第247—249页。

易陶瓷。

上述外销陶瓷不时在国外遗址中被发现。菲律宾发现了广州西村窑的凤头壶、青白釉瓜棱形盒、圆筒形划花盒和瓜棱形执壶，还有青釉点彩刻划盘、青釉点彩彩绘刻花四耳罐、绿釉印花陶盆、点彩瓶等器物。新加坡发现了潮州笔架山窑的鲤鱼形壶、广州西村窑的四耳罐。印度尼西亚出土了近似番禺石马村窑的青釉夹梁罐。阿曼则有五代时期南海官窑产的彩绘瓷盒，北宋南海奇石窑的黑釉翠蓝窑变四耳罐、潮州窑的青白釉盘口瓶，明代石湾窑杂色釉、三彩骑狮人物像和黑釉三足炉以及惠阳窑的青釉碗等器物出土。泰国曼谷出土了梅县水车窑的青釉瓣口碗，以及潮州笔架山窑的青白釉盒、刻花碗、瓷罐、青白釉水盂、青白釉刻花碟和青釉花瓣口碗等。另外，在马来西亚、印度尼西亚和巴基斯坦的巴博地区曾发现潮州笔架山窑的产品。我国在西沙群岛等处开展考古调查时，发现潮州窑的青黄釉瓶、罐和青白釉小口壶、盒等器物，并且打捞出水了南朝至明清的中国陶瓷器，说明南海海上丝绸之路的货物贸易一直未曾中断。[1]日本学者三上次男在巴基斯坦、印度、伊拉克、伊朗、埃及发现不少宋代广东烧制的白瓷、青瓷；在东非埃塞俄比亚、索马里、肯尼亚、坦桑尼亚均发现中国陶瓷，其中就有广州附近石湾窑生产的青瓷。[2]

宋元广州出口货物，畅销东南亚、南亚、西亚、北非和东非等地。桑原骘藏指出，“宋时中国输出海外之品，以金、银、铜钱、绢、瓷器等为主……贸易既盛，钱货遂涌涌外溢。当时宋之铜钱，东自日本，西至伊士兰教国，散布至广”[3]。从“南海I号”沉船出水文物来看，船

1　蔡奕芝：《从“南海一号”看中国瓷器的外销与影响》，冯小琦主编：《古代外销瓷器研究》，故宫出版社2013年，第54页。

2　〔日〕三上次男著，李锡经、高喜美译：《陶瓷之路》，文物出版社1984年，第146页。

3　〔日〕桑原骘藏：《蒲寿庚考》，中华书局2009年，第23页。

货中有超过60吨的铁器[1]，还有不少金叶、银铤，以及大量的瓷器，说明桑原氏的判断是符合实际的。

从类别来看，当时中国出口货物主要有以下七大类。

一是陶瓷器，尤其是瓷器。瓷器的品种有青白釉、青釉、黑釉、酱褐釉等，主要来自南方地区的窑场，如江西景德镇窑，浙江龙泉窑，福建德化窑、磁灶窑和义窑，广东潮州窑、奇石窑和石湾窑，等等。[2]

二是丝织品。丝织品主要有锦、缎、绸、绢、帛等，这是黄埔港出口的最大宗货物、最受外国人的欢迎。

三是金属器。金属制品和金属原材料都是出口商品。这方面主要有金属货币，以及金、银、铜、铁、锡、铅、锌等各类金属器，其中铁器所占比重最大，有铁材（如铁条、铁块）和铁制器具（如铁锅）。"南海I号"出水金属器也能反映这一情况，其中出水铁器最多，金器、铜器、锡器次之，银器、铅器、锌器数量较少。我国的货币在海上丝绸之路沿线国家和地区被大量发现。[3]值得一提的是，在很长一段时间里，上述铜器、铁器是被官方严格管控的商品，严禁外流，因此可见法律规定和实际执行之间的巨大"空隙"。

四是日用品。我国物产丰饶，手工业发达，很多日用品从黄埔港走向国际市场，如漆器、雨伞、篦箕、木梳、针、席、纸札、绢扇等。"南海I号"沉船出水文物中有不少精美的漆器，经过清洗和修复后，

1　国家文物局水下文化遗产保护中心、广东省文物考古研究所、中国文化遗产研究院等编著:《南海I号沉船考古发掘报告之二——2014~2015年发掘》，文物出版社2018年，第157页。

2　国家文物局水下文化遗产保护中心、广东省文物考古研究所、中国文化遗产研究院等编著:《南海I号沉船考古发掘报告之二——2014~2015年发掘》，文物出版社2018年，第496页。

3　李宝庆、梁思远:《中国古代货币流出海外情况及其启示》,《西部金融》2018年第11期。

仍然光亮如新。

五是农副产品。农副产品主要有粮食、酒、茶叶、糖、盐等。宋代珠江三角洲的围垦速度加快，粮食和经济作物增收，因而有大宗农副产品可供出口。

六是药品。药品主要有大黄、甘良姜、川芎、白芷、樟脑等。

七是杂项用品。这类用品有乐器（琴、阮、鼓、板等）、染料（朱砂、紫粉）、玩具、家具等。

从上述出口商品来看，其品类十分丰富。从出水文物来看，当时的商品贸易规模很大。可见，这些中国出口商品深受海上丝绸之路沿线国家和地区民众的欢迎，是丰富相关国家和地区各阶层人士生活的重要物资。黄埔港因为区位优势和悠久的贸易传统，将许多中国商品输送到海外各地。

（二）明清时期

明清时期，我国农工商业更加发达，为进一步丰富出口商品的种类奠定了坚实的基础。黄埔港位于三江汇流的末端，在以内河为中心的交通网络中，区位优越，以珠江为主干，形成覆盖面十分广泛的泛珠三角经济带，通过东江、西江、北江及其支流这一扇形河网，不但将广东连成一个整体，而且通过水路和陆路形成的交通网络，将广西、贵州、云南、湖南、江西等区域与广东联系起来。在国内海上交通线路方面，从黄埔港出发，经珠江出海口北上可通福建、浙江、江苏以及北方沿海各港口。沿海沿江各省可以取道海上将货物运到广州，商品集中到黄埔港后，通过中外船只运往世界各地。

1. 明代

明代出口商品以丝、瓷和茶叶为主，丝织品占首位。黄埔港向外输出的货物也以丝绸、瓷器、茶叶三项最享盛誉，被外国人士视为高级奢侈品。因此，中国通往海外的航线被称为“海上丝绸之路”“陶瓷之路”，运载中国货物的商船被称为“丝船”或“中国之船”[1]。

以东南亚为例，中国商品进入当地，对很多地方的生活习惯产生了直接影响。《明史》称：“搬瓷器、丝绵……满载而去，满载而还，追星赶月，习以为常。”[2]大量的中国纺织品进入东南亚各地，对当地人民的衣着装饰产生巨大影响，瓷器的传入甚至改变了爪哇人的饮食习惯。此外，美国学者奚尔恩在《远东史》中称，郑和下西洋后，马来西亚人“衣服装饰亦受中国之影响。摩罗妇女所服之有袖短衫与宽大之裤、玻璃珠、各式礼帽、雨衣、履底等类皆由中国传入”[3]。

出口商品还有铁、铅、硝石、火药等，而且获利丰厚：“焰硝铁金皆二十倍于土价，而他锦绮器物不过数倍。”[4]另外，明代广东制糖业很发达，番禺、东莞、增城和阳春可以生产黑片糖、黄片糖、赤砂糖、白砂糖和冰糖等产品，“最白者以日曝之，细若粉雪，售于东西二洋，曰洋糖”[5]。

黄埔港运往欧洲的商品，经果阿到葡萄牙里斯本及欧洲其他地区。当时的中欧贸易主要由葡萄牙人掌控。据记载，“葡人在澳门、广州之贸易输出品以绢为大宗，每年由葡人输出之绢计五千三百箱，每箱装缎百卷，薄织物一百五十卷”[6]。这些中国丝货质量上乘：“从中国运来的各种丝货，以白色最受欢迎。其白如雪，欧洲没有一种出品能够比

---

1 沙丁、杨典求：《中国和拉丁美洲的早期贸易关系》，《历史研究》1984年第4期。

2 〔明〕霍与瑕：《霍勉斋集》卷十二“上潘大巡广州事宜”，光绪丙戌刊本。

3 杨国桢：《十六世纪东南中国与东亚贸易网络》，《江海学刊》2002年第4期。

4 《明神宗实录》卷四九三，万历四十年三月乙未朔，第9279页。

5 〔清〕屈大均撰：《广东新语》卷二七，中华书局1985年，第689页。

6 〔清〕王之春：《国朝通商始末记》，沈云龙主编：《近代中国史料丛刊》（第15辑），文海出版社1967年，第74页。

得上中国的丝货。”[1]

万历年间，从黄埔港出发的由葡萄牙人经营的马尼拉帆船，将中国大批丝绸、陶瓷、漆木器、金属器及铜铁原料等运至东南亚，有些转口至美洲。葡萄牙人在充当中国和美洲转口贸易商角色时，每年将货值20多万西班牙元的丝织品运往美洲，因此在智利、巴拿马以及墨西哥等地，中国丝绸成为常见之物。[2]

茶叶在中外贸易中的比重逐渐增加。明晚期，威尼斯人詹巴蒂斯塔·拉莫西奥在文献中记录了中国茶。据说，他曾在嘉靖年间来过中国，发现“在中国所到之处都在饮茶”[3]。同期，葡萄牙传教士克路士在《中国志》中写道：“如果有人或几个人造访某个体面人家，那习惯的做法是向客人献上一种他们称为茶的热水……他们通常用它来招待所有尊敬的人。”[4] 15世纪末16世纪初，随着航海时代的到来，中国的茶首先传到了葡萄牙，之后传至欧洲其他国家，以及美洲等地。

明代出口商品可以从“南澳Ⅰ号”沉船出水文物中管窥一二。这艘船虽然不能确定会途经黄埔港，但其目的地是东南亚甚至更远的地方。这艘沉船出水文物涵盖陶器、瓷器、铁器、铜器、锡器、铅器、漆木器、玻璃（琉璃）器及大量的有机物如药材、果核等，其中陶瓷器型涵盖瓮、罐、盆、钵、碗、盘、碟、盒、瓶、壶、杯等，金属器包括铁炮、铜板、铜钵、铜锁、铜构件、铜弹簧、锡壶、锡盒、测深

1 转引自黄启臣：《中国在贸易全球化中的主导地位——16世纪中叶至19世纪初叶》，《福建师范大学学报（哲学社会科学版）》2004年第1期。

2 刘军：《明清时期海上商品贸易研究（1368－1840）》，东北财经大学2009年博士学位论文，第17页。

3 陈琿、吕国利：《中华茶文化寻踪》，中国城市出版社2000年，第363页。

4 〔英〕C. R. 博克舍编注，何高济译：《十六世纪中国南部行纪》，中华书局1990年，第98页。

铅锤坨，等等。[1]类似的船货构成在世界很多海洋航线上有发现，最远的到达大西洋，证明这一时期来自中国的商船所装载的外销货物品种和数量比较稳定。[2]需要说明的是，由于大多数有机质商品在海水中难以长期保存，因此出水文物无法呈现所有的出口商品。这是沉船考古在揭示古代海上贸易情况时的局限之处。

2. 清代中前期

清代出口商品前后变化较大。清初，中国货物仍以茶叶、丝绸、陶瓷器为主，其中陶瓷占据首位，所谓"湖丝粤缎彩离披，瓯茗饶瓷光错落"[3]。据龙思泰记载，中国出口白矾、豆蔻、八角、烧酒、竹子、黄铜箔、三籁、肉桂、桂皮油、土茯苓、瓷器、白铜、荜澄茄、藤黄、糖姜、上胶、石黄、墨、铁、漆器、铅、席子、麝香子、南京布、大黄、丝、酱油、糖、茶叶、白铅、朱砂、黄藜等到欧洲。[4]

清早期，中国与荷兰之间的贸易最为频繁，货值最大。当时，荷兰商船的货物在黄埔港卸载后，运往荷兰商馆进行分销。张九钺在诗中对此有生动记载："红毛鬼子黄浦到，纳料开舱争走告。蜈蚣锐艇桨横飞，婆兰巨捆山笼罩。相呼相唤各不闻，或喜或嗔讵能料？舶商色喜洋商快，合乐张筵瓶椀赛。何船火齐木难多，何地驼鸡佛鹿怪。散入民廛旅贾招，居中驵侩公行大。公行阳奉私饱橐，内外操赢智相若。湖丝粤缎彩离披，瓯茗饶瓷光错落。顷刻檀梨走九州，待时琛玩筹奇

1 广东省博物馆编：《牵星过洋：万历时代的海贸传奇》，岭南美术出版社2015年，第38页。

2 广东省博物馆编：《牵星过洋：万历时代的海贸传奇》，岭南美术出版社2015年，第35页。

3 〔清〕张九钺撰：《紫岘山人全集》卷一一"番行篇"，北京大学图书馆藏本。

4 〔瑞典〕龙思泰著，吴义雄、郭德焱、沈正邦译，章文钦校注：《早期澳门史》，东方出版社1997年，第327—362页。

作。”[1]张九钺从荷兰商船抵达黄埔港开始，就对荷兰商人在广州的交易、言行举止、办事效率以及与行商的交易，甚至采购的具体内容都有详细的描述。从中可以看出，在中西交易当中，行商们操纵价格是可能的，但外国商人对行商们有一定的影响，且行商需要对装船货物的质量和数量负责。

当时，西方商人从广州进口各种各样的丝绸。乾隆二十四年（1759），两广总督李侍尧在奏折中称：“惟外洋各国夷船到粤，贩运出口货物，均以丝货为重。每年贩运湖丝并绸缎等货，自二十万余斤至三十二三万斤不等。统计所买丝货，一岁之中，价值七八十万两，或百余万两。至少之年，亦买价至三十余万两之多。其货均系江浙等省商民贩运来粤，卖予各行商，转售外夷，载运回国。”[2]清代外销丝绸除来自珠江三角洲之外，大宗商品来自浙江、江苏和四川，其中浙江的“湖丝”颇具盛名。

由于“湖丝”品质精良，清政府还对其出口进行管制。乾隆二十七年（1762），清政府决定土丝和二蚕湖丝可以按照商船配额出口：“每船准其配买土丝五千斤，二蚕湖丝三千斤，以示加惠外洋至意，其头蚕湖丝及绸绫缎匹仍禁止如旧，不得影射取戾。”[3]但是，头蚕湖丝和绫罗绸缎等制成品仍然不准出口。在政府管制和市场竞争过程中，西方商人为采购中国生丝和丝绸制品大打价格战。以生丝为例，价格由康熙三十八年（1699）每担137两上涨至乾隆十九年（1754）时的150两至222两，每年出口生丝达20万斤至33万斤。丝绸（如

1 〔清〕张九钺：《紫岘山人全集》卷一一“番行篇”，北京大学图书馆藏本。

2 王元林、范招荣：《清代中后期江南外销丝货的国内流通与十三行在外销丝货中的作用》，赵春晨、冷东主编：《广州十三行与清代中外关系》，世界图书出版公司2012年，第39页。

3 〔清〕梁廷枏：《粤海关志》卷十八“禁令二”，《续修四库全书》（第836册），上海古籍出版社2002年，第20页。

缎子、绉纱、东方绢、摩啰绸、素纺、光缎和茧绸）出口的禁令也未被严格执行。值得一提的是，棉织品这一时期也加入出口的行列，较为知名的有南京布。黄埔港棉布出口量增长势头强劲，在乾隆六年（1741）时约为1.6万匹，嘉庆元年（1796）增至82万匹，嘉庆三年（1798）陡增至212.5万匹，在50多年里增长132倍之多。[1]

18世纪60年代，中国茶叶贸易由荷兰商人垄断，由其转运输入欧洲。1715年前后，荷兰东印度公司每年购入6万至7万磅茶叶，18世纪末则陡增至400万至500万磅，增长超80倍。从18世纪20年代起，茶叶取代丝货成为贸易额最大的单项商品。黄埔港向英国出口的茶叶，1712年为15万磅，随后一直稳步增长。18世纪90年代，每年平均达到1900万磅。1812—1830年，平均每年超过3000万磅。1839年达到4000多万磅，比1712年增长267倍多。[2]从货值来看，1760—1764年，英国进口中国茶叶占其进口中国货物总值的91.9%；1825—1829年占94.1%，最少的1775—1779年也占55.1%。英国进口茶叶量占据欧洲总量的比重由36%增至84%。在18世纪后期，以中国行商潘文岩命名的茶“Poankeequa”竟成为欧洲市场上茶叶质量的标志。[3]在北美洲，1790年，美国茶商进口200万英镑价值的茶叶。[4]到19世纪20年代，茶叶已经进入美国人的“必需品”清单，几乎与“面包同等重要”。几乎所有家庭，无论“多寒酸”，都喜欢这种提神的饮料。

鸦片战争爆发前，茶叶牢牢占据中国外销商品的第一位置。据

1　吴家诗主编：《黄埔港史》（古、近代部分），人民交通出版社1989年，第91页。

2　吴家诗主编：《黄埔港史》（古、近代部分），人民交通出版社1989年，第91页。

3　Christiaan J. A. Jorg，*Porcelain and the Dutch China Trade*，Hague: Martinus Nihoff Publishers，1982，p.71. 转引自董圣兰、范金民：《“渐以洋钱定价”：明清白银流入与社会经济变迁》，《中国社会经济史研究》2020年第2期。

4　〔美〕约翰·海达德著，何道宽译：《中国传奇——美国人眼里的中国》，花城出版社2015年，第90页。

《海国图志》记载，鸦片战争前，英国从广州黄埔进口的商品有："茶叶、湖丝、绸缎、手巾、紫花布、夏布剪绒、绉纱、纹布、花幔、丝绢、绣绢、牙器、银器、漆器、云母、草席、磁器、白矾、笙竹、硼砂、樟脑、桂皮、桂油、桂子、硬饭头、铜箔、雄黄、牛胶、膽黄、澄茄、纸、墨、铅粉、麝香、大黄、白糖、冰糖、糖果、姜黄、银硃等货。"[1]

18世纪，糖和糖制品从中国大量出口到英属印度市场。1716年，马博罗号的船货清单上，糖和糖制品就是主要的商品。前往印度的船只除装载数十万磅的中国糖之外，还有铜器、白铜、水银和明矾。1833年，糖占中印贸易总额的将近四分之一。

以铜制品为代表的金属出口也曾盛极一时。当时，中国的制铜工艺先进，技术高超，国外对中国铜制品需求很大，由广州出口的铜多为优质的滇铜，大量精美的铜器被销往欧美市场。清代佛山铁器生产更加兴旺，生产的铁制品质量优良，深受中外人士欢迎。雍正年间，外国船只来广州贸易几乎都会购买佛山生产的铁锅，"少者一百至三二百连不等，多者买至五百连并有一千连者"[2]。一"连"相当于20斤，因此每船购买铁锅少者2000斤，多至2万斤。其他金属，如黄金也曾是出口商品，后因金银比价问题结束外流。

清代广州手工业十分发达，有"苏州样，广州匠"之说。这些艺术品为外国人所钟爱，因此大量外销。外销艺术品种类繁多，如广州著名的"三雕一彩一绣"。其中，三雕为牙骨雕、玉雕、木雕，一彩为广彩，一绣为广绣。以广彩为例，这种主要为海外市场生产的瓷器，曾经大量销往欧美国家，如今全世界存世量可能仍超过千万件，在欧

1 〔清〕魏源撰：《海国图志》，岳麓书社1998年，第1407页。

2 彭泽益：《中国近代手工业史资料（1840—1949）》（第一卷），中华书局1962年，第52页。

洲和北美洲普通小镇的跳蚤市场上经常能看到清代广彩瓷器的身影。外销银器、外销画、外销漆器、广式家具、珐琅器、外销扇、玳瑁等，纷纷乘船销往国外。其中，外销金银器制品主要有名片盒、餐具、茶具、酒具、盛储器、首饰、收纳盒，以及奖杯、花瓶、挂屏、模型、摆件等，一些锤揲和银累丝金银器、鎏金银器的工艺巧夺天工。

象牙雕、骨雕、贝雕，以及广式家具、外销壁纸和披肩等销售量巨大，具体数量难以确计。广州象牙雕工艺十分精湛，既有深达几十层的“鬼工球”，也有各式象牙制品，如象牙提篮、象牙编织品、象牙扇、象牙名片盒等。《粤东闻见录》记载：“粤人以象牙雕为花篮，或绣球或香带套等物，其细如发，玲珑剔透，又将牙破为丝，织作簟枕。”[1]

特别值得一提的是外销披肩。这种披肩近些年才被“发现”，主要因为它是面向海外市场特别是欧洲市场生产的商品，在18世纪时大量出口西班牙和西欧国家。它们的体量通常很大，现存外销披肩多为正方形，长宽通常超过180厘米。除主体部分外，披肩四周还装饰十几、二十几甚至数十厘米的流苏，流苏上的编结十分繁复。披肩采取双面刺绣工艺，正反面图案相同，线头被巧妙地藏在针脚中，不露痕迹。刺绣工艺在披肩上大量使用，构图方式以四个角为定位，四周以一两条边框装饰，四个角的花纹或与中心主纹饰相呼应，或四个角的花纹相同，共同组成一个更大的组合纹样。[2]披肩的纹样以花卉为主，兼有花鸟、山水、庭院、人物和建筑，即西方人喜爱的“中国风”图案。披肩底色丰富，目前存世的披肩可见黑色、红色、白色、象牙色等，配合五彩丝线，整体色彩或鲜艳或素雅，总体上呈现出端庄的

1　〔清〕张渠撰：《粤东闻见录》，陈建华主编：《广州大典》第49辑第3册，广州出版社2015年，第83页。

2　梅玫：《一个世纪的优雅与梦幻：中国外销披肩与西方时尚》，《收藏》2016年第15期。

气息。

外销壁纸也是近年才进入中国学者的视野，特别是2011年广东省博物馆从英国征集回流的清代早期壁纸——“清乾隆农耕商贸图外销壁纸”。这套壁纸的主人是英格兰约克郡的亨利·拉斯切利斯。他是东印度公司商船“约克号”的船长，曾在1741—1748年三次驾驶“约克号”到访广州。这套壁纸是亨利到访广州时订购的一件物品，它以中国南方代表性的农业生产场景为主题，各幅图片拼接起来形成一组岭南风光图，既有农田劳作，也有江中行舟，还有手工作坊和茶叶贸易等场景。在长达一个半世纪的时间里，中国的外销壁纸都是欧洲上流社会人士钟爱的用于房间装饰的首选艺术品，人们以拥有一间漂亮的“中国房间”为荣。

美国在立国之后大力发展中美之间的贸易，并且后来居上，成为中国商品销售的广阔市场。1784年前，只有英国、荷兰、葡萄牙、法国、丹麦、瑞典等国的商船停泊在广州。随后，美国商船加入。[1] 1784年2月22日——华盛顿总统生日当天，美国商船“中国皇后号”装载473担西洋参、2600张动物毛皮、1270匹羽纱、26担胡椒、476担铅、300多担棉花及其他商品到达中国。[2] 12月28日，“中国皇后号”通过中国行商采购了茶叶、棉布、瓷器、丝织品和肉桂等中国货物，其中“红茶2460担、瓷器962担、绿茶562担、棉布864担、丝织品490担、肉桂21担，以及缎带、羊羔皮、糖、漆器、茶叶罐、漆茶盘、托盘”[3]等返航。“中国皇后号”此行的成本约12万美元，而商品

1 〔美〕约翰·海达德著，何道宽译：《中国传奇——美国人眼里的中国》，花城出版社2015年，第24—25页。

2 许晓冬：《中美贸易之开端——“中国皇后”号来华前后》，《重庆与世界（学术版）》，2014年第10期。

3 〔美〕马士著，区宗华译：《东印度公司对华贸易编年史（一六三五——一八三四年）》（第二卷），中山大学出版社1991年，第95页。

货值为15.7万美元，利润高达3.77万美元，利润率超过30%。除此之外，这次中美贸易的另一重意义可能远超它所获取的利润。这是独立战争后美国首次自主开往中国的商船，标志着美国打破了英国在国际贸易上对北美大陆的垄断。这对新生的美国和美国人民来说意义非凡。美国的报纸在显著位置对这次航行作了报道，一股强烈的“中国热”在美国兴起。波士顿等地纷纷动工建造能够从事远洋贸易的帆船。连华盛顿总统也禁不住诱惑，购买“中国皇后号”从广州进口的有着美丽图案的中国茶壶，并将其摆放在弗农山庄里。

此后，美国商船常态化运营中美航线。美国在中美贸易中表现得十分积极，贸易总额很快超过众多老牌资本主义国家，跃升为仅次于英国的中国第二大贸易进口国。美国对中国瓷器的需求巨大，1792年共有6艘美国商船到达广州，其中4艘船将1492担瓷器运回美国，而同年其他国家的商船运出瓷器数量分别为英国东印度公司3500担、英国散商船5133担、法国180担、瑞典700担、丹麦564担和荷兰1100担[1]，美国是仅次于英国的第二大中国瓷器消费国。此时美国刚刚诞生不久，只有13个州，国土面积仅32万平方公里，人口200万。这更显示出当时美国对中国瓷器的旺盛需求。南京布是另外一种深受美国市场欢迎的产品。1805年，销往美国市场的南京布为264万多匹，1820年则达到313万多匹。不过，工业革命后，资本主义国家纺织工业生产力大幅提升，产品价格低廉，极大地冲击了我国的纺织业，南京布外销几乎停滞。[2]

1832年，美国“霍华德号”商船在美国举行商品拍卖会。根据商

1　〔美〕马士著，区宗华译：《东印度公司对华贸易编年史（一六三五——一八三四年）》（第二卷），中山大学出版社1991年，第520－523页。

2　〔美〕威廉·C.亨特著，冯树铁译：《广州“番鬼”录》，广东人民出版社1993年，第72页。

品拍卖目录，我们可以一窥当时黄埔港出口至纽约的商品清单。令人吃惊的是，商品清单之内居然没有茶叶和瓷器，也没有银器和玉雕，而是非常普通的物品：丝绸手绢、绉纱披巾、彩色百叶窗、焰火、丝绸盒子、西洋双陆棋漆棋盘、鼻烟壶、鸡毛掸、彩色壁纸、手杖、漆家具、篮子、各种各样的扇子。[1]从拍卖清单来看，这些商品主要面向普通消费者。当然，有可能此次拍卖会专门挑选大众消费品进行拍卖，而将茶叶和陶瓷产品剔除在外。不过，上述众多商品也从侧面说明，美国消费市场对中国商品的需求与欧洲大陆很可能存在差异。

3. 清代晚期

鸦片战争彻底改变了中国社会的发展轨迹，中国进入半殖民地半封建社会。就社会性质而言，这是中国千年未有之大变局。从商品贸易角度来看，中外贸易商品及规模的变化是一个渐进过程，黄埔港在中外贸易当中的地位虽然有所下降，但是其进出口总额却是攀升的。

出口货物方面，鸦片战争后，茶叶在出口商品货值中占据最大份额，约为60%。[2]鸦片战争后，茶叶仍是黄埔港出口价值最大的商品，但是厦门、上海等口岸因为分别靠近福建、江浙皖产茶区，因此对广州茶叶出口构成比较大的挑战。不过，广州茶叶贸易并未马上衰落。当时江西和两湖地区的茶叶仍大量通过黄埔港出口海外，而广东省内英德、紫金、惠州、鹤山等地所产茶叶依然由黄埔港出口。据统计，1851年，经黄埔港出口的茶叶达4220.4万磅，占全国茶叶出口总量的53.5%；经上海港出口的茶叶达3672.25磅，占全国茶叶出口总量

1 〔美〕约翰·海达德著，何道宽译：《中国传奇——美国人眼里的中国》，花城出版社2015年，第84页。

2 仲伟民：《鸦片战争后茶叶和鸦片贸易与上海城市的发展》，《复旦学报（社会科学版）》2012年第5期。

的 46.5%。[1] 1853 年之后，黄埔港茶叶出口量才被上海超过。从 19 世纪 70 年代后期起，受到国际竞争的影响，中国茶叶对外出口量下降。1882 年，广州出口的茶叶为 123449 担，1883 年为 111510 担，1884 年为 104916 担，1885 年为 131153 担，1886 年为 102907 担，1887 年为 119395 担，1888 年为 94572 担，1889 年为 77909 担，1890 年为 63584 担，1891 年为 25673 担。[2] 将 1891 年出口茶叶与 1851 年相比，前者为 171 万磅，后者约合 4220 万磅。也就是说，在 40 年间黄埔港出口茶叶约下降 96%，几乎是归零式下降，其中最大的原因是印度、日本等茶叶产地的竞争和冲击。

黄埔港的另一项大宗出口商品是生丝。以同英国贸易为例，在"五口通商"前期，中国生丝全部由黄埔港出口，1845 年起上海才有生丝出口，1846 年上海的生丝出口量超过广州。19 世纪 60 年代，广州生丝出口量略有增长。据统计，同治九年至同治十年（1870—1871），广州生丝出口占全国出口总量的 1/4。[3]

19 世纪 70 年代，黄埔港出口的生丝除少部分直接运往欧洲、美国、东南亚地区以外，绝大部分生丝先出口到香港，再由香港运往世界各地。1872 年，华侨商人陈启源在南海县创办近代机器缫丝厂，生产的生丝直径粗细均匀，质量上乘，带动了珠三角缫丝产业的发展，产品风靡欧洲市场。1878 年，粤海关在报告中称："在出口货物中，丝及丝制品是迄今最重要的品种，占总值 1500 万海关两中的 850 万

1 彭泽益：《中国近代手工业史资料（1840—1949）》（第一卷），中华书局 1962 年，第 490 页。

2 广州市地方志编纂委员会办公室等编译：《近代广州口岸经济社会概况 —— 粤海关报告汇集》，暨南大学出版社 1995 年，第 860 页。

3 姚贤镐编：《中国近代对外贸易史资料（1840—1895）》（第二册），中华书局 1962 年，第 1040 页。

海关两。”[1]19 世纪 80 年代后，生丝出口量仍有显著增长，在出口货值中稳居第一位。这一状况延续至清末。1900—1911 年，粤丝出口货值共 249227970 海关两。[2]根据时人统计，晚清最后十余年的多数年份，广东仅生丝一项，出口的价值就占广东直接出口价值的 50% 至 60%。[3]如果再加上丝织品，则丝制品在出口总额中所占份额还会有所提升。

蔗糖是这一时期黄埔港出口的又一大宗货物。珠三角地区蔗糖业比较发达。宣统《番禺县续志》记载，广州“糖业颇发达，沙湾司之大涌口、大湾、二湾、三湾、大小乌、黑沙、伞洲、鱼涡头、虾涡头、高沙、细沥、沙鼻、石碁、晒缯坊、酬劳、平稳、市桥附近，共有榨蔗寮八十余家，每年出糖约八万担。茭塘司之小洲、土华、赤沙、西冈、北亭、沥滘、上涌、瑞宝、大塘、上滘、仑头、长洲、龙潭、黄埔、下渡、下滘、康乐共有榨蔗寮七十余家，每年出糖约七万担。鹿步司之南冈、乌涌、鹿步、上元、南湾共有榨蔗寮十余家，每年出糖约一万担。慕德里司之高增、冯塘、南兴庄、马房、三昤、沙庄、兔冈、七图、三分庄、钟落潭共有榨蔗寮二十余家，每年出糖约二万担”[4]。可见，仅广州地区每年糖产量即达 18 万担以上，两广地区是我国重要的蔗糖产区，主要从黄埔港出口。据记载，1844 年，广州经黄埔港出口的糖量为 840852 担，1845 年为 181711 担，1846 年为 370418 担，1847 年为 120571 担。19 世纪 50 年代，在国际产糖国的竞争下，

1 《近代广州口岸经济社会概况——粤海关报告汇集》，暨南大学出版社 1995 年，第 215 页。转引自邱捷：《清代广东丝绸出口与“海上丝绸之路”》，《学术研究》2017 年第 5 期。

2 徐新吾主编：《中国近代缫丝工业史》，上海人民出版社 1990 年，第 707—708 页。

3 《广东蚕丝复兴运动专刊》，广州，1933 年，第 20—22 页。

4 〔清〕梁鼎芬等修，丁仁长等纂：宣统《番禺县续志》卷十二“实业志”，上海书店出版社 2003 年，第 181 页。

由于从香港出口蔗糖比从黄埔装运便宜[1]，大部分蔗糖改由香港出口，黄埔港该项货物出口深受影响。

宣统《番禺县续志》还记载："广州出口货，以丝、茶、药材、瓷器、糖、席、麻布为大宗。"[2]因此，广州出口货物除茶叶和丝制品外，还有不少其他商品，如席子、肉桂、爆竹、猪鬃、桐油、稀有金属、矿砂、鸡鸭毛、烟草等。

草席是晚清时期新增且出口数量较大的货物。广州附近织席技术较先进，草席品种繁多，有粗席、薄席、白席、染席等，出口量很大。19世纪80年代以降，草席出口量稳步增长。1889年，经黄埔港出口输往美国的草席达228929捆，价值123957镑[3]；1891年，销往美国的草席价值1340110元[4]。此外，药材如肉桂，动物产品如活牲畜、淡水鱼，蔬菜干果以及爆竹的出口量也有显著的增长。出口货物品类的增长，一方面说明中外贸易是向前发展的，另一方面也显示中外贸易的主导方发生变化。之前，中国主导外销产品的供给，因此像丝绸、茶叶和陶瓷这类中国传统且强势的产品大量外销。晚清以来，外国商人和市场主导外销产品的供给，导致出口商品的品类发生变化，甚至在一定程度上制约国内的商品生产，如前述的草席之类。当然，出口商品的变化也从一个侧面说明，黄埔港聚集和整合全国商品生产的能力仍然突出。

1　姚贤镐编:《中国近代对外贸易史资料（1840—1895）》(第二册)，中华书局1962年，第1232—1233页。

2　〔清〕梁鼎芬等修，丁仁长等纂：宣统《番禺县续志》卷十二"实业志"，上海书店出版社2003年，第181页。

3　姚贤镐编:《中国近代贸易史资料（1840—1895）》(第三册)，中华书局1962年，第1452页。

4　姚贤镐编:《中国近代贸易史资料（1840—1895）》(第三册)，中华书局1962年，第1452页。

需要说明的是，在我国传统中，特别是王朝统治末段，社会治理往往守成有余，创新乏力。清朝统治者面对全球资本主义浪潮表现出漫不经心的态度，对商品流通采取各种限制措施。例如，乾嘉年间，清政府限制生丝、茶叶、大黄和粮食出口，也不准民间使用官银与外国商人交易："凡民人自与夷商买物，不许使用官银，亦不许将官银换给夷人，查有前项情弊，拘拿治罪。"[1]虽然一个主权国家在治术上有充分的自主权，但就当时的世界发展大势而言，清朝统治者显然没有注意到国际形势正在发生变化，更加不懂商品出口对中国经济发展的积极作用。

（三）民国时期

民国时期，广州对外贸易仍表现为半殖民地半封建的特点，出口货物主要是工业原料和农副产品，黄埔港出口国仍以英国为主，但与美国和日本的贸易规模增长很快，特别是日本大有取代英国之势。出口货物有生丝、丝织品、针织品、干鲜果品、蔬菜、爆竹、药材、矿砂、桐油、鸡鸭毛、猪鬃、草席、烟叶等。其中，生丝仍占出口的第一位，其次为丝织品、动物产品及蔬菜。生丝包括白丝、白经丝、白缫丝、黄丝、黄经丝、黄缫丝、蚕茧、乱丝头，少量出口的野蚕丝则不在其列。[2]

1930年至1937年抗日战争全面爆发前，广州出口货物结构仍在不断发生变化，曾是最主要出口商品的生丝和丝织品，其出口量呈现迅速下降的趋势。1937年，生丝失去第一出口货物的地位，丝织品也不再是重要的出口货物，矿砂和五金的出口量逐年增加，并于是年跃

---

1 〔清〕梁廷枏：《粤海关志》卷十七"禁令一"，《续修四库全书》（第836册），上海古籍出版社2002年，第2页。

2 吴家诗主编：《黄埔港史》（古、近代部分），人民交通出版社1989年，第232—233页。

居首位，针织品位居第二位；桐油出口增长速度也十分惊人，成为重要出口商品。此外，鸡鸭毛出口量也有较大增加。[1]全面抗战期间，黄埔港出口商品结构继续发生改变。出口货物方面，主要有矿砂、五金、桐油、生丝、丝织品、干果、水果、蔬菜、水产品、纸张、木、竹、藤、药材、爆竹、牛皮、鸡鸭毛以及烟草。[2]

从唐代开始，黄埔港成为海上丝绸之路上举足轻重的贸易港口，在此后一千多年的对外贸易过程中，无数中国商品由此走向世界。从输出的商品种类来看，丝绸、瓷器、茶叶长期占据出口商品的前列。民国中后期，外贸商品结构发生根本性变化，中国成为帝国主义国家的原料产地，黄埔港的工业原材料出口增幅明显，这个特征一直持续到民国结束。

二、进口商品

隋唐以来，大量外国物品通过黄埔港进入中国。从纵向来看，进口商品的平民化和生活化趋势明显，这种趋势是可以理解的。在中外贸易早期，船只载货能力有限，加上社会商品化程度不高，因此货物以奇珍异宝为主，其顾客主要是上流社会人士。这种货物结构可以保证在较小的空间获取较大的利润，这是商业经营中的基本原则。随着造船技术和航海技术的进步，船只载货能力增强，面向大众消费市场的商品也随之增加。

1　吴家诗主编：《黄埔港史》（古、近代部分），人民交通出版社 1989 年，第 253—254 页。
2　吴家诗主编：《黄埔港史》（古、近代部分），人民交通出版社 1989 年，第 256 页。

（一）唐宋元时期

唐代，“广州通海夷道”负有盛名。因为贸易兴盛，加上航海技术的发展，国际交往和贸易更加频繁。盛唐气象吸引海外客商纷至沓来，其中既有官方使团，也有民间商团。广州进口的物品有供雕刻、陈设、装饰用的象牙、犀角、玳瑁、琉璃、玻璃、红宝石、蓝宝石等；供贵族官僚、皇宫和寺庙用的各种香料，如沉香、线香、返魂香，以及日常食用的白胡椒、黑胡椒等。此外，还有各种珍禽异兽，如鹦鹉、狮子、鸵鸟、阿拉伯马等。[1]进口的植物品种也比较丰富，有波斯枣、芦荟、波罗蜜、偏桃、莳萝、葡萄、无花果、素馨花、槟榔等。这些植物在进入中国后有不少融入古代中国的日常生活中。[2]

宋代进口商品种类远超前代，香料在其中占据首位。彼时香料称香药，是香料和药物的统称，主要有乳香、龙涎香、金颜香、檀香、丁香、木香、笃耨香、安息香、速暂香、黄熟香、降真香、生香、沉香、栀子香、龙脑、苏合香油、蔷薇水、芦荟、阿魏、豆蔻、荜澄茄、胡椒、梅花脑、没石子、血竭、苏木、真珠、人参、犀角、紫矿、硫黄、茯苓、腽肭脐、麝香、没药等。据不完全统计，宋代进口的香料达200多种，在舶来品中占半数以上，数量上也大大超过其他物品。市舶司在管理贸易商品时，“番商贸易至，舶司视香之多少为殿最”[3]。这主要是因为香药的货值大，与珠宝、黄金和丝绸等都是贵重商货。

宋代香料绝大部分由广州进口。据记载，宋神宗熙宁十年（1077），“三州市舶司，乳香三十五万四千四百四十九斤，其内明州所收惟四千七百三十九斤，杭州所收惟六百三十七斤，而广州收者则

1　武伯纶：《唐代广州至波斯湾的海上交通》，《文物》1972年第6期。

2　李燕：《广州港与海上丝绸之路》，广东经济出版社2019年，第180页。

3　冯承钧撰：《诸蕃志校注》，中华书局1956年，第163页。

有三十四万八千六百七十三斤。是虽三处置司，实只广州最盛也”[1]。按照数量计算，广州进口乳香占全国的98%以上，其他如没药、芦荟、无名异、葫芦巴等各种名目的药材也以广州为多，时有“广药”“海药”之称。

香料之所以在宋代中外贸易中占据重要地位，主要与宋代社会风气有关。宋代商品经济发达，富裕阶层在日常生活和饮食中喜用各种香料。陆游在《老学庵笔记》中对此有记述：“京师承平时，宗室戚里，岁时入禁中，妇女上犊车，皆用二小鬟，持香球在旁，而袖中自持两小香球。车驰过，香烟如云，数里不绝，尘土皆香。”[2]香料本身十分珍贵且需求旺盛，故价格非常昂贵。南宋时，张知甫称：“仆见一海贾，鬻真龙涎香。二钱，云三十万缗可售鬻。时明节皇后许酬以二十万缗，不售。”[3]可见，珍贵香料价格之高。

宋代用香场合很多，公私宴会常会使用香料。苏东坡到广州时，写信给章质夫称：“香药皆珍物……今公宴香药别卓为盛礼，私家亦用之。”[4]宋高宗驾临清河郡王张俊家，张俊在布置筵席时使用了十多种香料，如脑子花儿、甘草花儿、朱砂圆子、木香、丁香、水龙脑、史君子、缩砂花儿、白术、人参、香药木瓜、椒梅、香药藤花、砌香樱桃、砌香萱花拂儿、柴苏奈香、砌香葡萄[5]，等等。这些香料主要是舶来品。

宋元两代对进口商品通常按照货物价值进行分类管理，分为“粗色”和“细色”两种。“粗色”指价值一般的普通货物，“细色”指较

1 〔清〕梁廷枏：《粤海关志》卷三“前代事实二”，《续修四库全书》（第835册），上海古籍出版社2002年，第492页。

2 〔宋〕陆游撰：《老学庵笔记》卷一，上海古籍出版社1993年，第5页。

3 〔宋〕张知甫著，孔凡礼点校：《可书》，中华书局2002年，第399页。

4 〔宋〕戴埴：《鼠璞》卷上，民国《四明丛书》卷上，宁波市博物馆藏本。

5 〔宋〕周密：《武林旧事》卷九，《四库全书》，上海古籍出版社1989年。

为贵重的货物 。南宋绍兴十一年（1141）在户部“重行裁定市舶香药名色”中，定为“细色”的有诃子、中笺香、没药、破故纸、丁香、木香、茴香、茯苓、玳瑁、鹏砂、莳萝、紫矿、玛瑙、水银、天竺黄、末朱砂、人参、鼊皮、银子、下笺香、芹子、铜器、银硃、熟速香、带根丁香、桔梗、泽泻、茯神、金舶（箔）、上茴香、中熟速香、玉乳香、麝香、夹杂金、夹杂银、沉香、上笺香、次笺香、鹿茸、珊瑚、苏合油、牛黄、血碣、腽肭脐、龙涎香、荜澄茄、安息香、琥珀、雄黄、钟乳石、蔷薇、水芦荟等60余种，定为“粗色”的有胡椒、檀香、夹笺香、黄蜡、黄熟香、吉贝布、袜面布、香米、缩砂、干姜、蓬莪术、生香、断白香、藿香等120余种，此外还有100多种货物被列为“粗重杠费脚乘”之物。[1]在元《至正四明续志》中，“细色”货物数量增加到134种，“粗色”却只有89种。不同时期，政府对“细色”和“粗色”的认定标准有所不同。按照国家和地区统计，唐至元时期，黄埔港从海外进口商品如下。

（1）来自拂菻（东罗马帝国或拜占庭帝国）的商品：玉、水银、金刚石、矾石、玻璃、木香、肉豆蔻、迷迭香、兜纳香、蜜香、降真香、薰陆香、阿勃勒、苏合香、芜荑、阿魏、抱香履。

（2）来自大食的商品：马脑（玛瑙）、琉璃、火油、石榴、鸦片、乳香、苏合香、无食子、诃黎勒、金颜香、栀子花、蔷薇水、丁香、阿魏、芦荟、押不芦、珊瑚、珍珠、象牙、腽肭脐、龙涎香、大食刀。

（3）来自波斯的商品：珊瑚、瑜石、石绿、硫黄、白矾、黄矾、琥珀、胡黄连、缩砂蜜、荜拨、蒟酱、破故纸、茉莉、青黛、螺子黛、莳萝、偏桃、阿月浑子、阿勒勃、葡萄、无花果、石蜜、波斯枣、薰

1 〔清〕徐松辑：《宋会要辑稿》职官四四之二一，中华书局1957年，第3374页。

陆香、没药、耶悉茗、安息香、芦荟、无石子、阿魏、诃黎勒、婆罗得、乌木、苏合香。

（4）来自印度的商品：琉璃、消石、胡椒、白豆蔻、蜜草、郁金香、天竺干姜、沙糖、天竺桂、沉香、乳香、干陀木皮、宝石。

（5）来自东南亚的商品：象牙、犀角、龙脑香、紫绯、硫黄、珊瑚、郁金香、波棱菜、丁香、肉豆蔻、降真香、苏合香、抱香履、槟榔。

简而言之，唐至元时期，香药成为最重要的进口货物。这些货物从商品角度来说，有一个变化趋势，即从奇珍异宝变成商品市场上的大宗需求。如前所述，进口商品的变化反映出中国社会的发展：早期商品单价高，消费对象有限；随着社会经济的发展，普通商品消费市场变大，因此香料这种产量较大、品种较多的商品成为中国市场上的畅销货。尽管它们仍是比较高档的消费品，但是随着市场的扩大和香料品种的增加，香料惠及的人群远超奇珍异宝。

（二）明清时期

明清时期，中外海上贸易更加繁荣。随着资本主义的崛起，全球市场逐渐形成，中国也无法置身其外。明代的对外贸易分为两个阶段：前一个阶段以朝贡贸易和官方远洋船队为主要特色，其中郑和七下西洋是这个阶段的高潮和代表；后一个阶段是“隆庆开海”之后的洋舶贸易，中西方贸易进入正常化阶段。清代对海洋贸易较不重视，但总体上仍与世界保持联系。广州在明清时期大放异彩，明代的“广中事例”和清代的“一口通商”让黄埔港的地位更加突显，成为中国与世界开展贸易往来最重要的港口，实际上也是中国联系全球的贸易中心。

在贸易商品方面，《大明会典》收录朝贡贸易进口商品达150余种，主要是香料、药材、宝货、珍禽异兽、兵器和手工制品，大部分经广东进入中国。[1]明成化二十三年（1487），在清点两广布政司仓库时，出现许多珍贵商品如金器、珍珠、珊瑚、鹤顶、玳瑁、象牙、香药、蔷薇露等[2]，并拟运往京城，供宫廷之用。明朝皇帝赏赐各国的物品主要有丝绸、瓷器、铁器、棉布、铜钱、麝香和书籍等，尤以丝绸和棉布为多。[3]明代中国与各国交往过程中，相关贸易商品在地方志中有所记载，涉及的主要是东南亚国家和地区，具体情况如下。

（1）占城：象、象牙、犀、犀角、孔雀、孔雀尾、橘皮、抹身香、龙脑、熏衣香、金银奇南香、土降香、檀香、栢木香、烧碎香、花梨木、乌木、苏木、花藤香、芜蔓、番沙、红印花布、油红绵布、白绵布、乌绵布、圆璧花布、花红边缦、杂色缦、番花手巾、帕兜罗锦被、洗白布泥。[4]

（2）真腊：象、象牙、苏木、胡椒、黄腊、犀角、乌木、黄花木、土降香、宝石、孔雀翎。[5]

（3）爪哇：胡椒、荜茇、苏木、黄蜡、乌爹坭、金刚子、乌木、番红土、蔷薇露、奇南香、檀香、麻藤香、速香、降香、木香、乳香、龙脑、血蝎、肉豆蔻、白豆蔻、藤竭、阿魏、芦荟、没药、大枫子、丁皮、番皮、鳖子、闷虫药、碗石、荜澄茄、乌香、宝石、珍珠、锡、西洋铁、铁枪、折铁刀、苾布、油红布、孔雀、火鸡、鹦鹉、玳瑁、

1 〔明〕李东阳等撰，〔明〕申时行等重修，《大明会典》卷一百五一一百八，明万历十五年（1587）内府刊本。

2 中央研究院历史语言研究所校印：《明宪宗实录》卷二八八，北京大学图书馆藏本，第4873页。

3 黄启臣：《广东海上丝绸之路史》，广东经济出版社2014年，第338页。

4 〔明〕黄佐撰：嘉靖《广东通志》卷六六“外志三”夷情上。广东省地方志办公室1997年誊印，第1706页。

5 〔明〕黄佐撰：嘉靖《广东通志》卷六六“外志三”夷情上。广东省地方志办公室1997年誊印，第1708页。

孔雀尾翠毛、鹤顶、犀角、象牙、龟筒、黄熟香、安息香。[1]

（4）三佛齐（今属印度尼西亚）：黑熊、火鸡、五色鹦鹉、诸香、兜罗锦被、苾布、白獭、龟筒、胡椒、肉豆蔻、番油子、米脑。[2]

（5）暹罗：象、象牙、犀角、孔雀尾翠毛、龟筒、六足龟、宝石、珊瑚、金戒指、片脑、米脑、栋脑、脑油、脑柴、檀香、速香、安息香、黄熟香、降真香、罗斛香、乳香、树香、木香、乌香、丁香、阿魏、蔷薇露、丁香皮、碗石、紫梗、藤竭、藤黄、硫黄、没药、乌爹坭、肉豆蔻、胡椒、白豆蔻、荜拨、苏木、乌木、大枫子、苾布、油红布、白缠头布、红撒哈喇布、红地绞节智布、红杜花头布、红边白暗花布、乍连花布、乌边葱白暗花布、细棋子花布、织人象花文打布、西洋布、织花红丝打布、剪绒丝杂色红花被面、织杂丝竹布、红花丝手巾、织人象杂色红文丝缦。[3]

（6）满剌加（今马六甲市）：番小厮、犀角、象牙、玳瑁、鹤顶、鹦鹉、黑熊、白麂、锁袱金、母鹤顶、金镶戒指、撒哈喇白苾布、姜黄布、撒都细布、西洋布、花缦、片脑、栀子花、蔷薇露、沉香、乳香、黄速香、金银香、降真香、紫檀香、丁香、乌木、苏木、大枫子、番锡、番盐。[4]

（7）苏门答剌（今属印度尼西亚）：马、犀牛、龙涎香、撒哈喇梭绵布、宝石、木香、丁香、降真香、沉速香、胡椒、苏木、锡、水

1 〔明〕黄佐撰：嘉靖《广东通志》卷六六“外志三”夷情上。广东省地方志办公室1997年誊印，第1709页。

2 〔明〕黄佐撰：嘉靖《广东通志》卷六六“外志三”夷情上。广东省地方志办公室1997年誊印，第1711页。

3 〔明〕黄佐撰：嘉靖《广东通志》卷六六“外志三”夷情上。广东省地方志办公室1997年誊印，第1713页。

4 〔明〕黄佐撰：嘉靖《广东通志》卷六六“外志三”夷情上。广东省地方志办公室1997年誊印，第1714页。

晶、玛瑙、番刀、番弓、石青、回回青、硫黄。[1]

（8）锡兰（今斯里兰卡）：象、宝石、珊瑚、水晶、金戒指、撒哈喇乳香、木香、土檀香、没药、西洋细布、藤竭、芦荟、硫黄、乌木、胡椒、碗石。[2]

清代初期，东南亚国家继续以藩属国身份与中国开展贸易往来，欧洲的荷兰和英国与中国的贸易也较具规模，大致情况如下。

（1）暹罗：龙涎香、象牙、西洋闪金银花缎、胡椒、藤黄、豆蔻、苏木、速香、乌木、大枫子、金银香、安息香、孔雀、降香、驯象、犀角、六足龟、孔雀尾、翠鸟毛、树胶香、沉水香、树皮香、儿茶、胡椒花、完事、紫梗、鲛绡布、冰片、樟脑、黄檀香、蔷薇露、硫黄。[3]

（2）荷兰：银盘、甲鞍、番花、桂花、被褥、毛缨、蔷薇木、白石书、小车、白小牛、胡椒、织金缎、盛各样油的小箱、腰刀、羽缎、倭缎布、琉璃灯、聚耀烛台、琉璃杯、肉豆蔻、葡萄酒、象牙、皮带、夹板、样船、马、珊瑚镜、哆啰绒、织金毯、哔吱缎、自鸣钟、丁香、檀香、冰片、琥珀、鸟枪、火石。[4]

（3）英国：海菜、沙血蝎、洋蜡、槟榔、海参、燕窝、冰片、血珀、阿魏、息香、牛黄、乌木、红铜、珊瑚、玛瑙、绵花、绵纱、儿茶、青石、火石、象牙、犀角、白米、鱼翅、鱼肚、槟榔膏、玻璃器、

1 〔明〕黄佐撰：嘉靖《广东通志》卷六六“外志三”夷情上。广东省地方志办公室1997年誊印，第1715页。

2 〔明〕黄佐撰：嘉靖《广东通志》卷六六“外志三”夷情上。广东省地方志办公室1997年誊印，第1716页。

3 〔清〕郝玉麟等纂，鲁曾煜总辑：雍正《广东通志》卷五十八“外番”，海南出版社2006年。

4 〔清〕郝玉麟等纂，鲁曾煜总辑：雍正《广东通志》卷五十八“外番”，海南出版社2006年。

锡、铅、铁、钢、没药、乳香、胡椒、苏木、木香、红木、檀香、沙藤、自鸣钟、时辰表、大呢、羽缎、哔叽、小绒、洋布、花布、手巾。[1]据魏源称，中英贸易额大致在2200万两，道光十六年（1836）达“三千六百万两”[2]。

以上是一些具有代表性的国家。清代张渠的《粤东闻见录》记载了一些广州习见的外国商品，如犀、象、香、珀、哆啰、哔吱、羽缎、羽纱、苏木、椒、檀、玻璃等。[3]其中，玻璃有酒色、白色和紫色，与水晶相似，“碾作眼镜及器皿，表里莹彻”；琥珀有蜜珀、金珀、水珀，“琢器极工，其屑则以入药”；水晶也有很多种类，“银晶可取水，火晶可取火，墨晶为眼镜，极养光”。[4]

由于清代广州在中外贸易中处于中心地位，因此从广东官员进贡单当中也可窥见当时进口商品情况。以雍正六年（1728）至雍正十三年（1735）广东官员进贡到宫廷的“洋货”为例，种类有“日晷、两洋猴枣、西洋鸭绿鼻烟洋烟盒、洋珐琅茶杯、咖实伦手钏、益达联手钏、咖实伦水盛、咖实伦蜡台、益达联石刀鞘、洋瓷大盘、洋瓷中盘、洋瓷茶碗、东洋漆器、洋镜、大玻璃片、西洋避风巴尔沙吗香、西洋德利哑咖、西洋碧露巴尔沙吗香、西洋檀香油、西洋丁香油、西洋冰片油、西洋肉豆蔻油、西洋梅花油、西洋百花油、吧利吗油、核桃油、西洋黄花露、问钟、自鸣钟、洋红、洋蓝、风琴画、洋画片、洋油画、洋布、蜜的刺（西洋白布）、洋手巾、洋锦、洋桃花门帘、洋桃花手

1 〔清〕郝玉麟等纂，鲁曾煜总辑：雍正《广东通志》卷五十八“外番”，海南出版社2006年。

2 〔清〕魏源撰：《海国图志》，岳麓书社1998年，第1407页。

3 〔清〕张渠撰：《粤东闻见录》，陈建华主编：《广州大典》第49辑第3册，广州出版社2015年，第9—10页。

4 〔清〕张渠撰：《粤东闻见录》，陈建华主编：《广州大典》第49辑第3册，广州出版社，第79页。

巾、洋狗”和“千里镜、千里眼、自鸣报时（钟）、自鸣奏乐（钟）、洋咖实伦规矩、益达联规矩、洋鼻烟、洋咖实伦鼻烟盒、益玳瑁鼻烟盒、洋玛瑙鼻烟盒、洋玳瑁鼻烟盒、彩丝玛瑙鼻烟盒、花羽纻、双面哆啰呢、花绒毡、洋方毯、洋毯、洋绣门帘、洋绣手巾、锦洋笺、洋檀香油、洋丁香油、洋百花油”[1]等，共60多种。

葡萄牙人龙思泰在中国生活了30多年，并且直接从事中葡之间的贸易。他在《早期澳门史》中记录了黄埔港进口的数十种商品及其产地：琼脂，来自新荷兰、新几内亚及其他临近岛屿；琥珀，产于印度群岛；龙涎香，产于印度洋和太平洋的众多岛屿；阿魏，产于波斯；蜂蜡，产于印度群岛和欧洲；槟榔，来自爪哇、马六甲和槟榔岛；安息香，产于婆罗洲和苏门答腊；牛黄，产于波斯；海参，产于印度群岛、太平洋岛屿等处；燕窝，产于爪哇和苏门答腊；樟脑，产自苏门答腊和婆罗洲；小豆蔻，产于马拉巴尔海岸、锡兰、爪哇等处；丁香，产于摩鹿加群岛、苏门答腊和毛里求斯；母丁香，产自马六甲；丁香油、胭脂红，产自英国和墨西哥；珊瑚，产自印度群岛；棉花，来自印度、英国、美国；地衣紫，产自冰岛；儿茶，产自波斯卡奇湾等处，从孟买和孟加拉国输入；达玛树脂，产自马来半岛；龙血，产自婆罗洲和苏门答腊；乌木，产自毛里求斯和印度洋上的岛屿；象牙，产自南非、暹罗、缅甸等地；鱼肚，来自印度群岛；火石，来自欧洲；槟榔膏，来自爪哇和其他岛屿；人参，产自美洲；黄金，产自婆罗洲；各种动物的角和骨，来自中国邻近国家和岛屿；豆蔻花，来自马拉巴尔；珠海壳，产自波斯湾、印度海岸和诸岛；麝香，来自西伯利亚和北美；没药，产自阿拉伯和阿比西尼亚（今埃塞俄比亚）；豆蔻，产自班达群岛；豆蔻油，产自班达群岛；乳香，产自阿拉伯地区和印

1　冷东、金峰、肖楚熊：《十三行与岭南社会变迁》，广州出版社2014年，第210页。

度；鸦片，产自印度；胡椒，产自苏门答剌、马拉巴尔和马六甲；木香，产自印度和波斯；水银，来自欧洲；大米，来自吕宋、交趾和印度群岛；苏合油，产自波斯和印度；洋硝，来自印度、苏门答腊；檀香，产自印度以及印度洋和太平洋诸岛屿；苏木，来自印度、吕宋和缅甸；贝壳，来自印度洋诸岛；海藻，来自海洋各处；鱼翅，来自印度洋；洋青，产地不详；锌块，产地不详；钢，来自瑞典和英国；柴鱼，来自德国和英国；金线与银线，产自英国和荷兰；锡，来自邦加岛、马六甲、英国和美国；龟甲，来自印度群岛；姜黄，来自印度群岛；毛织品，产地不详。[1]上述近60种商品，主要可以分为香料类、食品类、手工艺原料类、药品类、日用品类等。将龙思泰记述的进口商品和前述雍正年间广东的供御商品对比，仅从名称上就可以看出颇多重合之处，说明这些商品是市场上的重要组成部分。

在进口商品中，必须提到鸦片。当时销往中国的鸦片，主要有孟加拉鸦片、麻洼鸦片和土耳其鸦片。孟加拉鸦片是“公班土”和“剌班土”的掺和品，色呈黑，又名乌土。因产于孟加拉，故名。这种鸦片在印度由加尔各答出口，是英国东印度公司的专卖品。麻洼鸦片产于中印度平达里和麻洼一带，分麻洼红皮和白皮两种。麻洼红皮鸦片由孟买出口，故又称孟买鸦片。土耳其鸦片又名金花土，产自土耳其，由美国人转贩。

鸦片原产于南欧到西亚一带，大约在唐代时传入中国，最早被当作药物使用，至清代大约持续了一千年时间。鸦片一开始作为治疗疟疾的一种药物，是以丸剂的形式出现的：“阿芙蓉前代罕闻，近方有用者，云是罂粟花之津液也……气味酸、涩，性温、微毒，主治泻痢、

---

1 〔瑞典〕龙思泰著，吴义雄、郭德焱、沈正邦译，章文钦校注：《早期澳门史》，东方出版社1997年，第327—362页。

脱肛不止，能涩丈夫精气。俗人房中术用之。京师售一粒金丹，云通治百病，皆方伎家之术耳。”[1] 16世纪以后，鸦片先后经阿拉伯人、爪哇人、泰国人，以及葡萄牙人和荷兰人输入中国。此时，鸦片作为药物通过吞服的方式治疗疾病，是具有积极意义的。但是，随着吸食方式的传入，鸦片的危害开始显现，引起有识之士的担忧。

18世纪中前期开始，鸦片开始大量涌入中国。它们首先通过外国商船进入黄埔港，再通过俗称“扒龙”“快蟹”的接货船分销各处。作为黄埔港进口商品中的大宗，在鸦片战争前十年，输入中国的鸦片共24800箱，货值约16338万元，年均1600余万元。[2]鸦片贸易是欧美国家针对中国市场采取的一项不道德的贸易行为。特别是在屡次开拓中国市场收效甚微的背景下，鸦片贸易的“价值”被发现，并被当作出口中国最重要的商品。从实际情况来看，西方国家通过与中国的鸦片贸易攫取了巨额利润。中国贸易出超的情况被扭转，19世纪初至鸦片战争爆发间的40年里，中国白银外流超过6亿两。[3]

由于有利可图，以英国为代表的欧美国家纷纷从事鸦片贸易，美国、法国、丹麦、瑞典和葡萄牙等国商人都将鸦片贸易视为最重要的输华贸易商品。[4] 19世纪40年代后期，广州的外国洋行纷纷加码鸦片贸易，将香港作为鸦片贸易的总基地，在黄埔、澳门、南澳以至厦门各处分发鸦片，运销各处。1858年，鸦片贸易合法化，鸦片在黄埔港

---

1 〔明〕李时珍撰，刘山永主编：《〈本草纲目〉新校注本》卷二十三，华夏出版社2008年，第1008页。

2 李伯祥、蔡永贵、鲍正廷：《关于十九世纪三十年代鸦片进口和白银外流的数量》，《历史研究》1980年第5期。

3 刘鉴唐：《鸦片战争前四十年间鸦片输入与白银外流数字的考察》，《南开史学》1984年第1期。

4 姚贤镐编：《中国近代对外贸易史资料（1840—1895）》（第一册），中华书局1962年，第418—420页。

进口货物中所占的比例变得更大。

《粤海关志》集中记载了鸦片战争前的中外贸易商品，分为衣物、食物、用物、杂物四类，其中涉及进口货物如下。

（1）衣物。外国衣服有数种材质，如哆、啰、绒、羽、纱等，并包含多种样式，如绒衣和各色剪绒番衣。其他进口衣物还有番帽、马皮靴、牛皮靴等。

（2）食物。进口外国食物有东洋米、番豆、洋酒、番茶、倭烟、白燕窝、红燕窝、鱼翅、鹿筋、海参、鲍鱼、尤［鱿］鱼、破肚子、牛乳、番小菜、胡椒、八角、茴香、番酱油、番蜜饯。

（3）用物。进口外国用物有番牛郎、各色锁鞋喇、洋金缎、各色番锁袱、哔叽、番絕、番斜纹布、洋剪绒、交趾绢、西洋绸绢、西洋布、斜纹布、交趾粗布、交趾粗花布、番布幔、西洋葛布、西洋海葛布、番边、西洋粗布、琉球粗葛布、洋金线、洋银线、洋丝、番红棉纱、象皮、犀牛皮、西洋大毡、西洋中毡、西洋毛毯、西洋小毡、洋白毡、西洋小坐毡、番小帐、洋大手帕、洋花大桌布、西洋小手帕、洋花小桌布、洋累丝银器、金推钟、挂推钟、金亭挂、小银自鸣钟、金标钟、银标钟、银规矩、金鼻咽盒、大银人物、小银人物、洋小法蓝器、洋法蓝器、洋法蓝酒杯、洋法蓝小菜碟、番铜器、大自鸣钟、中自鸣钟、小自鸣钟、浑天球、量天尺、大吊驼钟、洋罗经、大铜画、大铜标、吊驼标、时辰标、铜自行珠箱、铜架、大显微镜、番铜花、铜规矩、小铜画、铜日规、剃头小规矩、洋大天屏架、洋小天屏架、大洋鸟枪、小洋鸟枪、洋针、洋剑刀、洋刀叉、洋小刀、洋剪刀、大番琴、大风琴、小番琴、千里镜、小风琴、珊瑚、蜜珀、琥珀沙漏、咖石（呛）茶杯、咖石（呛）大规矩、咖石（呛）小规矩、咖石（呛）水罐、鼻烟罐、鼻烟盒、洋花石小箱、钻石花、小咖石（呛）器、咖石（呛）烟球、洋花石鼻烟壶、洋花石调羹、洋花石珠、咖石

（吣）快［筷］子头，玛瑙鼻烟壶盒、洋瓷器、大玻璃烛台、玻璃缸、玻璃箱、玻璃日规、千里影、千里镜、玻璃球、小玻璃烛台、玻璃影盖、玻璃杯、玻璃壶、玻璃瓶、玻璃盘、玻璃灯、洋料丝桌亭、玻璃灯罩、玻璃小酒桶、玻璃时辰牌、玻璃镜、玻璃钮扣、玻璃水中人、小珠灯、洋小火镜、玻璃圆小手镜、玻璃小影盒、玻璃时辰杯、番漆器、大洋角灯、小洋角灯、洋小皮盒镜、假山、玛瑙镶金推钟、玛瑙镶钻石大规矩、乘金镶钻石花标、乘金镶钻石花钟、玛瑙镶钻石小规矩、玻璃影画时辰钟、镀金镶标玻璃圆手镜、镶玛瑙金标、玛瑙镶钻石鼻烟罐、镶花石金标、镀金铜柱桌标、镶水晶石架标、镀金丝玛瑙规矩、镶花石小规矩、洋法蓝镶钻石鼻烟盒、洋法蓝镶金银鼻烟盒、镶玛瑙鼻烟盒、镶花石金鼻烟盒、镶银大玻璃箱、银镶边玻璃油画盒、镶油画玻璃盒、皮镶玻璃小沙漏、镶玛瑙鼻烟罐、镶蜜珀鼻烟盒、镶银小玻璃箱、玻璃镜、镶玻璃油画、镶金鼻烟盒、银镶沙鱼皮鼻烟盒、镶洋法蓝鼻烟壶、镶洋花石杯、铜镶玻璃鼻烟盒、银镶螺鼻烟盒、镶钻石戒指、镶钻石扣、铜镶瓷器鼻烟盒、铜镶玳瑁鼻烟盒、镶宝石扣、银丝小玻璃镜、大绣洋画、推公洋屏油画、小绣洋画、大油画、小油画、西洋纸画、洋大画、番花藤席、洋鞭杆藤杆、番单草席、番夹草席、番眼镜、交趾扇。

（4）杂物。杂物细分为药材、颜料、香料、珍玩和杂色纸料几小类。其中，药材难以区分产地，故不做甄别。颜料方面，进口商品有各色洋颜料、气砂、银硃、苏木。香料方面，有番速香、对报、安息香、檀香、速香、洋麝香、黄熟牙香、桂兰香、伽楠香、香末树香、大降香、奇速香、沉香，等等。此外，珍玩名目众多，有珊瑚枝、蜜珀、药珠、大珊瑚珠、玻瓈松、洋法蓝片、珍珠、鹤顶红、草珠、琥珀末、玛瑙、砗磲、吸铁石、咖石（吣）片、黑地白花石、蜡石、宝心石、宝沙石、石阶砖、玛瑙珠、洋花石洋青石、洋花石片、青金石、水晶石、玛瑙片、象牙、玳瑁、犀角、虎骨、洋明角片料，以及一些木料如铁犁板、楠木板等。[1]

以上各种货物是鸦片战争前国外输入中国商品的主体部分，从中可以概见中外贸易的一些细节。中国的一些优势商品实际上也有零星进口，这可能是出于产品交流上的考虑，也可能是面向特定人群销售的。

第一次鸦片战争发生后，中外贸易规模逐渐扩大。据不完全统计，1844 年至 1849 年，进入黄埔港的外国船总数为 1672 艘，年均 300 余艘；总吨数为 733125 吨，年均 14 万余吨；出海船只共 1678 艘，总吨数达 725605 吨。[2] 19 世纪 50 年代，黄埔港的中外贸易规模仍在扩大，以 1854 年为例，进入黄埔港的外国船总数为 320 艘，总吨数为 15 万余吨。其中，英国船为 137 艘，总吨数为 68795 吨，美国船 65 艘，总吨数超过 45000 吨，分列前两位，二者总计占总船数和总吨位数的六成左右。[3]其他国家按船只和吨位数排列依次为荷兰、西班牙、秘鲁和德国等，有近 20 个国家在黄埔港开展贸易活动。1860 年下半年，进入黄埔港的船只增至 406 艘，总吨数为 120099 吨。[4]英国和美国船只数量居于前两位，英国仍处于领先位置，而美国在快速逼近。

法国在黄埔港的贸易体量相比英美要逊色得多。法国是较早与中国开展贸易的国家，它在 1660 年便组建了垄断中法贸易的“中国公司”，并派商船到达广州，要求通商。康熙三十七年（1698），法国

1 〔清〕梁廷枏撰，袁忠仁点校：《粤海关志》卷九“税则二”，广东人民出版社 2014 年，第 177—185 页。

2 黄苇：《上海开埠初期对外贸易研究》，上海人民出版社 1979 年，第 177—178 页。

3 顾家熊、聂宝璋编：《中国近代航运史资料》第一辑（上册），上海人民出版社 1983 年，第 148 页。

4 顾家熊、聂宝璋编：《中国近代航运资料》第一辑（上册），上海人民出版社 1983 年，第 149 页。

派遣使节、海军官员、传教士和商人乘“安菲得里底”号来广州并抵达黄埔港。清政府给予其免税通商的优待，并于次年允许法国人在广州设立商馆。1745 年，法国船的商品取得在黄埔港登陆的许可。此后，法国商船便不定期进抵黄埔港。据统计，1722—1833 年，在黄埔的法国船每年一般为 1—5 艘，最多不超过 8 艘。法国运到黄埔港的商品多是北美的皮货和南洋国家的特产，从本国运来的货物主要是呢绒制品，但数量不多。法国从黄埔运出的商品主要有茶叶、土布、瓷器、丝绸等。据记载，1792 年，法国从黄埔港运出的有茶叶 11555 担，土布 22.8 万匹，瓷器 180 担，食糖 2795 担，大黄 192 担，绸缎 5 匹。[1]这些进出口商品量比起英、美两国要少得多，与近代英法两国并称的固有认知存在较大落差。因此，法国对中国的影响主要是在政治和军事层面。

随着中国半殖民地化程度的加深，进口商品种类不断增加。据 1858 年统计，中国各类进口商品有海菜、阿魏、黄蜡、槟榔、干槟榔衣、黑海参、白海参、燕窝、铜纽扣、冰片、麻布、棉布、帆布、白豆蔻、砂仁、地席、肉桂、自鸣钟、丁香、母丁香、呀囒米、煤、珊瑚、绳、玛瑙、玛瑙珠、棉花、布匹、花布、白提布、印花布、袈裟布、洋纱、缎布、柳条布、毛巾、手帕、回绒、花剪绒、棉线、棉纱、牛黄、儿茶、利器、象牙、翠毛、孔雀毛、鱼肚、鱼皮、火石、槟榔膏、藤黄、玻璃片、玻璃水晶器、皮胶、真金线、假金线、安息香、安息油、血竭、没药、乳香、黄牛皮、水牛皮、牛角、犀皮、牛角、鹿角、犀角、水靛、洋菜、漆器、熟皮、细麻布、粗麻布、大枫子、豆蔻花、栲皮、草席、熟铜、生铜、日本铜、熟铁、生铁、商船压载铁、铁丝、铅块、铅片、水银、白铅、钢、锡、马口铁、黄铜钉、

1　吴家诗主编：《黄埔港史》（古、近代部分），人民交通出版社 1989 年，第 95－96 页。

黄铜皮、云母壳、八音琴、干淡菜、肉果豆蔻、橄榄、洋药、黑胡椒、白胡椒、虾米、木香、沙藤、藤席、苏合油、咸鱼、硝、檀香、苏木、河马牙、黑鱼翅、白鱼翅、鲨鱼皮、真银线、假银线、牛筋、鹿筋、大狐狸皮、小狐狸皮、貂皮、海龙皮、虎皮、豹皮、海骡皮、兔皮、麂皮、灰鼠皮、獭皮、貉獾皮、大青、鼻烟、紫梗、柴鱼、硫黄、赤糖、白糖、千里镜、双眼千里镜、虎骨、船木、船板、火绒、玳瑁、伞、剪绒、时辰表、珠边时辰表、日本腊、毛柿、乌木、沉香、香材、呀囒治木、降香、红木、床毡、哆啰呢、哔叽、羽纱、羽缎、羽绸、小呢番紦、羽绫、羽布、绒棉布、绒线。[1]这100多种商品很多由黄埔港进入中国。从上述货物可以看出，一方面，传统进口商品香料和药材依然需求旺盛；另一方面，大量工业制品，如哆啰呢、哔叽、羽纱、羽缎、羽绸等，以及之前中国出口商品，如金属器、棉丝制品等，都变成进口商品。可见，西欧国家在工业革命后生产力突飞猛进，整个生产体系实现了质的跃升。清王朝则因循守旧，未能跟上历史发展潮流，在西方列强的侵略之下，本国市场洞开，原先的优势产业和商品失去竞争力，外国商品乘机进场绞杀，巨大的市场拱手让人，导致经济社会发展每况愈下。

五口通商时期，经黄埔港进口的货物以消费品为主。1875—1894年广州商业报告记载，黄埔港进口商品主要有以下种类。①日常用品类：洋伞、洋针、洋线、手套、橡皮鞋、颜料、肥皂、玻璃、蜡烛、玩具、文具、钟表、刀、装饰品、珠宝、缝纫机、药品等。②日常食品类：葡萄酒、糖果、饼干、甜食、炼乳等。晚清时期，经黄埔港输

1　姚贤镐编：《中国近代对外贸易史资料（1840—1895）》（第二册），中华书局1962年，第773－782页。

入广州的外国商品主要有棉织品、粮食以及大量的工业品。[1]一是棉花。广州在鸦片战争后仍是印度棉花的主要销售市场。当时经黄埔港进口的棉花有三种：由孟买出产的称为软花，由孟加拉出产的称为硬花，由马得拉斯出产的称方包。[2]1865—1911年，黄埔港棉货进口量保持增长势头。据记载，1887年经黄埔港输入广州的棉纱达55166担，1888年上升至79367担，增长了43.9%。[3]二是粮食。甲午战争后，洋米进口量迅速增长，跃居广州进口贸易的首位。

从历史的角度来看，黄埔港进出口商品经历了很大的变化。唐至清代中前期，进口商品以上层社会需要的奇珍异宝、香料和药材为主，出口商品则主要是丝绸、瓷器和茶叶等。随着欧洲资本主义的发展和工业革命的进行，中国丝绸、瓷器和茶叶被别国同类商品快速替代。第一次鸦片战争后，我国进入半殖民地半封建社会，出口商品从属于全球市场需要，以手工业品、初级原材料为主，进口商品则逐渐变为西方的工业品。这种趋势在晚清民国时期表现得尤为突出，黄埔港成为世界历史潮流演变的见证者。

第二节　产业影响

黄埔港作为南方海上交通咽喉，在1000多年的海上贸易中对国内产业发展有着十分重要的影响。从产业角度来看，国内不少行业的发

1　广东省博物馆编：《民国海淘生活指南：广东二十世纪初的洋货风潮》，岭南美术出版社2021年，前言。

2　姚贤镐编：《中国近代对外贸易史资料（1840—1895）》（第二册），中华书局1962年，第1240－1241页。

3　吴家诗主编：《黄埔港史》（古、近代部分），人民交通出版社1989年，第160页。

展直接或间接面向海外需求，特别是大宗外销产品，如丝绸、瓷器和茶叶等。另外，从清代外销商品观察，海外贸易涉及的行业非常多，大量的农副产品和手工业品漂洋过海，走向世界各地。这些产业对当时中国社会经济和产业结构有着正面的意义。许多产业因海而生，因海而兴，并在国际贸易过程中代表着中国文化和形象。

一、对省内产业的影响

黄埔港对产业的影响首先表现在对广东手工业和农副业的带动与促进。前有述及，长期以来，丝绸、瓷器和茶叶是我国最主要的出口产品。明清时期，广东工艺美术发展势头良好，这为清代广东艺术品出口奠定了坚实的基础，直接带动相关手工业生产的繁荣。其中，一些手工业延续至今并且入选国家级或省市级非物质文化遗产名录。

唐宋时期，广东出口青瓷器多来自梅县水车窑、潮州窑、官冲窑和新会窑，另外还有少量遂溪窑、鹤山窑、高明窑的青瓷器。器类以青瓷罐和碗为主，瓷罐多作为船上储水器或叠装其他地区生产的瓷器的容器使用；青瓷碗多作为当地人的饮食器或葬具。[1]在近年考古发现中，佛山众多窑口也向海外输出瓷器，如南海窑、奇石窑。印度尼西亚出水的“黑石号”上有不少广东本地窑口的器物，如产地在粤西北郁南、德庆、封开一带的黑陶罐。因此，即使“黑石号”的始发港不是广州，它也曾在黄埔港停靠和装载货物。当然，作为“通海夷道”，黄埔港本身就是海上丝绸之路上非常重要的补给点。

特别是宋代，广州大批出口瓷器，除景德镇窑、龙泉窑等名窑产品取道广州出口外，广东地区的瓷器生产比唐朝有了较大进步。宋元

1　黄慧怡:《唐宋广东生产瓷器的外销》,《海交史研究》2004 年第 1 期。

时期的本地窑口产量大增，远销中东、非洲和日本等地。海外发现大量10世纪下半叶至12世纪上半叶，也就是宋代的广东瓷器遗址，如非洲的埃及福斯塔特，南亚的阿曼索哈尔、斯里兰卡阿努拉达普拉，以及东南亚的菲律宾武丹，印度尼西亚苏拉威西、占碑，马来西亚砂捞越、雕门岛，文莱、泰国那空是贪玛叻和日本福冈等。所发现的广东瓷器以潮州笔架山窑青白瓷，广州西村窑青瓷、青釉褐彩瓷，佛山石湾窑青瓷和褐釉瓷为主，还发现少量南海窑和奇石窑等窑口的瓷器。西村窑大部分器类可在东南亚遗址中见到，日本遗址中出土的主要是盘、盆等器物。遗址中发现的潮州窑瓷器以碗、盘、盒、瓶为主，石湾窑和奇石窑则主要是罐、盆两种。销售路线除了已有的航线外，新航线有由广州直航到菲律宾群岛、马来西亚南婆罗洲并经印尼苏门答腊至近东、东非一带。

明代，广东瓷业在宋元的基础上空前发展，瓷窑几乎遍布全省各地。产品大致分四个类型：一是以梅县、廉江、遂溪为代表，生产粗糙的民用青釉素面瓷器。二是以惠阳白马山窑和惠东新庵窑为代表，大规模仿烧龙泉窑瓷器。三是以揭西河婆窑、博罗角洞窑和饶平九村窑为代表，大规模生产青花瓷器。四是以佛山石湾窑为代表，大规模仿烧南北各地名窑瓷器。

清代，广东瓷窑分布在潮州、揭西、大埔、惠东、梅县、佛山、高州、饶平、陵水、澄迈等地，主要产品有青花瓷、青瓷、白瓷和窑变釉瓷器四大类。其中，大埔高陂窑烧造的青、白瓷器堪称全省之冠，佛山石湾窑已发展为综合性的陶瓷生产基地，规模很大。[1]

尤其值得一提的是广州织金彩瓷，简称广彩瓷器，自雍正朝以

1 翁舒韵：《明清广东瓷器外销研究（1511—1842）》，暨南大学2002年硕士学位论文，第2页。

降，数以千万计的广彩瓷器远销海外，如今仍有大量单件及成套的广彩瓷器在收藏市场上流通。当时，广州珠江南岸的彩瓷厂生产十分繁忙。乾隆三十四年（1769），美国的商业推销员希格参观了彩绘作坊，1784年到1820年间又有不少商人前来参观。据他们观察，在广州的河南和郊外有不少专门附属于洋行的瓷器彩绘作坊。在拥挤不堪的画室和长廊上，大批雇用工人，甚至六七岁的儿童，都在从事瓷器制作。这些工人的工作是按照画稿用小毛笔在瓷器上绘画，他们大多只负责瓷器上某个部位甚至某个图案的描画。广彩瓷器上的图案被分解成多个步骤，工人们以流水线的方式分工合作，负责自己擅长或承担的图案的绘画。广彩瓷器是二次烧成的产品，在景德镇烧成时大多是素胎，有的镶着金边，有的在边上装饰五彩、青花或其他釉下彩图案，而中间留着很大的空白，以便描绘欧洲商人的定制图案。每个彩绘作坊有80到100个工匠，其中有年老而技艺卓绝的匠师，他们每月能收入8至10两的工资。[1]广彩瓷器所带动的产业不仅包括景德镇瓷窑、瓷器的运输，还有广州本地的二次加工（绘画、烧制），以及后端的包装、运输和销售等产业。

清朝前期，国外市场对中国生丝的需求量很大。除外省运到广州经黄埔出口的生丝外，珠江三角洲的蚕桑业也取得突飞猛进的发展。特别是珠江三角洲的桑基鱼塘产业模式独具特色，南海、顺德等地成为蚕桑的重要产地[2]，并因此成为中国重要的生丝生产中心。

庞大的生丝产量为广东丝织业奠定了良好的发展基础，珠三角地区、潮州等处也是著名的丝织业中心，产品品种有纺、绉、绸、缎、绫、纱、罗、绡等，并以光滑柔软、凉快干爽著称，成为世界市场上

1 朱培初编著：《明清陶瓷和世界文化的交流》，轻工业出版社1984年，第114页。

2 张茂元：《近代珠三角缫丝业技术变革与社会变迁：互构视角》，《社会学研究》2007年第1期。

的畅销产品。屈大均在《广东新语》中说：“广之线纱与牛郎绸、五丝、八丝、云缎、光缎，皆为岭外、京华、东西二洋所贵。”[1]据丘传英主编的《广州近代经济史》统计，鸦片战争前，广州附近的纺织工场已有2500余家，平时每一个工场平均有20个工人，从业人员有5万人。[2]纺织业还带动了印染、浆缎、制衣、制帽、鞋袜、绒线等上下游产业链的发展。在丝绸上刺绣，成为提升丝绸附加值并赋予其艺术、文化价值的重要手段。广东省内就有广绣、潮绣两大刺绣流派，它们统称粤绣，位居中国四大刺绣之列。

茶叶在明代中晚期开始成为最重要的出口商品。除从省外购入茶叶以供出口外，广东的茶叶产业也因此迅速扩大，主要体现在以下方面。首先，促进岭南茶叶种植及茶文化的发展。岭南素产茶叶，清代茶叶的种植面积较以往大大增加，如俗称“河南”的珠江南岸大面积种植茶叶，并以“河南茶”驰名，南海县的西樵山更有“茶山”之称。广东各地重视提升茶叶的品质，以单枞为代表的潮州乌龙茶系列、英德红茶系列都深受海外市场欢迎。其次，促进广东茶叶的规模化和产业化。由于茶叶需求旺盛，大量资本涌入，大大刺激商人踊跃经营茶叶和茶庄，这一传统延续至今，广州仍是全国茶叶市场中最有影响力的城市。最后，促进岭南茶叶加工业的发展。岭南地区出现大量以外销为目的的茶叶加工区，以匹配外国市场对中国茶叶种类、数量的要求，以及满足外商对茶叶包装和品种分类标准的要求。据外国人记载，当时广州的茶叶加工场规模很大：“我们坐船渡过珠江，进入一短程运河，便把我们引到人烟稠密的郊区。很多大的茶行就在眼前。”它们多数是十三行行商所兴建或控制的。这些茶行都是宏大而宽敞的两层楼

1 〔清〕屈大均撰：《广东新语》卷十五“货语”，中华书局1985年，第427页。

2 丘传英主编：《广州近代经济史》，广东人民出版社1998年，第13页。

建筑，下层堆满了茶叶和操作工具，上层挤满了上百名妇女和小孩从事茶叶加工工作。[1]

依托黄埔港，广州成为外销货物的集散地、中转地和加工地，给本地很多产业的发展带来正面影响。唐宋时期，广州大量进口香料，衍生出很多产业和行业。相关职业人有和香人、解犀人、舶牙和译人。所谓和香人，就是从事香料配置和制作香的人。宋人叶寘在《坦斋笔衡》中记载："有吴氏者，以香业于五羊城中，以龙涎著名，香有定价，家富日享如封君。人自叩之，彼不急于售也。"吴氏名兴，是和香能手，掌握蒸香绝技："法以佳沉香薄劈，着净器中，铺半开花，与香层层相向，密封之，日一易，不待花蔫，花过成香。番禺人吴兴作心字香、琼香，用素馨、末利，法亦然。大抵泡取其味，未尝炊焮。江浙作木犀降真香，蒸汤上，非法也。"[2]解犀人是从事切割和加工犀角、象牙的人，经过切割，象牙和犀角等才能被加工成带扣、笏板和其他工艺品。舶牙是指市舶牙郎，是舶来品的经纪人。译人就是为贸易双方进行翻译的人员，这是海外贸易中非常重要的职业。[3]在海上丝绸之路当中，舶牙和译人对撮合交易、提高贸易商品流通速度有着十分重要的作用。

清代"一口通商"期间，因中外贸易被严格限制在广州，广州也成为海外获取国内商品的唯一通道。广州手工制造与加工业呈现出作坊规模大、数量多、高度集中的特点。当时珠江南岸靠近商行的地方聚集着大大小小的工场，也聚集着大批为对外贸易而工作的手工艺人。据彭泽益的研究，清前期广州出口的花熏茶，全部是在广州加工制造，

1　冷东：《十三行与影响世界的茶叶之路》，赵春晨、冷东主编：《广州十三行与清代中外关系》，世界图书出版公司 2012 年，第 69－71 页。

2　蔡鸿生：《广州海事录：从市舶时代到洋舶时代》，商务印书馆 2018 年，第 47－48 页。

3　蔡鸿生：《广州海事录：从市舶时代到洋舶时代》，商务印书馆 2018 年，第 49 页。

这些工场多设在珠江南岸。另据乾隆《广州府志》记载，“广州有织工数万人，所产纱绸为金陵、苏杭皆不及”[1]，取得了“广纱甲天下”的美誉。又如金箔业，这是明清时期发展出来的新产业，尤其以佛山和广州西关为主要产地。“广州西关外多以椎金箔为业，至其处则轰轰盈耳。其椎之之法，以精金少许置蜜纸中约百余，复以大蜜纸裹之置大木砧上，二人对坐极力椎之，虽隆冬犹裸体，童子扇以大葵扇，逾时其金箔过于蝉翼，见风款款欲飞。间有不能成箔，谓须创造无根之言，互相传说，使愚夫愚妇听信，金箔乃成云。”[2]金箔除出口之外，还是广彩瓷器、佛造像，鎏金器以及一些金属制品上的重要材料。

总体来看，黄埔港作为贸易港口，为广东省内诸多产业带来发展和壮大的机会，陶瓷、丝绸和茶叶自不需多言，其他依附于港口经济的产业，如各个时代的港口工人，以及内外商人吃穿住行产生的消费和催生的产业也极大地推动广州城市发展，至于那些大大小小的行业及其所影响的人群更是难以确估。毫无疑问，黄埔港自诞生之日起就深刻影响着广州的社会、经济和文化发展，乃至城市面貌，并且在清代达到顶峰。

二、对内陆省份产业的影响

黄埔港的发展还依赖祖国辽阔的幅员和丰富的物产。广东以外地区也是支撑黄埔港长盛不衰的重要因素。“广东之地介于岭海之间，北负雄韶，足以临吴楚；东肩惠潮，可以制瓯闽；西固高廉，扼交邕之襟吭；南环琼岛，控黎夷之门户。而广州一郡，屹为中枢，山川绵邈，

1 〔清〕张嗣衍修：乾隆《广州府志》卷四，乾隆刻本，广东省立中山图书馆藏。

2 黄芝：《粤小记》，转引自蔡鸿生：《广州海事录：从市舶时代到洋舶时代》，商务印书馆2018年，第252页。

环拱千里，足为都会。”[1]岭南岭北既有陆路相连，又有水路相通，还有海路可以往返，全国各地的货物可以很便利地聚集在广州，走向世界。

唐代大量瓷器从广州出口。7世纪至10世纪上半叶，广东出口的瓷器可从非洲埃及的福斯塔特，西亚伊朗的尸罗夫，南亚斯里兰卡的曼泰，东南亚印度尼西亚的苏门答腊巨港、“黑石号”沉船以及泰国的阁孔扣和林门波的港口、城市遗址中可见一斑。其中，外省瓷器如唐代湖南长沙窑瓷器、明清江西景德镇窑瓷器有一部分从广州出口。[2]近年来，在广州南越国官署、德政中路唐代码头、文德北路、东风西路、解放中路等遗址的考古发掘中，均有长沙窑瓷器出土。这些长沙窑瓷器通过湘江南下，经衡阳、永州进入广西桂林的漓江，汇入西江后进入广东地区，与广东地区的瓷器一同加入外销瓷的队伍之中。[3]从水下考古成果来看，印尼“黑石号”沉船出水了大量的长沙窑瓷器[4]，其中还有一些广东窑口的瓷器产品，因此黄埔港很可能是“黑石号”船的途经之地。

北方货物很多由陆路运至黄埔港，其中韶关南雄大庾岭的梅关古道是一条主要干道。张星烺指出：“广州者，海舶登岸处也。唐时，广州之波斯、阿拉伯商人，北上扬州逐利者，必取道大庾岭，再沿赣江而下，顺长江而扬州也。”[5]唐代张九龄重开大庾岭道后，其一直是联系

1　〔清〕顾祖禹撰，贺次君、施和金点校：《读史方舆纪要》卷一百“广东一”，中华书局2005年，第4590页。

2　陆明华：《“黑石号”沉船及出水陶瓷器的认识与思考》，《宝历风物：“黑石号”沉船出水珍品》，上海书画出版社2020年，第32页。

3　方静仪：《唐代长沙窑瓷器研究——以国内出土瓷器为中心》，中国社会科学院大学2021年硕士学位论文，第29页。

4　陆晓娜：《对外交流视域下的唐长沙窑瓷器文化艺术》，山东工艺美术学院2022年硕士学位论文，第7页。

5　张星烺编注，朱杰勤校订：《中西交通史料汇编》（第二册），中华书局1977年，第285页。

岭南与岭北的主要通道，是“南粤襟喉，诸夷朝贡，四方商贾，贸迁货物，上及仕宦，俱于是焉取道”[1]。明清时期，特别是清代“一口通商”时期，大庾岭道的繁忙程度也随之提高。桑悦在《重修岭路记》中称，大庾岭重修之后，方外朝贡人士和商贾纷纷踏足于此，人员与货物由此走向岭北：“诸夷朝贡亦于焉取道，商贾如云，货物如雨，万足践履，冬无寒土。”[2]

《利玛窦中国札记》记载，大庾岭（梅岭）有“许多省份的大量商货抵达这里，越山南运；同样地，也从另一侧越过山岭，运往相反的方向。运进广东的外国货物，也经由同一条道输往内地，旅客骑马或者乘轿越岭，商货则用驮兽或挑夫运送，他们好像是不计其数，队伍每天不绝于途。这种不断交流的结果使山两侧的两座城市真正成为工业中心，而且秩序井然，使大批的人连同无穷无尽的行装，在短时间内都得到输送”[3]。

中西贸易的兴盛带动这个粤北赣南交通要道沿线城镇经济社会的发展：“外国所需内地货物，惟福建黑茶、安徽绿茶、浙江湖丝三项最大，每年出口价值至四千余万两之多，其中脚费约计二千余万两……江西之广信、南安，广东之南雄、韶州，沿途船户、挑夫借此营生者不下数千万人。”[4]乾隆二十二年，清政府实行“一口通商”政策，至道光二十年（1840）被迫开放五口，其间的80余年是大庾岭商道贸易最

1 〔清〕黄鸣珂修、石景芬纂：同治《南安府志》卷十九“艺文二”，《中国方志丛书》华中地方第268号，成文出版社1975年，第1841页。

2 〔明〕桑悦：《重修岭路记》，康熙《江西通志》卷一百三十“艺文”，《景印文渊阁四库全书》第517册，台湾商务印书馆1986年，第589页。

3 〔意〕利玛窦、〔比〕金尼阁著，何高济、王遵仲、李申译，何兆武校：《利玛窦中国札记》，中华书局1983年，第278—279页。

4 〔清〕黄赞汤：《请预防失业民夫疏》，〔清〕陈汝桢纂：同治《庐陵县志》卷四十七“疏”，清同治十二年（1873）刻本，国家图书馆藏。

盛的时期，也是赣关税收最高的时期，每年征收税银 8 万至 10 万两，最高曾达 12 万两。[1]因此，江西在黄埔港对外贸易中受惠颇多。

黄埔港出口的商品中，丝绸、茶叶、瓷器很多来自省外，如四川盆地的生丝、丝绸和茶叶，以及江西的瓷器、茶叶等。[2]当时出口的货物当然不止这么多，但以上述几种为大宗。两广总督李侍尧奏称，清前期每年出口丝品为 20 万至 33 万余斤，价值在七八十万至 100 余万两。这些生丝有一部分来自四川等地。

清代，茶叶成为最受海外市场欢迎的商品。据统计，1817—1833 年，广州口岸的茶叶出口占出口总值的比重除 1818 年为 23.5% 外，其余各年均在 43.2%—60.5% 之间，平均占比为 51.1%；占土货出口总值的比重除 1818 年为 31% 外，其他各年均在 49.5%—71.7% 之间，平均高达 60.8%。[3]在茶叶出口激增的情况下，江南各省制茶业蓬勃发展，江西、安徽等地的茶叶被大量运往广州，再经“西瓜扁”[4]或驳船运至黄埔港出口。1836 年 7 月 1 日至 1837 年 6 月 30 日的一年时间内，经黄埔港输往英国的茶叶即达 3784 万磅[5]，相当于 3434 万斤。同时，英美等资本主义国家还大量贩运中国茶叶到新加坡和欧美其他国家出售，这些茶叶也都经黄埔港运出。

清代中期，中国外销茶的流通环节已形成分工明确的生产流通体

1　许檀：《明清时期江西的商业城镇》，《中国经济史研究》1998 年第 3 期。

2　〔清〕张九钺：《紫岘山人全集》卷一一“番行篇”，北京大学图书馆藏本。

3　姚贤镐编：《中国近代对外贸易史资料（1840—1895）》（第一册），中华书局 1962 年，第 255－258 页。

4　关于“西瓜扁”，详见苏珊·索普著，蔡香玉译：《西瓜扁艇：广州十三行商业体制中的一个关键因素》，赵春晨、冷东主编：《广州十三行与清代中外关系》，世界图书出版公司 2012 年，第 153－159 页。

5　Elijah coleman Bridgman，Samuel Wells Williams，description of the tea plant，*Chinese Repository*，Vol.8，No.7，1839，pp.144-149.

系，被纳入茶叶流通环节的人员依次有茶农、茶贩、茶商、广州十三行行商、洋商和外国消费者。全国的茶叶向广州集中的路线有多条，除了少量福建茶叶通过海路用帆船运至广州外，大部分茶叶是通过内陆以河运结合陆运的方式运至广州。[1]除了前述的大庾岭道的江西方向，还有骑田岭的湖南方向的茶叶运输。

骑田岭道是广东与湖南之间的陆路交通要道。《广东新语》载："每岁估人鬻者……载以柈箱，束以黄白藤，与诸瑰货向台关而北、腊岭而西北者，舟船弗绝也。"[2]腊岭在广东韶州府乳源县，为骑田岭之支陇，代指骑田岭。直至清代，大庾岭道和骑田岭道都是广州与中原经贸往来的重要通道。在粤汉铁路建成之前，来往于乐昌峡水道的"大小船只，数约千艘"，"坪石沿河居民，多以操舟为业，经济充裕，船厂林立"[3]。从中可以看出，当时粤北在南北方货物流通中的重要地位。在很长一段时间内，广东进口的洋货和湖南等地的土货通过这条道路分发，走向沿线地方并延伸到更远的省份，道路沿线地方在贸易过程中受益。

广州有三江之利，其中西江水系连通广西和湖南，沿江而上还可以进入云南、贵州等地。如此一来，黄埔港进口货物可以便利地走向内陆省份，内陆各省所产货物也可以南下广州，走向海外市场。从空间上看，黄埔港货物涉及华南、华东、华中甚至华西和华北等省份。各地产业受此影响，得以保持长期繁荣，也为改善百姓生活起到了积极作用。

---

1 冷东：《十三行与影响世界的茶叶之路》，赵春晨、冷东主编：《广州十三行与清代中外关系》，世界图书出版公司 2012 年，第 60－61 页。

2 〔清〕屈大均撰：《广东新语》卷二十五"木语"，中华书局 1985 年，第 624 页。

3 吴尚时：《乐昌峡》，《地理集刊》1945 年第 12 期。

三、对沿海省份产业的影响

黄埔港与沿海沿江省份的连接除陆路之外，还有海路，抑或海路与水路兼用。从航行的角度来说，船只从广州出发北上，先到达福建，再往上则抵达浙江、江苏，然后可以进入长江流域。宋代，广东海船经常到江浙一带进行贸易："闽、粤之贾乘风航海，不以为险，故珍货远物毕集于吴之市。"[1]《宋会要辑稿》也记载："自来闽广客船并海南蕃船转海至镇江府买卖至多。"[2]可见，广东以及海外商船沿着近岸航线北上是一向存在的。贸易的本质就是为了获利，而货物流通的溢价就在于"通有无"，即将产品交换的壁垒打破，通过买卖的方式，撮合各方的需要，构建贸易链条，形成消费市场，兑现商品价值。

广州沿海贸易航线的影响远至今黄河下游的山东和河北一带。《续资治通鉴长编》记载："板桥镇隶高密县，正居大海之滨。其人烟市井交易繁夥，商贾所聚，东则二广、福建、淮、浙之人，西则京东、河北三路之众，络绎往来。然海商至者，类不过数月即谋还归，而其货物间有未售，则富家大姓往往乘其急而以贱价买之。"[3]《宋史·食货志》也记载："板桥濒海，东则二广、福建、淮、浙，西则京东、河北、河东三路，商贾所聚，海舶之利颛于富家大姓……广南、福建、淮、浙贾人航海贩物至京东、河北、河东等路，运载钱、帛、丝、绵贸易，而象、犀、乳香珍异之物，虽尝禁榷，未免欺隐。若板桥市舶法行，则海外诸物积于府库者，必倍于杭、明二州。"[4]据上文记述可知，包

1　〔宋〕朱长文等撰：《吴郡图经续记》卷上"海道"，《宋元方志丛刊》，中华书局1990年，第647—648页。

2　〔清〕徐松辑：《宋会要辑稿》食货五〇之一一，中华书局1957年，第5662页。

3　〔宋〕李焘撰，上海师范大学古籍整理研究室、华东师范大学古籍整理研究室点校：《续资治通鉴长编》卷三百四十一"神宗元丰六年冬十一月戊午"，中华书局2004年。

4　〔元〕脱脱：《宋史》卷一百八十六"食货志"，中华书局1977年，第4560—4561页。

括广东在内的各地商人将中外货物运到密州，再通过陆路或水路，分流到当时的京东、河北和河东三路，即北方广大的内地。同时，北方各地的土特产也沿着这条通道，经密州中转，输送到南方各港，是故“自来广南、福建、淮、浙商旅乘海船贩到香药诸杂税物，乃至京东、河北、河东等路商客般［搬］运见［现］钱、丝绵、绫绢往来交易，买卖极为繁盛”[1]。从上述记载可以看出，广州的商船通过海路北上，不仅在江浙等长江流域“商贾盛集”，还深入黄河流域，进入华北地区。黄埔港海外贸易商品在国内的辐射范围远超我们的想象。

商船从广州南下，可抵雷、琼、廉、钦等地，即今粤西、海南、广西等地区。广州南下的海道条件相对恶劣：“自广州而西，其海难行。自钦、廉而西，则尤为难行。”[2]雷州半岛、海南岛及北部湾地区是传统的南海贸易航线所经地。《舆地纪胜》记载：“琼州白沙律，蕃舶所聚之地，其港自海岸屈曲，不通大舟，而大舟泊海岸。”[3]据说，后来有神迹出现，飓风携海浪冲出一天然良港，名“神应港”，成为南海贸易航线上的港口之一。

总的来说，广州北上南下，可与全国大部分地区进行往来，方式有陆路、水路和海路三种。黄埔港作为一个货物集散地，对国内各地的商品生产有着比较重要的影响，一些紧俏商品如丝绸、瓷器和茶叶，被纳入全球市场，国内的生产直接受到影响。相关货物或进或出，可从表 2-1 中窥见一斑。

---

1 〔宋〕李焘撰，上海师范大学古籍整理研究室、华东师范大学古籍整理研究室点校：《续资治通鉴长编》卷四百九“哲宗元祐三年三月乙丑”，中华书局 1992 年，第 9956 页。

2 〔宋〕周去非著，杨武泉校注：《岭外代答校注》卷一“象鼻砂”，中华书局 1999 年，第 37 页。

3 〔宋〕王象之编著，赵一生点校：《舆地纪胜》卷一百二十四“广南西路”，浙江古籍出版社 2012 年，第 7 册第 2814 页。

表 2–1 清中前期广州进出口货物国内流向表

省份	运抵广州	运自广州
山东	水果、蔬菜、药材、酒、皮货	织物
直隶	人参、葡萄干、枣子、皮货、鹿脯、酒、药材、烟草	布匹、钟表及其他外国产品
山西	皮货、酒、烧酒、麝香	布匹、皮货、钟表
陕西	黄铜、铁、宝石、药材	毛织品、棉布、酒
甘肃	黄金、水银、麝香、烟草	少量欧洲货物
四川	黄金、黄铜、铁、锡、麝香、药材	布匹、漆器、镜子
云南	黄铜、锡、宝石、麝香、槟榔、鸟雀、孔雀翎	丝绸、毛织品、棉布、食品、烟草、书籍
广西	大米、肉桂、铁、铅、扇子、木材	未列明具体货物名称
贵州	黄金、水银、铁、铅、烟草、香、药草	少数几种商品
湖南、湖北	大黄、麝香、烟草、蜂蜜、大麻、鸣禽	未列明具体货物名称，但需求量很可观
江西	粗布、大麻、瓷器、药材	呢绒
河南	大黄、麝香、杏仁、蜂蜜、蓝靛	毛织品、少数几种外国货物

注：根据〔瑞典〕龙思泰著，吴义雄、郭德焱、沈正邦译，章文钦校注《早期澳门史》（东方出版社 1997 年）第 302—304 页整理。

由此不难看出，广州成为全国许多省份手工业产品的重要目的地，它们也从广州运回需要的商品。黄埔港在其中起着超级链接者的角色，即作为货通南北的商道，服务中外商人和广大民众。需要说明的是，表 2-1 中，不少运至广州的商品为初级加工品或原料，很多要在广州进行二次或深加工后再销往国外。

同时，受国内市场欢迎的商品也会对国外产业链产生影响，比如香料、木材以及各种奇珍异宝。从全球史的角度来理解贸易行为，它的意义会显得更加丰富。输往世界各地的中国商品，自身蕴含着中华文化，影响着相关国家和地区人民的生活，对全球文明化进程产生积极意义。例如，在中国瓷器输出之前，国外如东南亚一些国家没有适宜的饮食器具。欧洲人在使用中国瓷器以前，普通阶层以木质器皿做食器，上层社会则使用金属器。[1]《诸番志》记载，东南亚很多国家和地区的饮食器具受中国商品的影响，中国商品进入相关地区后，当地居民的生活用品发生质的飞跃。其中，“登流眉国在真腊之西……饮食以葵叶为碗，不施匕箸，掬而食之”[2]，苏吉丹（位于今爪哇）“饮食不用器皿，缄树叶以从事，食已则弃之”[3]，渤尼国（今文莱）“无器皿，以竹编贝多叶为器，食毕则弃之”[4]。中国瓷器进入上述地区之后，为普通百姓提供了较为耐用且价格低廉的商品。此外，周达观在《真腊风土记》中记载了柬埔寨普通百姓的日常生活：“寻常人家，房舍之外，别无桌凳盂桶之类，但作饭则用一瓦釜，作羹又用瓦铫……以椰子壳为勺。盛饭用中国瓦盘或铜盘。”[5]由此可见，周边国家百姓生活中所用的器具受到中国商品的影响，从卫生角度来说，中国陶瓷的输出对相关国家和地区的居民饮食健康起到了积极的作用。

1 蔡奕芝：《从“南海一号”看中国瓷器的外销与影响》，冯小琦主编：《古代外销瓷器研究》，故宫出版社2013年，第59—60页。
2 〔宋〕赵汝适原著，杨博文校释：《诸蕃志校释》，中华书局2000年，第28页。
3 〔宋〕赵汝适原著，杨博文校释：《诸蕃志校释》，中华书局2000年，第61页。
4 〔宋〕赵汝适原著，杨博文校释：《诸蕃志校释》，中华书局2000年，第136页。
5 〔元〕周达观原著，夏鼐校注：《真腊风土记校注》，中华书局2000年，第165页。

第三节　外销艺术品

外销艺术品是中外贸易中十分重要的品种，前面已经多次提及。作为出口货物，外销艺术品的称谓可能不够准确，因为很多向外输出的商品并不是为外贸准备的，而是中国人日常所需的。不过，在装上货船后，这些商品便是名正言顺的外销商品，其中精美的工艺品便是外销艺术品。需要说明的是，学界对外销艺术品的关注存在以下特点：一是研究群体主要集中在广州，兼及沿海港口城市；二是研究对象主要是明清时期，特别是清代广州及其附近地区生产的工艺品；三是销售市场主要是欧美地区。此处将外销艺术品单独列出来讨论，主要是因为它们对广州乃至广东具有特殊意义，而且其影响十分广泛且深远。

我们在“南海Ⅰ号”沉船出水文物中可以看到金银器、漆器等工艺十分卓越的外销商品。当时它们作为消费品走向海外是可以确定的，但是否作为艺术品则难以断定。较前代，明清时期中国商品走向世界的规模更大、种类更多，此时期也是中国传统工艺集大成时期，广东的工艺品种类众多，以广州为中心的珠江三角洲地区和粤东地区的潮州工艺品制作十分繁荣。其中，很多是迎合和取悦外国消费者的工艺品，如外销瓷、广式家具、披肩以及金银制品等。当然，还有大量小众商品也在这个过程中走向海外。外销艺术品较能体现中外艺术元素交织、交汇和融合的特点，如外销瓷器上中西兼采的图案、纹章，广式家具的曲式足、西番莲纹饰和各式精致的纹饰等，都充分证明中外文化交流是鲜活和深入的。

一、外销瓷

我国瓷器外销的历史很长，总体来说，这些走向海外的瓷器都是"外销瓷"，但此处所说的"外销瓷"，主要是指明清时期以外销为目的生产的中国瓷器："海通之初，西商之来中国者，先至澳门，后则径趋广州。清代中叶，海舶云集，商务繁盛，欧土重华瓷，我国商人投其所好，乃于景德镇烧造白器。运至粤垣，另雇工匠，仿照西洋画法，加以彩绘，于珠江南岸之河南，开炉烘染，制成彩瓷。然后售之西商。"[1]起初，外销瓷上的图案和纹饰是中国传统形式的，主要在景德镇窑的图像系统中有所变化。随着中西方贸易的深入，外销瓷上的图像呈现多元化，绘画形式也变得多种多样。这些外销瓷上的西洋纹饰，除了西洋人物、楼宇风景、花卉虫鸟，以及徽章等，更有以圣经故事或希腊故事为主题的纹饰。绘画形式有青花、青花加彩、粉彩、广彩、墨彩、胭脂彩、绛彩，等等。

图案方面，外销瓷中的中国戏剧故事、日常生活场景、庭院人物、婴戏图和庆祝场景等，都是中国文化的图像。这些中国形象是外国人获取中国信息的重要途径，一些欧洲画家在创作绘画时深受中国瓷器绘画的影响，并且会把瓷器等中国元素融入画中。法国路易十五时期弗朗索瓦·布歇的四幅中国主题油画就是受中国艺术元素影响的经典作品。在名为《中国市集》《中国花园》《中国渔翁聚会》《中国朝廷》的绘画中，布歇描绘了青花瓷、罗伞、花篮、东方男子和妖艳的簪花女人。[2]早期外销瓷中，边饰喜用锦地纹以及开光，这些纹样影响了西方艺术发展，对"洛可可"艺术风格有启发。

1　刘子芬：《竹园陶说》"广窑"，1925年石印本。

2　〔美〕张错：《中国风：贸易风动·千帆东来》，生活·读书·新知三联书店2022年，第46—49页。

在东方艺术元素影响17、18世纪西方的艺术潮流时，西方艺术也通过定制的方式影响中国。《景德镇陶录》记载："洋器专售外洋者，商多粤东人。贩去与洋鬼子载市，式多奇巧，岁无定样。"[1]洋瓷当中，欧洲人喜爱的植物花卉、鸟禽，以及希腊神话、圣经故事、欧洲皇室成员的肖像、西洋人物图等成为瓷器图案。另外，图案还有船舶、建筑、风景、名胜等，如荷兰鹿特丹的街道、建筑、水车、磨坊，均仿自荷兰著名画家伦勃朗德的铜版画；也有英国伦敦泰晤士河、牛津波塔尼卡尔公园，北欧渔民在北海捞鲸鱼的场面，在广州的欧洲商人的洋行和邸宅，以及他们日常生活题材等。欧洲发生的社会历史事件，也作为装饰纹样，如鹿特丹市民骚动图盘。当时外销瓷的装饰图案多模仿欧洲版画、油画、印刷品等，艺术风格独特，充满艺术杂糅特色。

器型方面，外销瓷具体分为陈设用瓷和饮食器具。陈设用瓷有瓶、罐和樽及人物瓷塑和动物雕塑等。欧洲人喜欢将大瓶、套瓶装饰在楼梯顶端、会客厅或壁炉上。[2]陈设类的瓷器一般体量较大，通常40—50厘米，大的可能达70—80厘米。人物瓷塑主要为西洋男性和女性的单独或合体的形象。动物雕塑种类丰富，主要是大象之类具有吉祥意义的动物，以及狗、猫等宠物。

饮食器具往往是成套的，有盘、碗、碟等，喜用动物或瑞果形状的带盖汤碗，有野猪头、象首、鹅形、鸭形，均为模仿欧洲金属器动物形象。据荷兰东印度公司记录，该公司1763年定制了25件野猪头带盖汤碗和25件鹅式带盖汤碗，1764年又定制了19件野猪头带盖汤碗。[3]广东省博物馆收藏多套广彩成套餐具，数量从40多件到100多件不等，我们推测这些瓷器主要服务于西方的宴会场合。其他生活用瓷

1 傅振伦著，孙彦整理:《〈景德镇陶录〉详注》，书目文献出版社1993年，第30页。
2 耿东升:《十六至十八世纪景德镇外销瓷的欧洲艺术风格》,《收藏家》2005年第10期。
3 耿东升:《十六至十八世纪景德镇外销瓷的欧洲艺术风格》,《收藏家》2005年第10期。

还有茶杯、红酒杯、啤酒杯和咖啡杯等。

纹章瓷方面，纹章瓷是一种高级定制瓷，它是18世纪前后中国瓷器流行于欧洲的过程中，上层阶级将其家族、组织、城市等具有特殊含义的特色纹样、字母等烧制在瓷器上的特殊瓷器类别。[1]纹章瓷的徽章一般是具有西方艺术风格的盾牌形图案，与中国瓷器上的纹饰相得益彰，中西方文化的交流与交融跃然可见。

当然，明清时期，中国瓷器外销过程中，还覆盖邻近的东南亚地区、南亚和阿拉伯地区。明代瓷器上有一些伊斯兰语以及军持等具有浓郁伊斯兰风格的器物，如“万历号”沉船出水文物，这种特征就十分明显。这也说明中国瓷器的生产始终是面向世界市场的。

18世纪80年代，英国旅行家克劳德·罗宾游览美国时写道，没有一个人喝茶不用中国的茶杯和茶碟。[2]克劳德提到的茶具绝大多数来自广州，其中色彩艳丽的广彩瓷器是当时欧美家庭中的重要生活用品。当时，大多数美国人对中国的认知来自瓷器图案：“我们有关中国最初的概念是在餐桌边形成的，是用中国瓷盘图解的……如果你观察茶杯等瓷器上描绘的人物，有关中国人平日着装的仪态，你就可以了解八九不离十。”[3]

在外销瓷器中，除了景德镇瓷器，清代广彩瓷器也占据十分重要的位置。如前所述，广彩瓷器早期从景德镇购入素胚，然后在珠江南岸的工场中加施彩绘二次烧成。其中，也有一些釉下彩是在景德镇烧成的，而釉上彩则通常在广州烧制。此外，福建德化窑白瓷也是明清

1　黄静：《纹章与纹章瓷》，《收藏》2016年第13期。

2　〔美〕约翰·海达德著，何道宽译：《中国传奇——美国人眼里的中国》，花城出版社2015年，第43页。

3　〔美〕约翰·海达德著，何道宽译：《中国传奇——美国人眼里的中国》，花城出版社2015年，第51页。

时期重要的外销瓷器。

二、广作家具

广作家具是指明清时期广府地区制作的具有岭南地域特色的硬木家具。广作家具主要在清代大量走向海外，它最初受明式家具风格的影响，并在外销过程中，融合外国文化元素，形成中西兼采的艺术特色。18世纪，中国外销到欧洲的家具以漆木家具为主，多采用黑漆描金的装饰手法，大到橱柜、桌椅、屏风，小到扇子、针线盒、工具箱等，无所不有。多数家具的木胎事先由订购地做好，再不远万里船运至广州，由广州漆匠髹漆彩绘后再运回订购地。特别是在“中国风”的推动下，广式家具大量输往西方国家。在外销过程中，广式家具还不断创新，除了坚守中国传统的榫卯结构外，家具形制、装饰纹样和功能布局等都有变化。[1]以图案为例，广式家具将西方常见的西番莲等图案应用于装饰纹饰中，而象足等曲线设计也在外销广式家具中流行。

广作家具十分讲究用料，常用的木料有铁梨木、花梨木、乌木、鹨鹕木、紫檀木、酸枝木、坤甸木等，偏爱红、紫、黑等深色木材。广作家具在制作过程中，运用多种材质进行装饰，如螺钿、石、骨、竹、玉石、珐琅、玻璃、瓷板、刺绣等，从而提高家具的艺术性和精美度。

制作工艺方面，广作家具以精雕细琢见长。在重要的装饰部位，工匠们利用透雕、浮雕、圆雕等技法，将具有各种吉祥寓意的图案雕刻出来，图案主要有人物、动物和山水等。值得一提的是，广作家具

1　王皓铭：《融合与嬗变——清代广式家具研究》，苏州大学2020年硕士学位论文，第86—89页。

在腿和足部制作方面，在坚持中国传统做法的同时，还吸收欧洲家具的优长，形成中西融合的风格。

装饰纹样方面，广作家具兼收并蓄，既有中国传统纹饰，也运用了西方纹饰。广作家具上的纹饰有萱草、葡萄、折枝花卉、盾牌、太阳花、璎珞、大象、双狮子搭球、郁金香、玫瑰、鹰等。

广作家具的海外市场主要在东南亚和欧美等国家。广东省博物馆收藏的两种家具广告图录——《广东五常酸枝家私》和《广东万全酸枝家私》以中英文对照的形式介绍产品[1]，推测其销售对象为英语国家或英国殖民地。通过这些家具广告图录，客户可以按照其中的样式定制，广东省博物馆收藏的传世家具中有一件和《广东五常酸枝家私》上刊登的家具相同，这也证实了广作家具是依样定制的。另外，目前东南亚、欧洲和北美洲广式家具存量仍然较多。

三、广绣

广绣是珠江三角洲地区，特别是广州及邻近的南海、番禺和顺德等地的刺绣工艺品。自明代以来，广绣深受外国人喜爱，大量外销。乾隆年间，广州有绣庄50多家，分布在状元坊、新胜街和沙面一带，从业人员超过3000人，以男性为主。广绣的纹饰也如广彩瓷器一样，一种是绣庄自主设计的具有浓郁中国风格、岭南特色的绣品，另一种是来样加工产品，即外国人士通过东印度公司在广州定制指定图案的绣品。广绣的品种很多，有服饰、床单、床罩、披肩，其中披肩在广绣中比较有特色，并在欧洲上流社会产生过巨大影响，以下着重介绍披肩。

1　胡相花：《清末民初广式外销家具图录考释》，《艺术与民俗》2020年第2期。

披肩是一种丝绸制品，它在中国服装系统里非常罕见，几乎是为海外市场而生的一种服饰。外销披肩的存世量很大，18 世纪以后被大量销往西欧，成为上流社会女性非常重要的衣饰配品。因此，外销披肩是一种整合中西方生产力、创造力和工艺水平的代表性商品。

英语“披肩”（shawl）一词来源于波斯语“shal”，原意是一种精纺毛织品，包括围巾、缠头巾、斗篷等。18 世纪末，这一词语才专指披肩。披肩在印度是皇室和贵族男性的服饰。中国外销披肩的起源可能与欧洲殖民者有关，他们将印度的这种服饰样式提供给十三行洋商，要求广州工匠按样加工，此后披肩被大量生产出来并销往欧洲。需要说明的是，在生产披肩前，外销丝绸制品中有很多刺绣帐幔、床单等床上用品，因此披肩一开始被很多研究者误认为是床罩或床单。

在西方，人们称外销披肩为“中国披肩”或“马尼拉披肩”，与外销洋伞、折扇等都是上层社会女性的重要配饰。前有述及，披肩全部为正反图案完全一致的双面刺绣，线头巧妙地藏在针脚中，不露痕迹。其绣法为两名绣工在竖立的绣绷两面，在同一纹样部位交替穿针引线。尺寸较大、花纹复杂的披肩有时需要多名绣工分绣不同部分。刺绣“以针为笔，以缣素为纸，以丝绒为朱墨铅黄，取材极约，而所用甚广，绣即闺阁中之翰墨也”[1]。

19 世纪 40 年代后半期开始，外销披肩尺寸、纹样和色调都有了明显变化。1850—1860 年的披肩尺寸比以前大，有 160—180 厘米长，流苏也较长，编结更加繁复。刺绣几乎布满整个披肩，但在构图上仍可清晰见到以四个角落定位的设计，并常有一两条装饰边框，其花纹呼应中央的图案。披肩的纹样逐渐增多，除花卉以外，还有山水、建筑、人物、禽鸟等新设计，与早期的欧式花卉不同，中后期的纹饰有

1　〔清〕丁佩:《绣谱》卷上“取材第三”，十二梅花连理楼刻本，北京大学图书馆藏。

意识地强调中国元素，特别是符合欧洲“中国风”情调的人物、建筑等大量出现，披肩的色彩也比先前浓艳，白色、象牙色仍然流行，但鲜艳的五彩绣花比重大增。[1]

披肩的市场在西方，因此其形式、形制和长度都以服务西方女性为出发点和落脚点。清代粤绣成为国内四大主流地方刺绣工艺之一，制作披肩的技术也越发显示广绣的精湛技艺。从存世的外销披肩来看，它们制作精良，纹饰优美，呈现出当时广州披肩制作匠人高超的技术水平。它们在走向海外的过程中，既传播了中国文化，也丰富了西方女性的装饰文化，是中西交往过程中“双赢”的又一见证。

四、外销画及其他

外销画是一类以外销为目的的绘画，广州本地的画师称其为“洋画”，外国商人称之为“中国画”，西方学界则称其为“中国外销画”或“中国贸易画”。国内的外销画研究是受西方学者启发开始的。外销画品种很丰富，有油画、水彩画、水粉画、通草画、铅笔画、玻璃画、壁纸等，绘画技法深受西方的影响，图案则中西兼采，是典型的中西方艺术融合的产物。以下以水彩画为例进行介绍。

水彩画是一种对中国形象传播产生重要影响的商品。水彩画价格低廉，作为一种外销商品，它的主题主要是中国人的生活场景。水彩画通常在纸、丝绸和通草等材料上绘画，其中通草材质的水彩画价格最便宜。[2]这些通草水彩画中的内容成为欧美普通民众了解中国的重要

---

1 梅玫：《一个世纪的优雅与梦幻：中国外销披肩与西方时尚》，《收藏》2016年第15期。

2 〔美〕约翰·海达德著，何道宽译：《中国传奇——美国人眼里的中国》，花城出版社2015年，第51页。

信息源。

水彩画的主题有人物、昆虫、植物和山水等，其中很多内容为中国的社会风俗、行业面貌、娱乐活动，如婚嫁、丧葬、刑罚、航船、赌博、吸食鸦片、农业生产、手工艺等。有趣的是，一些受绘画影响而对中国、广州和黄埔有着美好想象的人，当他们来到广州以后，才发现美好的想象与眼前的现实落差巨大："眼前的广州，这一切熙熙攘攘、欢乐幸福的美丽画面不复存在。诚然，船和人、宝塔和小屋、小桥和树木都有，但它们又脏乱又嘈杂，还有贫穷和苦难、撒谎和混混，总之，绝不是一派祥和满足的、田园牧歌的纯真景象。"[1]

除水彩画外，外销画中还有以珠江上的船只、商行和商馆为对象的绘画，称为"商馆洋画"。它们有别于中国画，亦不同于西洋画。这些外销画具有十分重要的文献意义，生动地记录了广州作为通商口岸的方方面面。

外销画的特点是写实，用于满足西方商人和社会对东方国家的想象，同时也作为文献一样被带到西方社会。[2]黄埔、虎门、广州、澳门都是画家喜欢描绘的内容，因而这几个地方在外销画中的出现频率非常高。

其他外销艺术品还有外销金银器、外销漆器、外销扇、名片盒、牙（贝）雕等。以下做简要介绍。

外销金银器的生产制作在清代广州盛极一时。外销金银器的店铺主要集中在十三行商馆区的同文街、靖远街及河南花地一带。由于广

---

1 〔美〕约翰·海达德著，何道宽译：《中国传奇——美国人眼里的中国》，花城出版社2015年，第63页。

2 〔英〕孔佩特著，于毅颖译：《广州十三行：中国外销画中的外商（1700—1900）》，商务印书馆2014年，第15页。

州工匠制作的金银器手艺精湛且价格低廉，故深受西方商人的青睐。[1]有研究者指出，外销金银器在不同阶段呈现不同特点，如早期制作精细，喜用累丝工艺，中期偏向实用器，鸦片战争之后器型与装饰等融合中西风格。[2]目前，大量清代外销金银器回流到中国，广泛收藏在博物馆和私人手中。

外销扇是在中西海贸背景下，中国工匠根据海外市场需求，生产制作出的中西合璧、惊艳世界的成扇品种。外销扇集雕刻、彩漆、金银细作、织绣、绘画等多种精细工艺于一身。这些专供外销的扇子与中国传统的扇子有着明显区别，它们色彩艳丽，纹饰华美，扇骨材质多样，主要有檀木、象牙、骨、鎏金、银、贝母、漆木、玳瑁等；扇面材质也较多，有纸、羽毛、纱、绸等。按照外销扇材质分类，主要有骨扇、折扇、平扇和羽扇。[3] 18—20世纪，这些外销扇传入欧洲，成为上流社会贵妇随身必备的时尚单品。

清代通过黄埔港走向世界的外销艺术品种类之多、数量之大，今天已经难以估计。这些商品在当时或珍贵或普通，流传至今大都成为名副其实的艺术品。它们所到之处，影响所及，都是流动的中国形象。手持精美的银鎏金累丝名片盒，生活在陈设着广式家具的客厅中，睡在贴满中国主题壁纸的房间中……中国器物和形象大量进入西方社会。

清末使臣张德彝作为翻译前往瑞典时发现一栋中国元素的建筑伫立在瑞典首都时既惊且喜："忽见中国房一所，恍如归帆故里，急趋视之。正房三间，东西配房各三间，屋内槅扇装修，悉如华式。四壁悬草书楹帖，以及山水花卉条幅；更有许多中华器皿，如案上置珊瑚顶

1 广东省博物馆编：《异趣同辉：广东省博物馆藏清代外销艺术精品集》，岭南美术出版社2013年，第165页。

2 刘斌：《清代广州外销银器的发展阶段及特点》，《中国港口》2018年第S2期。

3 白芳：《风·尚——18至20世纪中国外销扇》，《收藏家》2019年第5期。

戴、鱼皮小刀、蓝瓷酒杯等物，询之皆运自广东。房名‘吉纳’，即瑞言‘中华’也。”[1]张德彝所称的这座中国式房舍及其陈设至今仍保存在斯德哥尔摩郊区的皇家公园内。

目前，国内博物馆收藏的外销艺术品有屏风、牙（贝）雕、广彩瓷器、广绣、广式家具、外销画、金银器、名片盒、外销扇、鼻烟壶等，类别有数十种。这些商品在走向欧美社会的过程中，对欧洲“中国风”艺术风潮的兴起和西方艺术发展产生了重要的影响，其中欧洲“洛可可艺术”就是受中国艺术影响而产生的一个艺术流派。

通过外销艺术品，我们既可以触摸到明清时期，特别是清代中外贸易往来深厚的物质基础，也可从中概见中西方文化在这些物质载体上所产生的碰撞、交流和融合。从长时段来观察，我们可以在其中发现一些规律性的东西。以中国外销商品为例，其特征有一个很有意思的变化：早期它们多以中国文化为主，很多产品也并非以外销为目的，只不过外国市场有需要，因此外国商人将它们带回国内，或者运往其他市场售卖。但是，随着时间的推移，特别是清代以来，中国产品在走向海外的过程中，西方的话语权在逐渐增强，产品的面貌、风格和种类都深受外国文化的影响，而这背后就是市场和文化的力量。

第四节　海上贸易路线

海上贸易路线即通常所说的航线，它是中外物质交流的载体和通道。前有提及，广州拥有海港和河港的优越条件，唐代即是“通海夷道”，是中国通往南洋、西亚和非洲诸国的始发港。随着海上丝绸之

1 〔清〕张德彝：《航海述奇》卷三，清同治九年刻本。转引自蔡鸿生：《广州海事录：从市舶时代到洋舶时代》，商务印书馆2018年，第198—199页。

路的发展，广州黄埔港逐渐形成了通往世界各主要都市、港口四通八达的海运航线，并不断融入世界历史进程。

据记载，唐代与广州通商的国家和地区有120多个。宋元时期，中国对外贸易空前兴旺，造船和航海技术相当发达，因而扶胥港对外交往的国家和地区数量比以前增多，海外航线比以前扩大。宋代与广州通商的国家和地区达到130多个，元代更是达到145个。[1]在这些国家和地区中，部分是中国的传统贸易伙伴，如占城、真腊、暹罗、三佛齐、阇婆（今菲律宾一带）、渤泥（今文莱）、天竺（古印度）、大食、大秦等。不同的是，这些国家与中国的贸易往来相较前代更加频繁。除了传统的贸易伙伴外，宋元时期又增加了许多新的贸易伙伴，如摩逸（又名麻逸，今菲律宾民都洛岛）、木兰皮（今摩洛哥及西班牙一带）、文老古（今马鲁古群岛）、文诞（今班达群岛）、蒲奔（今加里曼丹东南部）等。[2]这也让"广州通海夷道"成为当时世界上最长的一条航线。航线犹如陆地上的驿路和官道，连接了中国和世界，是进行中外贸易和文化交流的重要通道，海上丝绸之路也是重要的文化遗产。

黄埔港（扶胥港）的航路随着来华贸易国家的增多和贸易范围的扩大而不断拓展。从黄埔港出发的海上丝绸之路航线，我国史籍有较为详细的记载。《宋史》记载了大中祥符八年（1015）注辇国使臣娑里三文、蒲恕来广州的航路："三文离本国，舟行七十七昼夜，历郍勿丹山、娑里西兰山至占宾国。又行六十一昼夜，历伊麻罗里山至古罗国……又行七十一昼夜，历加八山、占不牢山、舟宝龙山至三佛齐国。又行十八昼夜，度蛮山水口，历天竺山，至宾头狼山，望东西王母冢，距舟所将百里。又行二十昼夜度羊山、九星山至广州之琵琶洲。"[3]由此

1　吴家诗主编：《黄埔港史》（古、近代部分），人民交通出版社1989年，第41页。

2　吴家诗主编：《黄埔港史》（古、近代部分），人民交通出版社1989年，第41页。

3　〔元〕脱脱等撰：《宋史》卷四八九"外国传"，中华书局2000年，第10879页。

可见，这个位于印度半岛的国家到达黄埔需要在海上航行整整247天，途经的地方有今斯里兰卡、缅甸、马来西亚、新加坡、苏门答腊、马六甲和越南，然后才到达广州。

宋太平兴国七年（982），阇婆国的属国摩逸国有商人载本国特产前来广州贸易。[1]这是宋代出现的一条新的航线：从广州到阇婆之后，向南还可以延伸到渤泥、三佛齐、昆仑国。这条航线开辟后，中菲之间的航行距离大大缩短了，对加强两国人民的友好往来具有重要意义。《岭外代答》还记载了从广州到三佛齐、阇婆、占城、真腊，以至大秦、大食、木兰皮等地的航线。木兰皮地处西班牙南部与非洲北部。可见，宋元时期广州至外国的航线距离远超唐代：经红海、地中海可抵达欧洲南部和非洲北部；南下可到达层拔国（今桑给巴尔）。

宋代赵汝适的《诸蕃志》和元代周致中的《异域志》等著作中，也有广州对外航线的记载。综合上述诸史记载，宋元时期，广州黄埔港对外航线有几十条之多，从地理方位和范围划分，可概括为三大航向。

第一个是东北向航线：有摩逸、琉球、高丽、百济航线。

第二个是南向航线：有占城、真腊、暹罗、三佛齐、阇婆、渤泥等航线。

第三个是西向航线：过马六甲海峡后，有3条路线，第一条是沿海岸线航行，第二条是从兰无里（今印尼苏门答腊岛北端亚齐）直航鹏茄罗（孟加拉），第三条是从兰无里横渡细兰湾到达印度南端故临（今印度西南奎隆），经故临，再继续沿海岸线西行至波斯湾、红海沿岸各地，远至非洲南部和非洲北部、欧洲南部等地。[3]

1　〔元〕马端临撰：《文献通考》卷三百三十二“四裔考九”，中华书局1986年。

3　吴家诗主编：《黄埔港史》（古、近代部分），人民交通出版社1989年，第42页。

广州到不同国家和地区的航程也有详细的记载。广州至占城，“顺风八日可到”[1]；广州至莆加龙，“顺风一月可到”[2]，至三佛齐“取正南半月可到”[3]。如果十一月、十二月从广州黄埔港出发，至阇婆“顺风连昏旦，一月可到”[4]；广州至故临国，商舶“四十日到蓝里，住冬次年再发舶，约一月始达其国”[5]。因“故临国与大食国相迩”，“中国舶商欲往大食，必自故临易小舟而往，虽以一月南风至之，然往返经二年矣”。[6]

由是观之，广州至大食，即阿拉伯帝国，顺风时整个航程约需100天，但是从大食返回则需时更多，其中包含等待季风的时间，以及在沿途港口停靠补给的时间。如果遇到恶劣天气以及配合各国海舶管理规定等，就会拉长航行周期，故广州至大食往返要花费2年之久。基于同样的原因，往返各国的海上航行实际所需的时间几乎都要比文献上记载的时间长，到大食以西的地区，如麻离拔（今印度马拉巴尔海岸）、默加（今麦加）、勿斯里（今埃及）、弼琶啰（今非洲索马里北部亚丁湾南岸柏培拉附近）、中理（今非洲索马里境内的古国）、层拔（今索马里以南一带），普遍要1年甚至更久时间：“诸蕃国之入中国，一岁可以往返，唯大食必二年而后可。”[7]

明朝后期，广州至拉丁美洲航线打通，这也标志着中外贸易进入

---

1 〔元〕周致中著，陆峻岭校注：《异域志》“占城”，中华书局2000年，第27页。

2 〔元〕周致中著，陆峻岭校注：《异域志》“莆加龙”，中华书局2000年，第58页。

3 〔元〕周致中著，陆峻岭校注：《异域志》“三佛齐”，中华书局2000年，第41页。

4 〔宋〕周去非著，杨武泉校注：《岭外代答校注》卷二“阇婆国”，中华书局1999年，第88页。

5 〔宋〕周去非著，杨武泉校注：《岭外代答校注》卷三“故临国”，中华书局1999年，第90页。

6 〔宋〕周去非著，杨武泉校注：《岭外代答校注》卷三“故临国”，中华书局1999年，第91页。

7 〔宋〕周去非著，杨武泉校注：《岭外代答校注》卷三“航海外夷”，中华书局1999年，第126－127页。

了新的历史阶段。该航线是从广州黄埔港到菲律宾，再通过菲律宾航行至拉丁美洲。航线的中菲段，早在宋代就由中国人开通。《诸蕃志》称："(麻逸国)土产黄蜡、吉贝、真珠、玳瑁、药槟榔、于达布，商人用瓷器、货金、铁鼎、乌铅、五色琉璃珠、铁针等博易。"[1]后半段则由西班牙商人开辟。15世纪末至16世纪初，拉丁美洲除巴西外，基本上被西班牙征服，西班牙还以墨西哥为基地建立起殖民统治。从1561年起，西班牙的舰队多次从墨西哥纳维达德港起航，横渡太平洋远征菲律宾，1571年占领马尼拉，建立殖民统治。西班牙殖民者征服菲律宾之后，菲律宾至墨西哥的太平洋航线随之开通，最终形成中国一菲律宾一拉丁美洲航路。因此，菲律宾和拉丁美洲之间商贸关系的形成是西班牙管控殖民地的结果，旨在加强两个洲际殖民地之间的联系，最大化其殖民掠夺的利益。

西班牙占领菲律宾群岛，正是明朝政府放松海禁、准贩东西洋之时。当时明朝政府不承认西班牙与中国有贸易关系，西班牙殖民者就假托菲律宾与中国海商开展交易。那时广东的私商主要经过黄埔港和澳门两地前往菲律宾，将丝织品、棉织品、瓷器等货物销往菲律宾群岛。西班牙殖民者再将这些中国商品经马尼拉运往墨西哥，分销至拉丁美洲各地。

隆庆元年(1567)以后，中菲之间的贸易额迅速增长。有研究表明，1603年以前，西班牙商人经马尼拉转输墨西哥的中国商品，平均每年100万比索(一比索与一个墨西哥银圆价值相当)，占每年中国销往马尼拉商品总值的四分之三。[2]中国商人从菲律宾运回的是墨西哥银圆和秘鲁银条，1585年以前每年约有30万比索，1602年达到200万

1　冯承钧撰：《诸蕃志校注》卷上，中华书局1956年，第81页。

2　沙丁、杨典求：《中国和拉丁美洲的早期贸易关系》，《历史研究》1984年第4期。

比索。[1]货物则有蜂蜡、苏木、洋红等。万历年间，由于倭患再起和西方殖民者屡次在中国沿海地区骚扰，中菲贸易深受影响，直到清代才逐渐恢复。清嘉庆二十年（1815），在这条航线上从事贸易的中外商船络绎不绝。

中国与拉丁美洲航路的开辟，是中外贸易史上的一件大事。它促进了中拉人民的互相了解与经济和技术交流。中国的丝绸在拉丁美洲十分受欢迎，“马尼拉帆船”[2]将中国货物转运到拉丁美洲时，它们被当地居民称为“丝船”或“中国之船”。[3]实际上，中国人民在这场贸易交流中也扩大了视野，开始接触到拉丁美洲的许多新鲜事物，如番薯、马铃薯、花生、玉米和烟草等原产拉美的经济作物，就是明末广东和福建商人从菲律宾引入中国的。[4]这些经济作物的种植进一步丰富和改善了我国农产品与饮食的结构。

明代的广州还有其他航线：①广州—长崎航线：从广州出发，北行可到国内的厦门、宁波、上海、天津、大连等港口，然后直达日本长崎。②南洋贸易航线：南行可达马尼拉、爪哇、苏门答腊、暹罗、马来西亚半岛、婆罗洲等东南亚诸国，这是中国传统的贸易路线。③欧洲航线：广州—果阿—欧洲。此航线又可分为广州—印度段，这是传统航线；果阿—好望角—欧洲段，这是新开辟航路。据张燮《东西洋考》记载，这样的中外贸易，一般“以十、十一月往，以四、五月归”[5]。

《瀛寰志略》记载，清代欧洲到中国的航线为：“欧罗巴诸国来粤东，皆从大西洋海开行，沿亚非利加之西岸，南行至尽头之岌阿稳曷

1 沙丁、杨典求：《中国和拉丁美洲的早期贸易关系》，《历史研究》1984年第4期。
2 吴春明：《月港－马尼拉航路对中华文化史的贡献》，《南方文物》2019年第3期。
3 沙丁、杨典求：《中国和拉丁美洲的早期贸易关系》，《历史研究》1984年第4期。
4 吴春明：《月港－马尼拉航路对中华文化史的贡献》，《南方文物》2019年第3期。
5 张燮：《东西洋考》卷十一“艺文考”，明万历四十六年王起宗刊本。

朴（一作好望，俗名大浪山），乃转而东北……浮印度海东北行，入苏门答腊、噶罗巴之巽他海峡，又东北而至粤东。计程约七万余里，俗称来三去五，盖由大西洋来中国，约三月程，回国则需五月程。”[1]也就是说，这条航线的走向是：从欧洲西部的里斯本、塞维利亚或伦敦出航，沿非洲西海岸南下，绕过非洲的好望角，横渡印度洋，经过苏门答腊岛西南部海面，再北上通过巽他海峡，然后直航广州。这是当时欧洲前往广州贸易的主要航线，但也有绕道马六甲海峡，从新加坡海域经越南洋面至广州的。

道光二十二年（1842），漳州总兵达洪阿和台湾道姚莹等称，英国船来中国的航程是：“自王城东南陆行半日许，即登海舟，南行十五昼夜至弼爹喇，更南［行］五十昼夜至急卜碌，转东北行五十昼夜至望迈，再自望迈东行二十五昼夜至新地坡，其地东北即安南，更东行七昼夜，即至广东。”[2]所谓王城即伦敦，由此可知当时英国来广州的航线是伦敦—圣赫勒拿岛—好望角—印度孟买—新加坡—越南—广州。

乾隆四十九年（1784），即英国承认美国独立后的第二年，中美航线由美国商人所开通。航线主要有两条：一是广州—太平洋—合恩角—沿南美洲海岸北上—纽约；二是广州—巽他海峡—好望角—大西洋—纽约。

此外，还有俄罗斯航线。当时中国与俄罗斯的主要贸易地点是北方边界的恰克图，但是俄罗斯对海上贸易也有很大的期待，因此于嘉庆八年（1803）派遣商船“希望号”和“涅瓦号”做环球旅行。这两艘商船从克隆斯达起航，横越大西洋，绕南美洲的南端，穿过合恩角，进入太平洋，循西北方向航行，抵达夏威夷群岛，再横渡太平洋，于

1 〔清〕徐继畬：《瀛寰志略》卷四，上海书店出版社2001年，第114页。
2 〔清〕魏源撰：《海国图志》卷五十三，岳麓书社1998年，第1467页。

嘉庆十年（1805）抵达广州。[1]俄船由北欧航海至广州的目的，主要是开辟中俄海路贸易航线，加强与英、美两国世界贸易之竞争。时任俄罗斯商务大臣的鲁米扬采夫向亚历山大一世报告称："唯英、美等国人由诺特卡—宗德群岛及夏洛特群岛将毛皮直运广州，生意上占尽先机。俄国一日不开通广州商路，则此种现象将延续一日……广州贸易利益既如此巨大，臣以为有责任向陛下建议，酌派一专使赴北京，以船队将首航北美为由，请中国港口予以必要之友好协助；同时仿效欧人榜样，要求开展互市。"[2]可见，作为江海与商业的交集点，广州的海内外交通路线四通八达，特别是沟通世界的南海航线，由近海到深海，再到大洋，经历了漫长的发展过程。

黄埔港作为中国漫长海岸线上的南方大港，其兴起与繁荣是与海上丝绸之路航线的开通和拓展、中外贸易的发展紧密联系在一起的。明清时期，特别是清代，广州商业发达，船舶辐辏，货物云集。在"一口通商"时期，广州成为中国对外交流的中心和焦点，也是世界贸易链条中的关键点。[3]历史学家布罗代尔指出："可能世界上没有一个地点在近距离和远距离的形势比广州更优越，该城'距海三十法里，城中水面密布，随潮涨落，海舶、帆船或欧洲三桅船以及舢舨船可以在此相会，舶航船借运河之便能抵达中国内地绝大部分地区'。"[4]可见，优越的地理位置、广阔的腹地，以及通江达海的交通网络，使得广州两千多年的世界大港口地位不断巩固，黄埔港则主导了大部分的中外贸易，成为中外交往中的超级链接者。

1　李暖：《"转向东方"：俄罗斯东方学视野中的广州航道与海洋空间建构》，《俄罗斯研究》2022年第2期。

2　〔俄〕B. C. 米亚斯尼科夫主编，徐昌翰等译：《19世纪俄中关系：资料与文献：第1卷（1803—1807）》上，广东人民出版社2012年，第1—2页。

3　乔培华主编：《航运与广州现代化》，光明日报出版社2011年，第5—7页。

4　〔法〕费尔南·布罗代尔著，顾良、施康强译：《15至18世纪的物质文明、经济和资本主义（第一卷）》，生活·读书·新知三联书店1992年，第594页。

第三章　黄埔港与中外文化交流

海上丝绸之路具有深刻的内涵，拥有丰富的面向。中外贸易的过程中，无论是货物往来还是人员交流，都有更深层次的文化因素在场。作为一条物质和文化交往的通道，黄埔港见证了绵绵不绝的中外文化交流。从早期中国与南海周边国家、印度洋沿岸国家乃至非洲国家的交往，到明清以来中国与欧洲、美洲的频繁往来，商品贸易和人员往来都为各自的文化带来了丰富的域外资源。中华文化强大的包容和吸收能力，使其在综合全球优秀文化的基础上，不断与时俱进，推陈出新。与此同时，中华文化也传入相关国家，为许多国家的文化发展提供了东方经验。

第一节　航海技术

航海技术是海上航行的基础。人类对海洋的认识和利用首先是从近海开始的，随着技术的进步，舟船陆续出现。港口是见证航海技术最关键、最集中的地方，港口周边也会为船只航行提供物质保障。因此，从这个角度来说，我们所要讨论的航海技术，一个是内缘的，即港口所在地域的航海技术；一个是外缘的，即来往于港口的外地、外国人员和船只带来的航海技术。二者在接触中互相学习与借鉴，因此港口也是航海技术交流的基地，是推动航海技术发展的关键之地。

一、岭南的航海技术

人类依托大海开展各种生业经济，这是人类发展进程中具有标志性意义的事件之一。向海求生、向海而生，催生了人类的航海行为，也进一步拓展了全球国家间的联系与往来。中外海上往来的历史非常早，考古研究实证其历史可以上推至先秦时期。[1]从考古资料来看，中国人很早就掌握了舟船的制造技术。广州地区发明和使用船只的历史非常早。广州西汉南越王墓出土的船纹铜提桶显示，至晚在西汉时期，南方的造船技术已经成熟。船纹铜提桶上不仅清晰描绘了船甲板、船舱和船货等，还艺术地表现了羽人划船的场景，以及海鸟、海鱼和海龟等海洋生物。

（一）造船技术

随着广州与海外交往的增加，造船业逐渐成熟。广州造船技术的源头有二：一是越人，他们长期滨水而居，加上南方水网密布，因此发明舟楫以利于交通是自然而然发生的；二是岭外，秦代岭南被纳入中原王朝统治范围，大量北方技术南来，邻近的浙江和福建地区的造船技术对广州影响尤大。

三国时期，东吴政权征用船师水手时，青睐广东和福建人。东晋

1　周振宇：《山海之间——考古学视野下的南岛语族人群早期文化交流》，《南方文物》2021年第6期。

时期，卢循起义并占据广州。他在出师北伐前，训练水军，建造战船，“楼船高十二丈”[1]，并有芙蓉舰千余艘。这说明三国两晋南北朝时期广州的造船技术已经非常先进，可以制造体量巨大的船只。

唐代，造船技术的进步给全国各地港口发展带来巨大红利。《旧唐书》载：“天下诸津，舟航所聚，旁通巴、汉，前指闽、越，七泽十薮，三江五湖，控引河洛，兼包淮海。弘舸巨舰，千轴万艘，交易往还，昧旦永日。”[2]当时，全国内河与海港上的船只通宵达旦地进出。因为水路畅通，可以任凭“弘舸巨舰，千轴万艘”自由往来，水路贸易因此繁荣。

黄埔港是唐代全国第一大港，并延续至北宋时期。因是之故，港口周边分布着许多适配航海事业发展的行业，保障黄埔港贸易的造船、修船业在全国也处于领先位置。《太平御览》记载，唐代广州年造船能力达500艘，当时的大船长60多米，能载六七百人。[3]广州建造的海船以载重量大、结构坚实、抗风能力强和装备技术好闻名，阿拉伯的客商偏爱搭乘唐船装运货物前往中国贸易，有实力的海商甚至在广州购置海船。庞大的市场需求推动广州造船技术的升级，一些载货量大的船型应运而生，如“苍舶”“木兰舟”等，以至于在黄埔港形成船楼高耸入云的壮观景象。

宋代，广州造船技术和航海技术取得长足进步。除了船体建造的科学性、适应性和功能性继续提升之外，在不断积累的航海经验的帮助下，“广舶”广泛行驶在海上丝绸之路上。[4]据宋代朱彧《萍洲可谈》

1　《通鉴·晋纪》卷三十七，转引自萧耦：《东晋末年的孙恩卢循起义》，《文史哲》1955年第12期。

2　〔后晋〕刘昫等撰：《旧唐书》卷九十四，中华书局1975年，第2998页。

3　〔宋〕李昉等撰：《太平御览》，中华书局1960年，第3412页。

4　蔡鸿生：《广州海事录：从市舶时代到洋船时代》，商务印书馆2018年，第82页。

记载，广船大致有以下特征。

第一，广船为方形造型，船桅杆为固定样式，船帆一侧与船桅杆相连，船帆造型似门扇，帆布在当时的方言中被称为“加突”，船只在风力作用下行驶。《萍洲可谈》记录了广船的特征和行驶场景：“船方正若一木斛，非风不能动。其檣植定而帆侧挂，以一头就檣柱如门扇，帆席谓之‘加突’，方言也。海中不唯使顺风，开岸就岸风皆可使，唯风逆则倒退尔，谓之使三面风，逆风尚可用碇石不行。”[1]

第二，广州的船师在长年累月的海上航行中积累了大量的经验，能够识别沿途的标识物，并且利用天文现象来导航。值得注意的是，广船上配置了指南针：“舟师识地理，夜则观星，昼则观日，阴晦观指南针，或以十丈绳钩，取海底泥嗅之，便知所至。”[2]通过观察星象来判断和指引船只航行，即古之所谓“牵星术”。宋代指南针被发明出来，为海上航行提供了技术支持，方便“舟师”在天气不佳时判断方位。

第三，由于海上航行风险大、历时长，因此船上人员的管理和组织十分重要，它是维系航海行为的制度基础。广船的管理和组织结构如下：“海舶大者数百人，小者百余人，以巨商为纲首、副纲首、杂事，市舶司给朱记，许用笞治其徒，有死亡者籍其财。”[3]海上航行时，这个移动社会的权力结构是金字塔形的，船只的租用者或使用者即纲首拥有决断权。另外，海舶出发前需要获得官方授权的“朱记”。公私权在海舶上呈现出让渡的现象，纲首在一定程度上拥有执法权。

第四，船只虽然体量巨大，但内部空间毕竟有限，因此科学合理

1 〔宋〕朱彧撰：《萍洲可谈》卷二，上海古籍出版社编：《宋元笔记小说大观》（第二册），上海古籍出版社2001年，第2309页。

2 〔宋〕朱彧撰：《萍洲可谈》卷二，上海古籍出版社编：《宋元笔记小说大观》（第二册），上海古籍出版社2001年，第2309页。

3 〔宋〕朱彧撰：《萍洲可谈》卷二，上海古籍出版社编：《宋元笔记小说大观》（第二册），上海古籍出版社2001年，第2309页。

地利用存储空间就显得非常重要。这使得在长期的海上航行中形成了具体的空间分配原则。“舶船深阔各数十丈，商人分占贮货，人得数尺许，下以贮物，夜卧其上。货多陶器，大小相套，无少隙地。”[1]可见，宋代海舶采取人货混装的做法，并且存在“拼船”的现象。每个商人在自己的货物上生活，也起到看管的作用。关于货物情况，我们可以从“南海Ⅰ号”沉船发掘中得到印证。“南海Ⅰ号”沉船出水文物中，陶器和瓷器达14万余件，占货物总量的90%以上。陶瓷器如上所言，采取套装方式，充分利用船只和器物内部空间。许多出水文物，特别是酱釉大陶罐中层层套装了上百件大小不一的陶瓷器。

元代广州造船业进一步发展。元代摩洛哥旅行家伊本·白图泰（1304—1377）在其游记中将中国船只分成三大类：体量最大的是艟克，次之是艚，再次为舸舸姆。大船有3—10个帆，帆用藤篾编织，形状类似席子，呈长方形。帆与桅杆固定在一起，平时保持竖立，航行时根据风向调整帆的位置，停泊时亦如此。船上仅船员即有上千人，“其中海员六百，战士四百，包括弓箭射手和持盾战士以及发射石油弹战士，随从每一大船有小船三艘”[2]。这种小船相当于大船的一半到四分之一大。当时，具备制造这种大船能力的港口城市为广州和泉州。

动力方面，当时的海上航行主要依靠风力，少数时候使用人工摇橹的方式控制和推进船只。大型广船的中桅、前桅均向前倾，上悬布质硬帆或席篷，篷杆较疏而粗，篷边用铁索、铁链加固。[3]无风时用人力，船橹按照船只大小有8橹、10橹甚至30橹。船橹很大，需

1 〔宋〕朱彧撰：《萍洲可谈》卷二，上海古籍出版社编：《宋元笔记小说大观》（第二册），上海古籍出版社2001年，第2309页。

2 〔摩洛哥〕伊本·白图泰著，马金鹏译：《伊本·白图泰游记》，宁夏人民出版社1985年，第486页。

3 上海交通大学、上海市造船工业局《造船史话》编写组编：《造船史话》，上海科学技术出版社1979年，第117页。

要4人、10人甚至数十人共同摇动。对此，《马可波罗行纪》可以印证："船用好铁钉结合，有二厚板叠加于上，不用松香，盖不知有其物也，然用麻及树油掺合涂壁，使之绝不透水。每船舶上，至少应有水手二百人，盖船甚广大，足载胡椒五六千担。无风之时，行船用橹，橹甚大，每具需用橹手四人操之。每大舶各曳二小船于后，每小船各有船夫四五十人，操棹而行，以助大舶。别有小船十数助理大舶事务，若抛锚、捕鱼等事而已。大舶张帆之时，诸小船相连，系于大舟之后而行。然具帆之二小舟，单行自动与大舶同。"马可波罗也提到："设偶触礁，或与巨鲸相撞，致船底洞穿海水溃入者，因各部紧固隔离之故，海水不致淹没全船。"[1]可见，水密舱的设计对海上航行安全具有重要意义。

船上人员对日常生活的安排基于海上航行的特点，除粮食外，还会蓄养牲畜并酿酒，以调剂风高浪急的海上生活："一舟数百人，中积一年粮，豢豕酿酒其中，置生死于度外。径入阻碧，非复人世。人在其中，日击牲酣饮，迭为宾主，以忘其危。"[2]相较于国人所记载的船上生活苦中作乐，伊本·白图泰描述的却是另外一番景象："船上造有甲板四层，内有房舱、官舱和商人舱。官舱内的住室附有厕所，并有门锁。旅客可携带妇女、女婢，闭门居住。有时旅客在官舱内，不知同舟者为何许人，直至抵达某地相见时为止。水手们则携带眷属子女，并在木槽内种植蔬菜鲜姜。"[3]这是令人匪夷所思的记载，与我们所知的航海生活情景相悖。因为海上航行确实是苦差事，携家带口实为罕见，

1 〔意〕马可波罗著，冯承钧译：《马可波罗行纪》，上海书店出版社2001年，第385页。

2 〔宋〕周去非著，杨武泉校注：《岭外代答校注》卷六"木兰舟"，中华书局1999年，第216页。

3 〔摩洛哥〕伊本·白图泰著，马金鹏译：《伊本·白图泰游记》，宁夏人民出版社1985年，第486页。

且古代出海远航与诸国贸易时绝少有女性参与，遑论携带女眷和婢女。伊本所记如果属实，可能是将内河的游船或画舫误认为海船。

由于广船的上述优点，因此当时外国商人纷纷乘坐中国船到广州或泉州贸易。印度的故临则成为大食、波斯商人转乘中国船的中转站。因为中国船船体大，不便在故临以西的浅水区域航行，所以“中国舶商欲往大食，必自故临易小舟而往”“大食国之来也，以小舟运而南行，至故临国，易（中国）大舟而东行”。[1]在海上贸易尚不发达的时候，中国船只在大海大洋上具有相当程度的不可替代性。

明清时期，福船和广船是海上丝绸之路的主力运输工具。《明史》载：“广东船，铁栗木为之，视福船尤巨而坚。”[2]可见，从体量和坚固程度上来说，广船出海具有明显的优势。明茅元仪《武备志》认为，广船和福船在海中“若相冲击，福船即碎，不能当铁力之坚也”[3]。屈大均也称，广东“其船厚重，多以铁力木为之，船底从一木以为梁，而舱艎横数木以为担”[4]。可见，广船用材上乘，船的主梁、横梁等采用珍贵木材，如铁力木等，坚固耐用。在海外贸易中，中国船只运回了大量珍贵木材，这些木材很多用于造船。从造船史角度来说，广船船体特点是头尖体长，上宽下窄，线型瘦坚底，梁拱小，甲板脊弧不高。船体的横向结构由紧密的肋骨和隔舱板构成，纵向强度依靠龙骨和大擸维持，结构坚固，在海洋中有较好的适航性能和续航能力，当时处于世界领先水平，适合远航。

简而言之，广船具有广式古帆船的多个特点。其一，用材讲究。

---

1 〔宋〕周去非著，杨武泉校注：《岭外代答校注》卷二“故临国”、卷三“航海外夷”，中华书局 1999 年，第 90、126 页。

2 〔清〕张廷玉等撰：《明史》卷九十二“兵志四”，中华书局 1974 年，第 2255 页。

3 〔明〕茅元仪辑：《武备志》卷一百一十六“军资乘”，明天启元年刻，清初莲溪草堂修补本。

4 〔清〕屈大均撰：《广东新语》卷十八“舟语”，中华书局 1985 年，第 477 页。

广船多用结实致密的珍贵木材建造船体主要部位。其二，采用多孔舵。广船面积大，舵向好，舵叶上的孔为菱形，在帆船遇到急流时，通过舵孔排水，菱形的小孔可把水流通过舵叶小孔时产生的涡流对船舶的阻力缩减到最小，因而船只灵活，回转性好，操纵方便。广船的相关设计对欧洲造船业有重要启发。其三，水密隔舱。一艘远航船有多个水密隔舱。一方面，这些舱可用来放货物；另一方面，它又能提高船只的安全性能。[1]

清代前期，广东海上商船统称“红头船”。这种船的船头油成红色，艏艉皆翘，艏部饰黄龙花纹，两侧各画一只黑白眼睛，民间俗称“大眼鸡”“鸡目船”。其中，大型船一般载重200—250吨，3桅；中小型船载重二三十吨至上百吨，3桅或2桅。在采取近岸航行的方式时，由于南海海域暗礁多，需要频繁操舵，为方便驾驭，广船普遍采用不平衡舵，同时为解决船舵操舵力矩过大的问题，在其上开孔。现存于比利时的中国清代广船船模也显见开孔舵。[2]这种开孔技术还被香港、澳门和海南等周边区域的船舶业借鉴。

清代珠江上穿行着各式各样的内河船只，其中服务和对接海船的船只不在少数。“西瓜扁”是往来于黄埔和广州府城之间的驳艇，“有圆形的舱板和侧舷，外形像一个瓜，民间称之为‘西瓜艇’，外国人称其为‘官印艇’”[3]。西瓜扁从事卸货和装货工作——将运至黄埔港的货物分散运往货栈或省城各专门市场，并将全国各地的货物运到黄埔集中，再经过码头工人装载上船远销海外。《粤海关志》记载：“广渡

1 陈建平、关伟嘉、端木玉、龚幼编著：《广东船舶发展简史》，哈尔滨工程大学出版社2018年，第11页。

2 何国卫：《中国木帆船》，上海交通大学出版社2019年，第99页。

3 程美宝：《琛舶纷从画里来》，英国维多利亚阿伯特博物院、广州市文化局等编：《18—19世纪羊城风物：英国维多利亚阿伯特博物院藏广州外销画》，上海古籍出版社2003年，第45页。

雇西瓜扁装货进口，收银七钱……贸易船雇西瓜扁装货进出者，与车船例同。"[1]可见"西瓜扁"是用于接驳货物的。不过，现存外销画显示，"西瓜扁"兼有运货和运人两种功能。[2]

纵向来看，广州的造船历史悠久，在长期服务水上航行中积累了丰富的经验，在海船制造的用材、结构、功能和辅助设施等方面都有自己的特点。除硬件外，岭南两千多年有据可考的海上航行史表明，沿海地区的航海方法体系依靠经验的积累和技术的更迭取得长足进步。就这两方面而言，代代相传的航海知识支撑着海上丝绸之路不断发展，新技术的不断融入也让海上丝绸之路延伸得更广、更远。

（二）航行技术

在近代航海技术出现之前，海上航行没有得力的导航工具。古人在海上航行时，为正确判断船行方向和所在位置，需要充分观察周边环境，利用包括陆地标识、海水颜色、特征生物在内的各种因素来导航。[3]因此，船只以近海或沿海岸航行为主。当时的船舶体量已经不小，近岸航行由于吃水深，以及沙滩、暗礁等原因，搁浅甚至沉船的风险都很高。不过，我国上千年的航海历史积累了大量的经验，形成了以地表目标和牵星术为导航的传统导航技术，这无疑是十分珍贵的。

地表目标不仅包含前述陆地标识等，天空也有可以利用的特征帮助海上航行。东晋高僧法显称，"大海弥漫无边，不识东西，惟望日月星宿而进，若阴雨时为逐风去亦无准，当夜闇时，但见大浪相搏，晃

1　王次澄等编著：《大英图书馆特藏中国清代外销画精华》（第六卷），广东人民出版社2011年，第117页。

2　王次澄等编著：《大英图书馆特藏中国清代外销画精华》（第六卷），广东人民出版社2011年，第247页。

3　陈晓珊：《古代航海文献中的生态环境和生物导航》，《全球史评论》2018年第1期。

然火色……商人荒遽，不知那向。海深无底，又无下石住处。至天晴已，乃知东西，还复望正而进”[1]。由此可见，东晋时航海基本上依靠操船者积累的经验，在白天则观日月星辰，阴雨天和夜晚只能随波逐流。随着海上航行的持续，我国海上航行人员逐渐总结出以星宿位置指引航行方向的航海方法，即所谓的“牵星术”。

宋代，中国的海船导航仍以牵星术为主，新加入的指南针也是牵星术导航体系的一部分，而非独立的导航系统。前有述及，《萍洲可谈》说海舶上的“舟师”在阴天使用指南针作为导航依据。当时，舟师会综合利用经验和技术来判断船只位置，从而指挥航行。南宋时，指南针发展为罗盘形，也被称为针盘、子午盘、水罗经等。南宋《诸蕃志》提到位于今爪哇岛的阇婆国“于泉州为丙巳方”[2]，明显是在用航海罗盘的干支方位描述其位置。

从宋代开始，中国船只可以横渡印度洋，中国与印度、西亚、非洲的贸易往来得到加强。南宋时期，人们掌握了海洋季风的规律，充分利用它来保障航行。冬季，西北季风强盛，海船便可乘风沿东南海路南下；夏天，东南季风强盛，则由南洋顺风归来。南宋的航海者总结了大量预测天气的经验，并在此基础上设计出能够根据风向和风力大小进行升降旋转调节的平式梯形斜帆，总结出“之”字形的调帆方法，保证海船在各种风向下都能顺利前进。由于造船、航海技术的提高，南宋商船有了更广范围的贸易航行。[3]南宋深水测量技术也相当成熟，可以用“下钩测深”“以绳结铁”等方法，测量水深70丈[4]以上，

---

1 〔东晋〕法显著，郭鹏注译：《佛国记注译》，长春出版社1995年，第141页。

2 〔宋〕赵汝适原著，杨博文校释：《诸蕃志校释》，中华书局2000年，第54页。

3 杨芹：《南宋海外贸易述略》，广东省博物馆编：《大海道：“南海I号”沉船与南宋海贸》，岭南美术出版社2019年，第23—24页。

4 1丈≈3.33米。

以确定船舶所在水域能否下锚停泊。

为了控制航向，广船船尾有可以升降的舵。船舵用料十分讲究，《岭外代答》称："乌婪木用以为大船之柂，极天下之妙也。蕃舶大如广厦，深涉南海，径数万里，千百人之命，直寄于一柂。他产之柂，长不过三丈，以之持万斛之舟，犹可胜其任；以之持数万斛之蕃舶，卒遇大风于深海，未有不中折者。唯钦产缜理坚密，长几五丈，虽有恶风怒涛，截然不动，如以一丝引千钧于山岳震颓之地，真凌波之至宝也。"[1]

为了提升航行的效率与安全性能，广船还对船体进行改造并配备一系列设施。宋代的广船在舵板上开了一系列菱形小孔，称为"开孔舵"。小孔对舵的坚实性能影响不大，但在转舵时可省力很多。插板是广船上的安全设备，位于船的前舱中，能垂直升降，可伸出船底之下，它与船尾的升降舵配合使用，对减少船的横漂十分有效。海船上还放置了若干小船，以备急用。海船利用飞鸽通信，在航行中沿途放鸽，报送消息。另外，还使用海图、计程仪、针经、测探仪等工具进行辨位。不过，这些技术的应用面和精确度有限，当时的导航主要依靠船员的经验，古代航船事故发生率仍居高不下，仅南海海域沉船或达上千艘，这也是航海的凶险之处。

航海技术方面，中国的罗盘随着商船队传入阿拉伯地区及欧洲国家，有力地推动了西方航海技术的发展。中国造船技术，在向周边国家、地区传播的过程中，融合当地特色，创新出新的船型与工艺技术。14世纪末至17世纪初，南海上出现了一种新船型。这种船综合了中国与东南亚国家船只的特点，船身呈"V"形，尖底或圆底，船板用

1　〔宋〕周去非著，杨武泉校注：《岭外代答》卷六"柂"，中华书局1999年，第219—220页。

棕榈纤维或其他植物纤维缝制或捆绑在一起，或加木钉结构等。虽然在外形上已失去传统中国船的特点，但这些船又有类似中国船的隔舱结构，不过不是水密舱。此类船只有的也使用中国船的铁钉方式将船板固定在一起，而这些技术与传统的东南亚船不同。很多学者认为，这类船可能是生活在东南亚一带的华侨建造的。比较有意思的是，在这些混合型的沉船上，我们都发现了中国的瓷器。显然，它们都曾冒着被明朝查禁的危险，到中国进行过走私活动。2001 年，在菲律宾发掘的“圣克鲁兹”（Santa Cruz）号沉船，被认为是这种中国南海混合型船的代表之一。[1]

二、国外的航海技术

中国的航海技术出现较早，并长期处于世界领先地位。历史上，中国的航海技术通过中国船只传播到海外。明清时期，西方木质帆船的建造以及其后的工业革命彻底改变了传统的商船制造业，体量巨大的帆船和蒸汽轮船先后来到中国，由此开始航海技术的逆传入。

唐代，黄埔港的外国商船为数众多，长的有 20 多丈，可以乘坐六七百人。《唐大和上东征传》称：“广州江中寄旋外舶，不知其数，并载香药珍宝，深六七丈。”唐《国史补》亦记载了当时聚集在广州的外国船只，“其中狮子国的船最大，且有楼梯上下，高数丈，船舱之中堆满宝货”[2]。由此可见，国外船只的内部深度较大，可达数丈，有数层楼之高。

宋代，周去非在《岭外代答》中说：“蕃舶大如广厦，深涉南海，

1 广东省博物馆编：《牵星过洋：万历时代的海贸传奇》，岭南美术出版社 2015 年，第 28 页。

2 武伯纶：《唐代广州至波斯湾的海上交通》，《文物》1972 年第 6 期。

径数万里，千百人之命，直寄于一舵。”[1]可以看出，国外船只船体之大，载人之多。外国船纷至沓来，国人多以其所有国或地区称之，如“南海舶”“昆仑舶”“狮子国舶”“婆罗门舶”“西域舶”“波斯舶”等。

明清时期，国外船舶由木质帆船发展到蒸汽轮船。康乾时期，荷兰商船多次出入黄埔港。屈大均和赵翼都曾登临过荷兰船，并留下记载。屈大均称：“舶腹凡数重，缒之而下。有甜水井、菜畦。水柜水垢浊，以沙矾滤之复清。悬釜而炊。张锦绷白毡而卧，名曰软床。”[2]赵翼在乾隆中期曾任广州知府，对外国帆船十分留意。据其观察，“红毛番舶，每一船有数十帆，更能使横风、逆风皆作顺风云”[3]。他在虎门曾登上番舶参观，并赋长诗《番舶》以记其事。一是长度和容量：“峨峨百丈船，横潮若山嶂。一载千婆兰（原注：番语三百斤为一婆兰），其巨不可量。”二是船舱和装备，船舱分为好几层，用横板分割，类似于中国海船的水密舱：“其舱分数层，一一横板挡。辟窦列铳炮，皮阁实货藏。水柜百斛泉，米囷千石饷。入则缒而下，出则絙以上。”三是导航和帆桅：“柁师视罗经，芒芴辨厥响。张帆三桅竿，卷舒出意创。颓若垂天云，足使红日障。瞬息千百里，凌虚快奔放。操舟不以力，役使罡风壮。”[4]需要说明的是，此处的“罗经”并非罗盘，而是六分仪，它是18世纪末至20世纪中期航海的主要导航仪器。

对于荷兰船舶，邻国日本也有记载。德川幕府晚期画家林子平（1738—1793）在《阿兰陀船之图》图说中称：“船长十四丈余，幅三丈八尺，高三丈五尺。总柱长十四丈余，旗竿三丈余。帆数十八。石

---

1 〔宋〕周去非著，杨武泉校注：《岭外代答校注》卷六“柂”，中华书局1999年，第219页。

2 〔清〕屈大均撰：《广东新语》卷十八“舟语”，中华书局1985年，第482页。

3 〔清〕赵翼撰：《檐曝杂记》卷二“西洋船”，中华书局1982年，第65页。

4 〔清〕赵翼：《瓯北集》（上），上海古籍出版社1997年，第334页。

火矢三十六挺，烟出三丈余，人数百余人。”[1]从该记载来看，荷兰商船长40—50米，宽12—13米，深12米左右。

道光十五年（1835），英国怡和商行的蒸汽轮船“渣甸号”出现在中国沿海。翌年，“哥萨尔号”蒸汽轮船定期往来于香港和黄埔港之间。“火船于天下，无处不到，造之者其数日增月盛。而中土无论官府士商……中土海船，风水皆顺，至速一时辰行不逾五十里。若风水俱逆，则咫尺难移，而急谋下碇矣……惟西邦大火船能附客数百人。由英国诣花旗国，经大洋计万余里，无论风水顺逆，波涛急缓，行十日即抵其境，其船堪装一万五千至三万担。当风恬浪静，一时辰可行六十里至九十里。即逆风巨浪，亦行三十至六十里。似此行速而则准……中土人皆名之曰‘火船’，或曰‘火轮船’，惟西邦人则名之曰‘水气船’，因以水气能鼓之使行也。”[2]洋务运动期间，中国大力学习西方造船技术，蒸汽动力逐渐替代风力成为中外商船的主要动力。

鸦片战争后，由于中国开放程度提高，更多外国商船来到中国，黄埔港船舶维修需求增加，外国公司开始在广州经营修船业务。1846年，英国人柯拜在黄埔兴办轮船修理业。其后，香港黄埔、于仁、旗记、高阿、福格森、洛克森等6家船厂也相继开始在黄埔经营修船业务。[3]1885年，清政府在黄埔开办船局，专造兵轮，船体由木质发展到铁木混合结构。1890年，黄埔船局建成广东地区第一艘全钢质兵轮“广金”号，成为广州近代造船史上的里程碑。

---

1 转引自蔡鸿生：《广州海事录：从市舶时代到洋舶时代》，商务印书馆2018年，第183页。

2 〔日〕松浦章、〔日〕内田庆市、沈国威编著：《遐迩贯珍の研究》，关西大学出版部2005年，第703页。

3 乔培华主编：《航运与广州现代化》，光明日报出版社2011年，第59页。

第二节　中国文化的传播

中外贸易交流过程还伴随着文化的交流。通过物质载体，中国的文化形态和样貌走向世界。以丝绸、瓷器和茶叶为例，丝绸蕴含着中国蚕桑文化、衣着服饰文化、生活习惯；瓷器代表着中国器具文化、饮食习惯、装饰艺术；茶叶代表着中国农耕文化、饮食结构和茶文化。这些物质载体是一张张中国形象标志图，外国消费者通过它们认识和想象中国。各种商品在走向世界的过程中，携带的文化信息会产生若干重要影响。其中，一些是可以观察到的显性影响，如行为习惯、生活方式和审美趣味；一些是无法直接看到的隐性影响，它们潜移默化地融入各个国家或地区文化形塑中，由他者文化变为当地文化的有机组成部分。

一、中国丝绸与世界

美国学者罗伯特·芬雷指出："人类物质文化首度步向全球化，也是在中国的主导下展开……在绝大部分的人类历史时光之中，中国的经济都为全世界最先进最发达。"[1]丝绸是一项全球化商品，它首先从陆路走向西域，然后随着海上贸易通道的开拓而走向海外。作为一项承载文化的物品，丝绸对国外的影响主要体现在以下几方面：一是保温工具，它与上层社会的生活联系紧密；二是服饰文化，它以一定的样式表征所在地的文化习俗和秩序；三是审美文化，丝绸的纺织样式、花纹、装饰和颜色表征原产地的主流文化和价值观。

1　〔美〕罗伯特·芬雷著，郑明萱译：《青花瓷的故事：中国瓷的时代》，海南出版社2015年，第16页。

黄埔港的丝绸外销开始于哪个朝代难以断定，但至迟在唐代就已开始是毫无疑义的。黄埔港出口的丝绸首先进入邻近地区——东南亚、南亚地区。中国丝绸的传入，改变了当地土著落后的裸体习俗。这些地方的民众，当时所穿的“干漫”就是用中国丝绸缝制的。例如，缅甸“官民皆撮髻于额，以色帛系之”[1]，这些服饰最早来自中国。众所周知，日本“和服”也是在我国南方“吴服”和丝绸传入后才形成的。[2] 宋元时期，中国丝绸大量从黄埔港走向海上丝绸之路沿线国家，成为当地贵族和上层人士竞相追逐的奢侈品。

明清时期，全球贸易规模化和便利化推动中国丝绸走向全球，特别是欧洲、美洲和大洋洲地区，丝绸在当地市场需求旺盛。在西班牙，来自中国的丝绸，“几千万的纯色或带刺绣的天鹅绒、纯色的唬拍织、缎子、薄罗纱以及此外各种各样的布料，每年都可销售一空，不分男女，都穿着各种各样带色彩的衣服，无论是少女还是未婚姑娘，即使五十岁以上的妇人也是如此”[3]。在美洲，新西班牙总督蒙特雷伊在1602年描述称，在秘鲁的所有西班牙人都过着极其奢华的生活，他们全都穿着最精美、最昂贵的丝绸，妇女的节日盛装是如此之多，如此之过分，以至于世界上再也找不到第二个像这样的国家。中国丝绸也被大量用来装饰印第安人的教堂，而在“大航海时代”之前，由于买不起昂贵的西班牙丝绸，教堂里显得光秃秃的。

清代，西欧的中国丝绸产品以披肩、丝裙和绣袍为多。披肩以丝绸为原料，常用作欧式礼服的装饰物。17世纪时，欧洲人喜好黑色和

1 〔宋〕赵汝适原著，杨博文校释：《诸蕃志校释》，中华书局2000年，第31页。

2 王翔：《论中国丝绸的外传》，《苏州大学学报》1991年第2期。

3 〔西〕阿比拉·菲诺：《日本王国纪》，岩波书店1965年，第66页。转引自陈小冲：《十七世纪上半叶荷兰东印度公司的对华贸易扩张》，《中国社会经济史研究》1986年第2期。

深色的披肩，18世纪中叶，又开始流行白色和色彩鲜艳的披肩。中国的丝绸生产者能及时适应欧洲人的时尚，披肩销量在欧洲不断攀升。1772年前后，中国制造的披肩在欧洲的销售量达8万条，其中法国市场的销量占四分之一。1776年，仅英格兰公司一家就进口10.4万条披肩。[1] 1669年，第一艘抵达中国的法国船满载中国丝货返回不久，法国便开始流行中国仿制的欧洲款式的绣袍和时髦考究的丝裙。起初，法国流行的是手绘丝织品，它们价格昂贵，一般百姓无力消费，但"至1673年，中国的花样渐趋'平民化'，已经有印花丝织品的供应，以代替高价的手绘丝织品"[2]，使价格高昂的丝织品走向大众。

中国丝绸的外传还推动了蚕桑业和蚕桑文化的世界传播，使之成为一种重要的人类纤维织物。首先是周边国家，其次是海上丝绸之路沿线国家，而欧洲地区最早在6世纪后才从中国引入养蚕技术。16世纪后，随着"大航海时代"的来临，墨西哥的养蚕业开始兴盛起来，"新西班牙蚕家的丰收和各类色彩斑斓的丝织品，将足以和卡拉布里亚及格拉纳达最精美的丝绸相匹配"[3]。

如前所述，除了江浙和四川的丝绸经过黄埔港出口之外，广东丝织品在明清时期，特别是清代大量走向世界。目前可以看到的实物大多为清代制作，其中广绣、潮绣是其中的精品。广东省博物馆收藏了大量外销丝绸。18、19世纪，这些丝绸被广泛用于欧洲的宫廷或别墅之中，中西风格融合的外销丝绸常常被装饰在墙壁、门窗、桌椅、床榻之上。在当时，欧洲华美内房厅内常见这样一番景象：欧式床榻上

1　〔德〕利奇温著，朱杰勤译：《十八世纪中国与欧洲文化的接触》，商务印书馆1991年，第31页。

2　〔德〕利奇温著，朱杰勤译：《十八世纪中国与欧洲文化的接触》，商务印书馆1991年，第34页。

3　王翔：《论中国丝绸的外传》，《苏州大学学报》1991年第2期。

铺着米色缎排金绣花卉百鸟图床罩，白缎广绣花鸟床眉装饰在床顶罩四围，洛可可风格的圆几上装饰着米色缎荷塘鸳鸯纹台布，一对来样加工定制的米色缎广绣花鸟纹窗帘装饰于欧式落地窗之上，屏风、壁纸点缀其间。[1]可见，中国丝绸在欧洲是品位和地位的象征，是一种奢华时尚。

明清以前，中国外销丝绸的纹饰多为传统样式，饱含中华优秀传统文化元素，在走向海外过程中，中国丝绸蕴含的艺术创造力、服饰制度文化等，在一定程度和范围内传播着中国文化。明清时期，中国丝绸纹饰发生变动。特别是清代，西方商人参与外销丝绸的设计、生产，因此中国风格与西方审美产生碰撞，让中国的丝绸及其制品更加丰富、多样、多元。鸦片战争之前，外销丝绸中的中国元素占据主导地位，因为当时中国仍然被视为世界上最强大和最先进的国家，中国文化在综合国力的支撑下，呈现相当强势的特征。鸦片战争之后，欧美列强对中国文化和制度的态度发生逆转，更强调西方文化元素以迎合本国民众的需要。这样的情况不仅体现在丝绸上，也体现在瓷器等绝大多数出口商品上。

二、中国瓷器与世界

方李莉认为，陶瓷不仅是一种“物”，还是一种被抽象提炼和象征隐喻的符号载体，这一器物远比其他的物质产品更接近文化和艺术的境界。而且，其文化功能繁多，它是想象力的运用、传统习俗的体现、社群意识认同的陈述、社会凝聚力的彰显、身份地位的载体、自

1　广东省博物馆编：《三城记——明清时期的粤港澳湾区与丝绸外销》，岭南美术出版社 2020 年，第 255 页。

我物象化的呈现、社会价值的具体表达等。因此，讨论中国陶瓷贸易所带来的世界性文化冲击，可为世界文化和艺术史的书写提供极具启发性的种种思考。[1]唐宋时期，外销瓷器首先从生活层面影响所在地的民众。随着贸易的深入，瓷器上承载的文化信息才被更多地感知，进而成为表征中国文化的重要中介，并在清代成为西方世界了解中国的图像载体。

唐宋时期，白瓷、青瓷和釉下彩瓷通过黄埔港走向海外，其所到之处，成为当地老百姓喜爱的生活用品。由于瓷器坚硬致密，釉色莹润光泽，具有耐湿、耐高温的特点，作为盛器和食器使用时耐用且易于清洗，卫生环保，对于提升所在地民众的健康有着十分重要的作用。

宋代越窑、龙泉窑的青瓷，景德镇的青白瓷、白瓷，建窑天目（黑釉）瓷等进入日本，为日本人所钟爱。这些瓷器不仅对日本瓷器生产直接产生影响，对日本社会的审美也产生了巨大的影响。[2]

宋元至清代，中国瓷器进行了大量的创新，生产出异彩纷呈的釉下彩、釉上彩、单色釉和釉上釉下彩等众多瓷器品种。其中，除青花瓷外，釉里红瓷、青花釉里红、釉下三彩瓷、釉下五彩瓷等釉下彩产品，以及五彩、粉彩、广彩、珐琅彩等釉上彩产品，加上琳琅满目的各种单色釉瓷器，在海上丝绸之路沿线国家和地区畅销。明清时期，以黄埔港为转输中心，上述瓷器大量出口海外，从海上沉船、海上丝绸之路沿线国家遗址以及各国存世瓷器来看，瓷器对相关国家的影响涉及很多面向。

“地理大发现”后，随着欧洲殖民主义者侵略的深入，中国商品

---

1 方李莉：《丝绸之路上的中国瓷器贸易与世界文明再生产》，《云南师范大学学报（哲学社会科学版）》2016年第4期。

2 〔日〕满冈忠成著，林中干译，彭适凡校：《宋朝瓷器与日本文化》，《江西文物》1990年第1期。

随着商船流向全球。当时，欧洲国家对中国充满美好的想象，认为中国守信敦礼，物质富足，文化繁荣。在出口瓷器中，各种各样的装饰，如人物纹、山水纹、植物纹和动物纹，特别是“满大人”图式和中式庭院图式，成为欧洲人认知中国形象的重要来源。

其中，广彩瓷器是一个特别值得注意的瓷器品类。广彩瓷器以模仿粉彩瓷器走上历史舞台。早期广彩瓷器主要模仿景德镇瓷器，以青花、粉彩为主，整体风格偏优雅。清中期开始，釉色变得丰富，画面变得热烈。由于瓷器是面向广大民众的商品，也是外国人比较容易接触到的“中国产品”，像广彩瓷器这种以外销为目的的产品，在生产时则更加迎合海外市场。因此，瓷器造型、色彩和图案方面都有意为之，成为传播中国文化的重要载体。一些外国人到达广州后，将他们曾从瓷器、水彩画和通草画等载体上看到的广州形象与实际情况进行对比。例如，1815 年一位名为查尔斯·廷的水手乘坐“科迪莉亚号”来到广州。他后来在回忆录中写道：“沿江的风景密集，极为有趣，我从未见过这样的美景，太美妙了。我们路过一座大型宝塔，七层楼高，离岸约一英里，和我看见宝塔画片图案一模一样……房舍奇特，和中国瓷盘等瓷器上的样子很相似。乡间似乎人口密集，老老少少，像蚂蚁一样，在蚁丘周围蠕动。”[1]

广彩瓷器所承载的中国文化也影响着西方人的“中国观”。从存世广彩瓷器来看，广彩瓷器有以下特点。一是色彩对比强烈，迎合了西方对中国文化的想象。二是构图满密，特别是一些人物图，几乎密不透风，且人物绘画多为“满大人”图像。另外，还有大量的庭院人物等，也是西方消费者形塑“中国意象”的重要图像资源。三是主动

1 〔美〕约翰·海达德著，何道宽译：《中国传奇——美国人眼里的中国》，花城出版社 2015 年，第 63－65 页。

生产和接受定制的成套产品很多，一套餐具有几十件甚至上百件之多，包括盘、碟、碗、汤匙、双耳带盖汤盆等，用于西方的晚宴和大规模餐会。[1]

值得一提的是，作为广彩瓷器的一个品类，“纹章瓷”充分体现了中西方文化交流融合的特征。纹章瓷又称徽章纹瓷器，是欧洲皇室以及欧美上流社会、重要社团、知识分子和神职人员等，把象征或代表自己权力、地位、身份的徽章图案烧制在定做的瓷器上面的一种特殊商品瓷。[2]纹章瓷主要产于景德镇和广州，其中一些完全在景德镇完成；一些边饰在景德镇完成，徽章则是到广州加绘的；还有一些则全部在广州制作完成。

简而言之，作为传播中国文化的载体，瓷器的影响力主要有三个层次。第一个层次是物质层面的，它所到之处为相应国家和地区的人民提供了经济实惠的饮食器具。第二个层次是文化层面的，它承载着中国意象、中国文化和中国审美。[3]第三个层次是制度层面的，瓷器成为众多国家人民生活中习焉不察的一部分。例如，欧洲的艺术家在创作油画时会将瓷器与其他静物放在一起写生，一些瓷器被改造使用，成为人们家庭装饰的重要组成部分。中国瓷器还深刻地影响周边国家和地区，制瓷业成为朝鲜半岛和日本的重要手工业。中国瓷器到达邻国日本后，其和茶叶及禅宗一起，构成了日本的茶道文化。

1　广东省博物馆编：《异趣同辉：广东省博物馆藏清代外销艺术精品集》，岭南美术出版社 2013 年，第 165 页；广东省博物馆编：《重彩华章：广彩瓷器 300 年精华展》，岭南美术出版社 2014 年，第 128－129 页。

2　黄静：《纹章与纹章瓷》，《收藏》2016 年第 13 期。

3　〔美〕约翰·海达德著，何道宽译：《中国传奇——美国人眼里的中国》，花城出版社 2015 年，第 41－71 页。

三、中国茶叶与世界

布罗代尔指出："茶传入欧洲的过程既漫长又艰难：必须输入茶、茶壶、瓷质茶杯，然后引入对这一异国饮料的嗜好。"[1]中国茶叶在"大航海时代"之后经黄埔港大量走向海外，一跃成为主要输出商品。在欧洲，茶叶进入当地社会后，深受社会各阶层的欢迎，茶叶消费崛起。欧洲人对茶叶十分着迷："茶，裨益我们的头、我们的心；茶，几乎疗治每个部位；茶，令老迈者重新得力；茶，令冷寒者小便得暖。"[2]

17世纪，荷兰东印度公司首先将中国茶叶引入欧洲，此后茶叶开始在荷兰和葡萄牙的上层社会流行。起初，由于价格极其昂贵，茶叶通过药房销售。不过，由于女性，特别是家庭主妇迷恋饮茶，1625—1657年，荷兰还曾掀起一场"饮茶大辩论"，并且波及法国。[3]这次辩论对茶叶的推广起到了积极的作用。17世纪晚期，随着茶叶贸易的兴盛，茶叶消费开始普及。

1650年，饮茶在法国变得流行起来。路易十四从1665年开始喝茶，他认为喝茶有助于缓解痛风。在社会上，还有人尝试在泡茶时加入牛奶，深受人们的喜爱。饮茶风气也因此从皇室贵族和有闲阶层逐渐普及民间，成为人们日常生活和社交中不可或缺的一部分。有人评论说，中国茶叶在巴黎受欢迎的程度，就和西班牙人爱好巧克力的情况一样。[4]法国茶叶消费比较多元，除了流行的红茶外，还有绿茶、花

1 〔法〕费尔南·布罗代尔著，顾良、施康强译：《15至18世纪的物质文明、经济和资本主义（第一卷）》，生活·读书·新知三联书店1992年，第291页。

2 〔美〕罗伯特·芬雷著，郑明萱译：《青花瓷的故事：中国瓷的时代》，海南出版社2015年，第22页。

3 〔美〕基特·乔，克艾文：《中国茶叶走向欧洲》，《农业考古》1993年第4期。

4 武斌：《近代欧洲的茶叶贸易与中国茶文化的西传》，耿昇、戴建兵主编：《历史上中外文化的和谐与共生：中国中外关系史学会2013年学术研讨会论文集》，甘肃人民出版社2014年，第71—83页。

茶，以及沱茶。

17世纪中期，英国开始引进中国茶叶并由此形成了独特的英国饮茶文化，英国殖民者还将茶文化传播到各个殖民地。英国还创立了世界上第一个茶叶拍卖市场，总结出茶叶质量的评审和鉴定办法，并为国际茶界所应用。英国在长期经营茶叶生意的过程中获得了巨大的利益，并且促进了世界性的茶叶生产、贸易和消费。[1]茶叶也对英国人民的营养健康和社会伦理产生了积极影响。这一时期，上述各国的茶叶出口全部依赖黄埔港。

茶叶甚至还是美国独立战争的导火索，引发了美国历史上著名的“波士顿倾茶事件”。美国独立后，积极开展与中国的贸易，贸易规模急剧扩大，紧追居于首位的英国。当时，中国茶叶在美国十分受欢迎，是具有独特地理标志的产品。1883年，托马斯·铂金斯从波士顿致信在广州的船长杜马雷斯克说：“保持从乡间运来的原包装。箱子盒子都不要动，不要在广州开包。”[2]

在美国，大美利坚公司在设计售卖茶叶的海报时，展示了规模宏大的广州茶叶加工场，成功吸引了顾客。茶叶海报构图精巧，展示了茶叶的生产过程。海报设置了三个空间：背景、前景和观者的环境。背景里清楚可见的是田园牧歌，种茶、采茶在这里进行，茶叶被运到高大的茶行厂房。在前景里，茶叶在装箱、称重，准备运走；观者周围是第三空间。[3]大美利坚公司在设计店铺时，也注意采用中国元素，使用中国主题。门面和内壁都用中国红油漆，撒上金粉，将买茶变成

1 王郁风：《英国的茶叶贸易与饮茶文化》，《福建茶叶》1990年第3期。

2 〔美〕约翰·海达德著，何道宽译：《中国传奇——美国人眼里的中国》，花城出版社2015年，第99页。

3 〔美〕约翰·海达德著，何道宽译：《中国传奇——美国人眼里的中国》，花城出版社2015年，第98页。

去东方的异域体验。

19 世纪 50 年代以后，中国人大量抵达美国西海岸以及东海岸。在纽约，茶叶店老板很乐意雇用中国人来招徕顾客。马克·吐温曾说："我路过那样庞大的茶叶店时，发现一个中国人坐在门口，其功能就是招牌。路人无不盯着他看，直到不能再扭头看为止，大群人特意停下来，死死地盯着看，目不转睛。"[1]

简而言之，茶叶从中国走向世界，黄埔港的功劳是居于首位的。明清时期，茶叶贸易达到鼎盛。在英国掌握茶叶种植技术及利用南亚殖民地大量种植茶叶之前，茶叶的出口额在中国出口商品中牢牢占据主导地位。茶叶是海上丝绸之路沿线国家和地区及欧洲国家的重要消费品。饮茶不仅有益身体健康，从饮茶发展出来的休闲和社交属性也促进了各种亚文化的形成。

四、西方人士与中国文化传播

在中国文化传播过程中，大量外国人士如商人、学者和使团成员也为中国文化推广做出了积极贡献。他们传播的初衷并不一样：不少人利用本国人民的猎奇心理，将"中国文化"作为一种噱头来经营；也有一些人因为出使中国后，在实际接触中对中国文化产生兴趣，搜集或创作艺术品，回国后传播和展示中国形象。不管出发点如何，这种异域形象的营造、传播对中国文化走向欧美社会起到了一定的作用。

1795 年，美国籍荷兰人范百澜跟随荷兰使臣德胜前往中国。在中国期间，范百澜被中国的风景折服，他委托广州当地画家绘制指定主

---

1 〔美〕约翰·海达德著，何道宽译：《中国传奇——美国人眼里的中国》，花城出版社 2015 年，第 108 页。

题的画作，还大量购置各种绘画和工艺作品及自然标本。回到美国后，他在费城修建“中国休闲居”，以移植中式装饰和生活的方式传播中国文化。他把中国的瑰丽辉煌展现在美国人面前，甚至在美国乘坐中国轿子。尽管范百澜所展示的中国并非真正的中国，但前往其住地的参观人群络绎不绝，争先恐后想要亲眼看到中国样式的物品，“若不幻想身临其境到了中国，那是不可能的”[1]。

中国轿子作为商品也从广州运往欧洲国家并且流行一时。法国路易十四时代，贵族和官吏喜乘轿出行。轿顶围被的质料和色泽还有等级之分，以便通过外观来判断乘轿人的身份和地位。轿身均饰漆绘，流行于中国的牡丹、芍药等花卉被漆于轿身，以示华丽。但是，与中国用肩膀抬轿的方式不同，欧洲轿夫用手举抬，法语之意是“抬椅”（chaise a proter）。“抬椅”习惯还被搬上舞台。1659年出版的莫里哀的喜剧《风流妇女》就有抬椅场面的描写。“抬椅”在法、德、英、奥地利等国家一直流行，直至1861年德国仍保持禁止仆役乘轿的法令，可见乘轿风气影响之深远。[2]

在《中国传奇——美国人眼里的中国》中，约翰·海达德介绍了一位传播中国文化并希望通过展览展示中国文化以获利的美国人——内森·邓恩，以及美国商人在广州定制的拥有巨大影响的中国商船“耆英号”。

内森·邓恩是一名美国商人，在广州寓居多年，收藏了大量中国艺术品。1832年，他回到美国，在宾夕法尼亚州建立了以自己名字命名的展示中国物品的博物馆。1838年12月22日，邓恩举办大型招待会介绍他的展览，展览题名“万唐文物”（Ten Thousand Chinese

1 〔美〕约翰·海达德著，何道宽译：《中国传奇——美国人眼里的中国》，花城出版社2015年，第26—27页。

2 黄启臣：《澳门通史》，广东教育出版社1999年，第149页。

Things）。100 多位贵宾亲临现场，“艺术家、商界人士、机械师、编辑、文人学士、陆海军军官、各界杰出代表，济济一堂”。邓恩为与会嘉宾提供中国茶作为饮品，同时配上糖和奶油。当时，对绝大多数美国人来说，中国是一本“封闭的书”。邓恩力图将中国展现出来，声称中国是“地球上最无与伦比的国家”。这个中国展览的规模宏大，展厅 163 英尺长，70 英尺宽，35 英尺高。厅内 22 根方形的立柱，全都饰以画作。参观者惊叹地发现：“在这里，仿佛被巫师的魔掌点击了一样，我们不得不停下脚步……眼前一景有逼人之势，极其壮观。全然不像我们习惯的景象，我们不知如何描绘，找不到恰当的词语……辉煌、壮观、华丽、宏伟、无与伦比——这些形容词都是观众的留言。”[1]

进入展厅，映入眼帘的是巨大的中国灯笼和屏风，观者无不震慑。灯笼长 10 英尺，彩色，垂吊在天花板上；可折叠的长方形屏风，长 50 英尺，矗立在大厅两边。屏风上描绘着细腻的图案，有百花图、万景图，含山景、海景、河景。三尊巨大的佛像俯视展厅，分别是过去佛、现在佛和未来佛，是复制珠江河南的海幢寺的佛像。[2] 50 余尊真人大小的泥塑陈列在展厅，代表各行各业，有官员、牧师、吊丧人、演员、剃头匠、鞋匠、铁匠、店主、顾客、船民、乞丐、商人、士兵等，不一而足。这些泥塑身旁还有辅助配置，以显示其职业和身份。从现代博物馆学来说，这是一种场景还原展示。许多中国物品陈列在展柜之中，如展示航运景象的桥梁、运河、宝塔和船舶模型，还有日常生活中出现的中国家具、珠宝、瓷器、瓷瓶摆件、漆器、农具、一口棺

1 〔美〕约翰·海达德著，何道宽译：《中国传奇——美国人眼里的中国》，花城出版社 2015 年，第 138 页。

2 〔美〕约翰·海达德著，何道宽译：《中国传奇——美国人眼里的中国》，花城出版社 2015 年，第 141－142 页。

材、竹编枕头、象牙球、玳瑁架子眼镜等，以及乐器、武器、动物标本、绘画和版画，等等。展厅里甚至还摆放了一艘真的中国木帆船。

前有提及，当时美国人对中国的印象停留在水粉画和瓷器上，邓恩的“中国博物馆”无疑更加全面、生动地展现了中国的形象。虽然展品是经过刻意挑选的，中国形象也是被建构的，但丰富的展品足以刷新美国观众对中国的印象，也让他们更加立体地理解中国。难能可贵的是，邓恩对鸦片贸易持批判态度。他认为，英国通过不道德的方式扭转贸易逆差，鸦片贸易的罪过很大一部分要由英国人承担。

邓恩的“中国博物馆”在当时闻名遐迩，报纸上刊登了许多对这座博物馆的溢美之词。《费城公共记事报》称：“我们将永久牢记周六晚的广州游。”《纽约星期六信使报》则说：“邓恩先生的收藏使我们顷刻间去了中国。”布兰兹·迈耶更是说，邓恩的博物馆使“最偏远地区的美国人能接触到中国……仿佛用巫术召唤一样，中国在美国再现了”。在将近3年的时间里，几十万人参观了这座“中国博物馆”，邓恩售出了5万本《邓恩博物馆分类介绍》。[1]

1841年，英国方面邀请邓恩将“中国博物馆”迁往伦敦。由于这时鸦片战争已经开始，《伦敦新闻画报》称：“‘许多科学家和文人’敦请邓恩将中国展移师伦敦。伦敦比费城更加繁华，人口更多，也更国际化。”由于英国和中国正在交战，邓恩希望向英国政要和人民展示瑰丽的中华文明，以改变英国的对华政策。

法国也对邓恩的中国展十分感兴趣，国王路易·菲力浦一世曾提议以10万美元收购他的展品，被邓恩婉拒。1841年12月，邓恩将400吨重的藏品装上“亨德里克·哈德孙号”邮轮运往伦敦。在离别之

1　〔美〕约翰·海达德著，何道宽译：《中国传奇——美国人眼里的中国》，花城出版社2015年，第154页。

际，美国人布兰兹·迈耶写道："凭借记忆联想，我觉得，看过中国展后，每当我想起或谈起其中的任何一部分时……整个的展厅会立即浮现在眼前，栩栩如生；仿佛是在看心里的一幅全景图，我纵览中华帝国一切值得看的、神奇的东西。"[1]

1842年，邓恩在伦敦定居。此时，英国刚刚战胜了清帝国，全体英国人兴高采烈，陷入沙文主义的狂喜。同时，他们也渴望了解有关中国的信息，但苦于没有渠道。邓恩的中国藏品被迁到海德公园里一栋专门新建的展览馆里。中国主题展览一开展便引起全社会的关注，英国女王、贵族和知识阶层纷至沓来。邓恩周旋其中，趁中国展览热度尚未消退，便向公众开放。中国主题展览的海报出现在伦敦城的街头巷尾，普通参观者的热情被点燃。展览一如美国展出时的样貌，主题"万唐文物"牌匾高悬，内部展品陈列一仍其旧。中国主题展览在伦敦展出期间，邓恩还别出心裁，请中国人驻场，与参观者交谈。

邓恩希望这样一个展现中华文明的"中国博物馆"能影响英国的政策，但他并未如愿。一个正在冉冉升起的新兴帝国，通过击败中国这个旧帝国获得了极大的自信。虽然这个展览没有使英国人改变政策，但它至少向鸦片战争的胜利者显示了中国的另外一面。许多记者在参观展览后对中国文化的评价提高了。一位英国专栏作家写道："我们许多先入为主的观念都随风而逝了。"[2]中国展览引起伦敦人的长久关注，每年的纯收入达5万英镑，人们甚至认为它"比我们在英国大都会看见的任何展览都更有乐趣、更有教育意义"[3]。1844年，法国国王的侄

1 〔美〕约翰·海达德著，何道宽译：《中国传奇——美国人眼里的中国》，花城出版社2015年，第155页。

2 〔美〕约翰·海达德著，何道宽译：《中国传奇——美国人眼里的中国》，花城出版社2015年，第156页。

3 〔美〕约翰·海达德著，何道宽译：《中国传奇——美国人眼里的中国》，花城出版社2015年，第156页。

子访问英国时，只看了一家博物馆——邓恩的“中国博物馆”。

我们还需要提到“耆英号”。“耆英号”是一艘在中国定制的帆船，1846 年建造完成后驶往美国。实际上，“耆英号”是一个商业策划项目，由一群在香港从事投资的英国人和广东人投资[1]，旨在通过整体展示船员们的船上生活场景和甲板下船舱内收集的中国物品来营利，因此它实际上是一个“超前的主题乐园”[2]。“耆英号”在纽约停留了 4 个多月。其间，“耆英号”面向市民开放，门票为 0.25 美元，每天约有 4000 人前来参观，一天大约可收入 1000 美元。由于鸦片战争后中国在西方社会的形象变差，“耆英号”拥有者希望通过它大获其利的希望破灭，参观人数逐渐稀少。为了生存，“耆英号”多次转港和被转卖，最终被拆解。在约翰·海达德看来，“耆英号”对中国文化的传播并不正面，船主在招徕观众过程中采取戏剧化甚至猎奇化的方式展示“被建构的中国形象”，中国在美国的形象进入“被马戏化的阶段”。[3]

除邓恩的“万唐文物”展览和不知名商人策划的“耆英号”主题公园外，约翰·彼得斯在曼哈顿新建的“中国博物馆”和乔治·韦斯特绘制的“中国全景图”也是 19 世纪末传播中国形象的重要载体。[4]作为美国顾盛使团成员，彼得斯在中国期间大量收集藏品，回国后在波士顿、费城和纽约举办展览。另一位使团随行人员韦斯特是一位绘图员，他在中国的旅途中不断写生。回到美国后，他将数以百计的画作集中

1 戴伟思：《视而不见：“耆英”号木帆船在西方的境遇（1848—1855）》，《国家航海》2013 年第 2 期。

2 〔英〕戴伟思著，高丹译：《东帆西扬——“耆英号”之航程（1846—1855）》，浙江大学出版社 2021 年，序第 6 页。

3 〔美〕约翰·海达德著，何道宽译：《中国传奇——美国人眼里的中国》，花城出版社 2015 年，第 182 页。

4 〔美〕约翰·海达德著，何道宽译：《中国传奇——美国人眼里的中国》，花城出版社 2015 年，第 237 页。

起来，以“中国全景图”为名进行展示。[1]

彼得斯于1844年4月抵达黄埔港，并在广州停留了一段时间。彼得斯在乘坐“巴扎号”回国时，杂志称他带回了“本国有史以来最大的中国珍藏”。1845年秋，“中国博物馆”在曼哈顿开馆，彼时担任驻华使团团长的顾盛出席开馆仪式。这个博物馆表现出对中国的尊敬：“他不把中国人绵延不绝的自负归之于中国文化固有的傲慢自大，而是归之于信息的缺乏。具体地说，他以西方印刷术的进步为例说明，欧美人对世界信息的获取也是晚近的事情。”[2]

另外，他认为中国“在文明生活中的艺术中远比欧洲国家先进”，这是极其挑战当时美国人观念的说法。“谁不想去中国呢？谁不想在中国的街道上走一走、走进中国人的住宅、尝一尝美味的燕窝汤呢……谁不想在正宗中国人的陪伴下用正宗的中国瓷茶具品尝正宗的中国茶呢？如果情况许可。没有一个人不愿意的，谁都想看许多奇妙的器物，它们彰显了奇妙中国人的特色。”[3]

彼得斯的收藏和展示遵循科学性和真实性的原则，为美国人民了解中国提供了具体的物象。彼得斯的博物馆在波士顿展出1年多，吸引了各个阶层的人。1847年，彼得斯把馆藏打包，用“萨福克号”船运到费城，展馆就是6年前邓恩迁走后留下的建筑。1847年3月，《费城公共记事报》报道称，60辆大车满载藏品抵达博物馆，另外一大半藏品还在“萨福克号”船上。[4] 1849年，可能因为身体欠佳，彼得斯关

---

1 〔美〕约翰·海达德著，何道宽译：《中国传奇——美国人眼里的中国》，花城出版社2015年，第238页。

2 〔美〕约翰·海达德著，何道宽译：《中国传奇——美国人眼里的中国》，花城出版社2015年，第251—255页。

3 〔美〕约翰·海达德著，何道宽译：《中国传奇——美国人眼里的中国》，花城出版社2015年，第256页。

4 〔美〕约翰·海达德著，何道宽译：《中国传奇——美国人眼里的中国》，花城出版社2015年，第258页。

闭了博物馆。

韦斯特的“中国全景图”在美国也引起了很大的反响。和“中国博物馆”的收藏一样，这些全景图也得益于顾盛使团在中国的访问工作。作为使团的成员，韦斯特选择把自己的外交经验变成一件件文化作品带回美国。韦斯特是使团的绘图员，其主要工作是用速写来记录使团的外交活动，以及描绘中国的景色和社会生活。韦斯特利用空余时间四处参观，遇到欣赏的景观就马上在现场速写，回到住处后再画成精致的水彩画。通过这种方式，他在中国期间一共完成了 124 幅中国主题的绘画。韦斯特对中华文明总体上抱着正面的态度，其绘画作品对中国形象的表现也是正面和富有生活气息的。韦斯特描绘了当时的基层民众，如铁匠、农民和疍民，等等。第一次鸦片战争后，美国跟随英法的脚步加紧侵略中国，顾盛使团在华期间通过与清政府签订《望厦条约》，为西方列强攫取了更多的利益。不过，顾盛使团的两名成员彼得斯和韦斯特却在回国后展示和宣传中国正面形象，这也许就是历史复杂性的一个面向吧。

撒缪尔·韦尔斯·威廉斯（1812—1884），中文名是卫三畏。1833 年，他乘坐“莫里森号”抵达广州黄埔，之后换乘小船进入广州城外的外国商馆区。此时，在广州的新教传教士还有裨治文（1801—1861）和马礼逊（1782—1834）。卫三畏在广州期间，学习中国语言和文化，尽量接触中国人，融入广州生活。1844 年，卫三畏回到美国，写下《中国总论》，传播中国正面形象，“为中国人民及其文明洗刷掉如此经常地加予他们的那些奇特的、几乎无可名状的可笑印象”[1]。

由此可见，中国文化的魅力是不平凡的，无论是在国力比较强盛的时期，还是在遭受列强欺辱的衰落时期，许多外国人冒着巨大的风

1 〔美〕卫三畏著，陈俱译，陈绛校：《中国总论》，上海古籍出版社 2014 年，初版序，第 2 页。

险来到中国，观察和了解中国。回国后，一部分人出于商业上的考虑，以猎奇的方式展示中国，令中国形象在所在国家受到一定的损害。这是不友好的行为。也有一部分人，能够客观反映19世纪中后期的中国，在很大程度上保证展示出的中国形象“不变形”。这是非常难能可贵的，也是令人感动的。

总而言之，物质交流是人类在器用层面的交换，旨在满足各自的生存之需，物质交流的进阶就是文化的传播。中国文化的传播以各种商品为载体，其中丝绸、瓷器、茶叶是当之无愧的中国文化传播“大使”。此外，一些在某一朝代或一段时间大量出口的商品，也承载着中国文化意象。文化交流很多时候是隐秘的，引起所在国的文化和精神变化也多是渐进的。比如茶文化，在茶叶传入西方社会后的几个世纪逐渐融入人们的生活，现在在欧美社会有着广泛的社会基础，成为他们文化的一部分。中国文化是世界文化多样性不可或缺的一部分。中国文化虽然在历史上的影响时强时弱，但由于其内敛、含蓄、和平和包容的特质，因此对于世界文化发展而言，她是全球文化体系中优秀和积极的组成部分。

第三节　外国人在广州

唐代以来，随着中外贸易的繁荣发展，海上丝绸之路沿线国家和地区的人员在广州居住与生活的情况逐渐增多。由于中国文化具有较强的包容性，因此在历史上的大部分时期，对外国人一般采取较为友好的政策。当然，不同朝代，特别是明清时期，由于采取较为保守的外交政策，中外人员往来受到一定限制，但对来使大都以礼相待。广州“一口通商”后，清政府要求商人在贸易时段集中居住在广州城外的商馆区。不管是自由居住，还是集中居住，外国人在广州居留期间都将自身的文化、习俗等带到当地。

一、社会管理

社会管理反映不同时代一个国家的心态。唐代国家强盛，社会心态开放，社会管理也相对宽松。但是，在我国传统治术中，严“夷夏之防”，将百姓与外国人进行分隔是一项长期统治策略。从纵向来看，随着传统社会走向成熟，中国的对外政策有一个非常明显的收紧趋势。

唐代广州外商众多。唐王虔休《进岭南王馆市舶使院图表》称：“臣奉宣皇化，临而存之，除供进备物之外，并任蕃商，列肆而市，交通夷夏，富庶于人。”[1]唐大和八年（834），文宗谕令：“南海蕃舶，本以慕化而来，固在接以恩仁，使其感悦。”[2]可见，唐代统治者对外国人的态度是开放的，认为外国人来中国是有心向善，愿意接受教化，因此主张施以恩惠，让他们心悦诚服。

唐代政府为做好服务和管理，在广州划定区域，将外国人居住的区域称为“蕃坊”，并设“蕃长”进行管理：“广州蕃坊，海外诸国人聚居，置蕃长一人，管勾蕃坊公事，专切招邀蕃商入贡，用蕃官为之，巾袍履笏如华人。蕃人有罪，诣广州鞫实，送蕃坊行遣。缚之木梯上，以藤杖挞之，自踵至顶，每藤杖三下折大杖一下。盖蕃人不衣裈裤，喜地坐，以杖臀为苦，反不畏杖脊。徒以上罪则广州决断。”[3]由此可知，当时蕃长在管理外国人方面的主要职责有二：一是管理蕃坊内的

1　王虔休：《进岭南王馆市舶使院图表》，〔清〕童诰等辑：《全唐文》卷五一五，北京大学图书馆藏本。

2　〔清〕童诰等辑：《全唐文》卷七五“太和八年疾愈德音”，北京大学图书馆藏本。

3　〔宋〕朱彧撰：《萍洲可谈》卷二，上海古籍出版社编：《宋元笔记小说大观》（第二册），上海古籍出版社2001年，第2310页。

公事；二是缉拿犯人，坐实罪责后执行刑罚。蕃坊的设置，主要是为了维护社会秩序，同时优化管理策略，在一定程度上也体现出对外国人的尊重。

当时，来广州的外国人很多，大多来自婆罗门（今印度东部曼尼普乐附近）、波斯、狮子国（今斯里兰卡）、大食国和骨唐国，以及非洲东部地区等，有黑人、白人等诸色人种。[1]美国学者谢弗指出，在广州的外国人“由一位特别指定的长者管理，而且享有某种治外法权。来自文明国家的公民（例如大食人、僧伽罗人）与文化教养较低的商贾们（例如白蛮、赤蛮等）都居住在这里”。外国人之间的交往很密切，即使信仰不同，也不妨碍他们融洽地相处。“每当午时的鼓声敲响时，居住在广州的各种肤色的外国人以及来自唐朝境内各地的汉人，都被召唤到了大市场上，他们或在店邸中密谋策划，或在商船上讨价还价，进行紧张的贸易活动；而每当日落时分的鼓声敲响时，他们又都各自散去，返回自己的居住区。有时在晚间，他们偶尔也到夜市去，操着异国腔调大声地讲价钱。”[2]

宋因唐制，继续设立“蕃坊”，供外国人居住，地点在今越秀区光塔街一带。这与唐代“蕃坊”位于珠江南岸的记载不一致，可能外国人的聚集区有多处。宋治平四年（1067），《重修南海神庙碑》记载，皇祐中以前，扶胥地区的老百姓“与海中蕃，四方之商贾杂居焉”[3]，说明黄埔港也是外商的居住地之一。进口货物经广州市舶司“抽分”“禁榷”后，可自行出售。因此，广州设置外贸商品交易市场，即“蕃市”。宋大观二年（1108），广州为外国人士的子女专门设立“蕃

1 〔日〕真人元开著，汪向荣校注：《唐大和上东征传》，中华书局1979年，第74页。
2 〔美〕谢弗著，吴玉贵译：《唐代的外来文明》，中国社会科学出版社1995年，第27页。
3 闫晓青：《南海神庙——中国古代海上丝绸之路的重要遗迹》，《南方文物》2005年第3期。

学”，并为在广州去世的外国人设立“蕃人塚”。[1]

宋元两代都很重视对外贸易，主动做好外商的接待和安置工作，政府在广州设立了馆驿、蕃坊和蕃市。馆驿名为怀远驿，系接待贡使的地方。元《大德南海志》记载，广州“旧志馆驿”中，有“来归馆在冲霄门外。来远驿在蕃巷”的描述[2]。冲霄门旧址在今广州市第一工人文化宫内，蕃巷则在广州市光塔路一带。

来广州贸易的商人，每年秋冬季节乘季风扬帆回国。出发之前，广州市舶司会设宴为他们饯行，即所谓市舶宴：“岁十月，提举司大设蕃商而遣之。”[3]设宴地点在“海山楼”，位于广州城南市舶亭之侧，面临珠江。《萍洲可谈》称：“广州市舶亭，枕水有海山楼。正对五洲，其下谓之小海。中流方丈余，舶船取其水，贮以过海则不坏。”[4]蔡鸿生指出，市舶宴之制始于北宋，南宋因之，遂成定例。[5]

当然，中外交往过程中，还会出现争执和冲突。《资治通鉴》载：“有商舶至，僚属侵渔不已。商胡诉于元睿，元睿索枷，欲杀治之。群胡怒，有昆仑〔商〕袖剑直登厅事，杀元睿及左右十余人而去，无敢近者。登舟入海，追之不及。”[6]可见，在广州的外国人，在遭受不公平待遇时，会挑战社会秩序，甚至发生恶性案件。当然，这类情况属于特例，也提醒从事海外贸易管理的官员要照章办事，依法依规履行管理职能。

1　方信儒：《南海百咏·蕃人塚》，哈佛燕京图书馆藏本。

2　〔元〕陈大震纂修：《大德南海志》卷十“水马站”，中华书局编辑部编：《宋元方志丛刊》，中华书局1990年。

3　〔宋〕周去非著，杨武泉校注：《岭外代答卷三“航海外夷”》，中华书局1999年，第126页。

4　〔宋〕朱彧撰：《萍洲可谈》卷二，上海古籍出版社编：《宋元笔记小说大观》（第二册），上海古籍出版社2001年，第2309页。

5　蔡鸿生：《广州海事录：从市舶时代到洋舶时代》，商务印书馆2018年，第122页。

6　〔宋〕司马光编著：《资治通鉴》卷二百三，中华书局1956年，第6420页。

宋代中外交往走向深入的一个表征是人员交流的深入。《萍洲可谈》记载，广州富人雇用外国人："广中富人，多畜鬼奴，绝有力，可负数百斤。言语嗜欲不通，性淳不逃徙，亦谓之野人。色黑如墨，唇红齿白，发卷而黄，有牝牡，生海外诸山中。食生物，采得时与火食饲之，累日洞泄，谓之换肠。缘此或病死，若不死，即可蓄。久蓄能晓人言，而自不能言。有一种近海野人，入水眼不眨，谓之昆仑奴。"[1] 上述记载夸大和不实之处很多，但是从人种特征的描述来看，"昆仑奴"或为黑色人种。实际上，唐代就有关于外国人在广州谋生的记载。唐代诗人杜荀鹤称："舶载海奴环锤耳，象驮蛮女彩缠身。"[2]"海奴""蛮女"这些异域风格突出的外国人，对当时的中国人来说已经习以为常。宋代阿拉伯商人以蒲姓落籍广州，其族人在广州和泉州拥有很大的影响力。[3]蒲姓家族的影响持续到元代末年。

明代国家外贸政策变得保守。洪武初年，中央政府规定外国商人集中在黄埔港附近的"舶所"居住，不许入城。因此，唐宋以来蕃汉杂居的情况不复存在。对于贡使，明朝政府也有一套规定。清雍正《广东通志》记载，永乐四年（1406），"置怀远驿于广州城蚬子步，建屋一百二十间，以居番人，隶市舶提举司"[4]。明后期，朝贡贸易已经衰微。怀远驿至少在清顺治之前已废。清道光《广东通志》称，"怀远废驿，在府城西"[5]。

---

1 〔宋〕朱彧撰：《萍洲可谈》卷二，上海古籍出版社编：《宋元笔记小说大观》（第二册），上海古籍出版社 2001 年，第 2309 页。

2 〔唐〕杜荀鹤：《赠友人罢举赴交趾辟命》，中华书局编辑部点校：《全唐诗》（第十册），中华书局 1999 年，第 8205 页。

3 刘云、林丽珍：《黑白蕃：宋代泉州蕃商与海洋贸易》，《中国社会经济史研究》2023 年第 4 期。

4 〔清〕阮元修，陈昌齐等纂：道光《广东通志》卷一百八十"经政略二十三"，《续修四库全书·史部·地理类》，上海古籍出版社 2002 年，第 43 页。

5 黄佛颐编纂，仇江等点注：《广州城坊志》卷五，广东人民出版社 1994 年，第 592 页。

顺治十年（1653），荷兰派使臣前来通商，清政府“乃仍明市舶馆地，而厚给其廪饩，招纳远人焉”[1]。清康熙二十三年（1684），开放海禁。在援引明代牙行机制的基础上，清代广州出现了行商以及行商组织“十三行”。十三行是清政府认可的专门从事对外贸易的半官半商性质的机构。十三行的行商负责与到达黄埔港的外国商船做生意并代征关税。清代外国商人在广州的活动范围虽然受到限制，但有比较好的居住氛围和环境。外国商人居住的地方被称为“夷馆”。“十三间夷馆，近在河边，计有七百忽地，内住英吉利、弥利坚、佛兰西、领脉、绥林、荷兰、巴西、欧色特厘阿、俄罗斯、普鲁社、大吕宋、布路牙等国之人。”[2]夷馆是“飞地”，居住在其中的外国商人用母国的一套行为规范和法律来管理这个微型社会。

广州的外国商馆范围为：北以十三行街为界，南至珠江，东以西濠为界，西至联兴街。“一口通商”期间，外国人按要求和惯例必须在商馆区居住。美国商人拉蒂默称，他仅能去十三行馆区。他说：“在广州，减轻闲散和无聊的唯一办法是购物，每天在阴凉漂亮的街道上来往就像看博物馆一样令人愉悦。”[3]很多外国人在参观十三行馆区时，都用到了“博物馆”这个字眼。一位名叫蒂法尼的游客称，广州的街道外表像“博物馆”。水手查尔斯·廷说：“商店里……应有尽有，全是你从来没见过的东西，像博物馆。”医生波尔1848年游历广州时，也说当地的商店“像博物馆，我们在里面蜿蜒移步……大饱眼福”[4]。其实，上述描述并不夸张，因为商馆区的店铺里摆放的货物如瓷器、漆

1 黄佛颐编纂，仇江等点注：《广州城坊志》卷五，广东人民出版社1994年，第592页。

2 〔清〕魏源撰：《海国图志》卷八十三，岳麓书社1998年，第1984页。

3 〔美〕约翰·海达德著，何道宽译：《中国传奇——美国人眼里的中国》，花城出版社2015年，第66页。

4 〔美〕约翰·海达德著，何道宽译：《中国传奇——美国人眼里的中国》，花城出版社2015年，第66页。

器、锡器、家具、绘画等做工精细，质量上乘，完全称得上是艺术品。

乾隆年间，两广总督长麟认为对外商的限制可以稍微放开："广东人烟稠密，处处庄围，并无空余地，若任其赴野闲游，汉夷语言不通，必致滋生事故。但该夷等锢处夷馆，或困倦生病，亦属至情。嗣后应于每月初三、十八两日，夷人若要略微散解，应令赴报，派人送带海幢寺、陈家花园，听其游散，以示体恤。但日落即要归馆，不准在彼过夜。并责成行商严加管束，不准水手人等前往滋事。"[1]在海珠岛上，深受他们欢迎的地点是万松园和海幢寺。其中，海幢寺是他们必游的地方。海幢寺还被安徒生写入童话故事《没有画的画册》"第二十七夜"中。[2]

当时，黄埔港位于今海珠区，不少行商为就近接待外国商人，在沙面外国商馆区对面的海珠岛上大肆修建别墅。荷兰德胜使团在广州海幢寺等待乾隆皇帝谕旨时，两广总督长麟就利用行商伍秉鉴的别墅接待外宾。马戛尔尼停留广州期间，也曾下榻于此。[3]马戛尔尼的副手斯当东在《英使谒见乾隆纪实》中对这座别墅有详细记录。他称这座别墅若干进，有庭院，非常宽敞，其中有些房间陈设成英国式样，有玻璃窗及壁炉，屋舍四周树木葱茏，水碧花繁。别墅一边与海幢寺毗邻，另一边有一个小山坡，其上修筑高台，可以登上远眺，对岸广州城的景色及珠江上的舟楫尽收眼底。[4]从斯当东的描写来看，这座别墅规模十分巨大，是一座融合岭南和欧洲风格的私人园林。另外，行商

1 《达衷集》卷下，转引自蔡鸿生：《广州海事录：从市舶时代到洋舶时代》，商务印书馆 2018 年，第 241 页。

2 安徒生著，叶君健译：《安徒生童话故事集》，转引自蔡鸿生：《广州海事录：从市舶时代到洋舶时代》，商务印书馆 2018 年，第 249 页。

3 转引自蔡鸿生：《广州海事录：从市舶时代到洋舶时代》，商务印书馆 2018 年，第 189 页。

4 〔英〕斯当东著，叶笃义译：《英使谒见乾隆纪实》，商务印书馆 1963 年，第 431 页。

潘有度的“南墅”，也曾觥筹交错，接待过不少外国商人。

在美国商人眼中，广州十分繁华。这里聚集着各色人等，他们身着各自的民族服饰，混居一处，令广州犹如开屏的孔雀，色彩斑斓。[1]来自西亚、印度、东南亚、美洲、非洲和欧洲的商人在广州寻找商机，追逐梦想。那时，广州是一个充满机遇的万国洋场。

外国人在广州生活，自然会引起中国人的关注。曾长期作为十三行总行商的潘有度与许多外国商人接触过，他对西方的文化和风俗相当熟稔。他在《西洋杂咏》组诗中多有述评。比如，关于西方婚姻制度，他记道：“缱绻闺闱只一妻，犹知举案与齐眉。婚姻自择无媒妁，同忏天堂佛国西。”诗中有几个关键点——一夫一妻制、自由恋爱和教堂结婚仪式。潘有度对西方商人的诚信颇为赞赏：“忠信论交第一关，万缗千镒尽奢悭。聊知然诺如山重，太古纯风羡百蛮。”从中可见，西方商人将信用视为经商与交友的前置条件。他还对西方的慈善活动给予很高的评价：“痌瘝胞与最怜贫，抚恤周流四序均，岁给洋钱过百万，途无踝丐忍饥人。”此诗指外国周恤贫民，救助弱势群体。潘氏还记录西方人通过散步的方式运动和社交：“红灯白烛漫珠江，万颗摩尼护海幢。日暮层楼走千步，呢喃私语影双双。”[2]这些关于外国商人的记载相当正面，也反映出资本主义社会文明的一面。

需要说明的是，中外贸易往来过程中，外国商人群体的比例有一个明显的变化。唐宋元时期，来广州经商的多为阿拉伯人。不过，随着欧洲航海技术的进步和全球航线的开通，葡萄牙、西班牙和荷兰，

1　刘凤霞：《繁华都会与鬼魅——从十三行为主题的中国外销画看口岸文化的发展》，赵春晨、冷东主编：《广州十三行与清代中外关系》，世界图书出版公司2012年，第181页。

2　蔡鸿生：《广州海事录：从市舶时代到洋舶时代》，商务印书馆2018年，第218—221页。

以及之后的英国和法国商人纷纷走向世界。从15世纪开始，欧洲商人陆续来到广州，从事中外商品的贸易和转运。清代，黄埔港接待的外商群体发生了巨大变化，阿拉伯商人在广州已销声匿迹；东南亚、南亚仍与黄埔港有贸易往来，但主导贸易的商人群体变成葡萄牙人、西班牙人和荷兰人，继起的则是英国人、法国人和美国人。

从唐代到清代，外国人在中国人的观念中，形象是变化的。明清时期，由于中外接触受到管控，中国人对外国人的认识开始远离常识，愈传愈奇，无知的传闻更加映衬出“闭关锁国”的高昂代价。近代以来，落后挨打的历史告诫我们，只有“开眼看世界”才能看清世界大势。改革开放以来，我国经济社会发展取得了巨大成就，再次证明只有改革开放才能发展中国，发展社会主义。当前，中国是经济全球化的坚定推动者和引领者，正以全球福祉和全球共享为依归，与全球国家分享中国发展红利。

二、外国生活方式

中外商贸往来的同时伴随着人文交流。8世纪，“广州有20万人口，是一座国际性城市。有大量商人阶层，主要是印度支那人、印度尼西亚人、印度人、僧伽罗人、波斯人和阿拉伯人”[1]。庞大的外国商人群体在广州生活期间，相关生活方式，如饮食、用具、文学、艺术等，都会在此传播。

宋代，阿拉伯人在广州的生活仍保持着自身的传统。“（阿拉伯人）旦辄会食，不置匕箸，用金银为巨槽，合鲑炙、粱米为一，洒以蔷露，散以冰脑。坐者皆置右手于褥下不用，曰此为触手，惟以溷而已，群

---

1 Edwand H. Schafer, *The Vermilion Bird:T'ang lmages of the South*, University of California Press, 1967, p.28.

以左手攫取，饱而涤之，复入于堂以谢。居无溲匽。有楼高百余尺，下瞰通流，谒者登之。以中金为版，施机蔽其下，奏厕铿然有声，楼上雕楼金碧，莫可名状。有池亭，池方广凡数丈，亦以中金通甃，制为甲叶而鳞次，全类今州郡公宴燎箱之为而大之，凡用铍铤数万。中堂有四柱，皆沉水香，高贯于栋，曲房便榭不论也。尝有数柱，欲珥于朝，舶司以其非常有，恐后莫致，不之许，亦卧庑下。后有窣堵波，高入云表，式度不比它塔，环以甓，为大址，累而增之，外圜而加灰饰，望之如银笔。下有一门，拾级以上，由其中而圜转焉如旋螺，外不复见。其梯磴，每数十级启一窦，岁四五月，舶将来，群獠入于塔，出于窦，啁哳号呼，以祈南风，亦辄有验。绝顶有金鸡甚巨，以代相轮，今亡其一足。”[1]从这段记载来看，居住在中国的阿拉伯人的饮食文化、居住文化、建筑样式等都与中国传统有着较大的差异。

饮食是人之大欲，在中外文化交流中有着重要的地位，其中就涉及食材的交流。明清时期，外国粮食、蔬菜和水果大量进入广州，如荷兰豆、沙葛、西芹、马铃薯等蔬菜，洋米、洋面、洋酒、啤酒等食品也纷纷进入中国。同时，西方的饮食形式及用具如西餐和西餐的刀叉，以及西式烹饪方式，也在这个时期进入中国。

荷兰人在商馆区的生活可以作为清代外国商人在华生活的一个缩影。清人曾衍东曾对此有详细的记载，涉及房屋及其装饰、用人、内部家具、礼仪、习惯、爱好等。这座荷兰商馆临近珠江，“粉垣翠栏，八角六角，或为方，或为圆，或为螺形”，门口有外国用人，持枪巡逻，让人有畏惧之感。建筑内部铺装地砖，人在上面行走时咔咔作响。一些地砖上铺设地毯，“腥红如滟溷波，几不能履，恐袜生尘也”。家具大约为广式家具，座椅施漆雕工艺，茶几为月形，或半圭，雕刻菱

1　〔宋〕岳珂：《桯史》卷十一“番禺海獠”，浙江大学图书馆藏本。

蓉攒花。衣着方面，“其白面碧瞳者为大贾，冠以黑绒三叉，望类毗庐笠。衣青尼，束身大金纽，累累贯珠。鞭用杂色纬，通体皆缚扎，无懈处，革履”。接待客人时，荷兰商人会用脱帽致意的方式表示欢迎，并且以鼻烟壶待客。所用瓷器为景德镇窑产品，但装饰金碧辉煌，应为广州生产的织金彩瓷。饮食方面，他们所用的餐具容量很大，肉也是成块的，需要用刀叉切割。主食为面食，并佐以蔬菜、肉块或肉粒。喝酒时，习惯用晶莹剔透的白玻璃杯。曾衍东在接受荷兰商人款待时，喝了三杯洋酒，并且对洋酒的香味和口感称赞不已。在荷兰商馆的走廊和花园中，曾衍东看到了水晶灯、西洋时钟、望远镜、显微镜、万花筒和怀表等。在花园中，曾氏看到了《海洋全图》、贝多罗花、丁香藤、相思鸟、五色鹦鹉、倒挂禽、獴兽、短狗之类。[1]从曾衍东的记述来看，绝大部分外国商人保持着祖籍国的生活习惯，居住环境中西结合，内部陈设中西兼采。

按照规定，外国人在广州可以游览的范围不大，不过日久生疲，地方官员对外国人在广州的行动睁一只眼闭一只眼，所以其活动范围存在弹性空间。行商为了结好外国商人，“将房屋改造华丽，招留夷商，图得厚租，任听汉奸出入，教唆引诱，纵令出外闲行，以致私行交易，走漏税饷，无弊不作”；因此，两广总督李侍尧要求对洋商加强“管束”。[2]嘉庆十九年十一月，清政府明确要求“严禁民人私为夷人服役，及洋行不得搭盖夷式房屋，铺户不得用夷字店号”[3]。

嘉道年间，外国商人在广州期间会开展一些他们习以为常的活动，

1 〔清〕曾衍东著，盛伟校点：《南中行旅记》，《小豆棚》卷一六，齐鲁书社 2004 年，第 287 页。

2 〔清〕梁廷枏：《粤海关志》卷二十八“夷商三”，《续修四库全书》（第 836 册），上海古籍出版社 2002 年，第 205 页。

3 〔清〕梁廷枏：《粤海关志》卷二十六“夷商一”，《续修四库全书》（第 836 册），上海古籍出版社 2002 年，第 173 页。

如赛艇、游览和聚会。《广州邮报》曾报道了1828年11月12日在黄埔举行的赛艇活动。赛艇包括同等级的八桨赛艇、六桨赛艇、中艇、小艇和平底船。[1]

聚会是欧洲社会的时尚生活方式，也是重要的商务交流场合。作为社交舞台，外国商人在集会处可以边交际边交换信息，特别是关于中国与欧洲各国的政策与社会动态，以提高商贸活动的效率。在18世纪60年代晚期和18世纪70年代早期，瑞典的集会处试图打造一个公开的、国际性的空间，主导来华贸易人群与中国贸易对象的社交。不过，瑞典集会处很快遭遇挑战，英国人也成立了聚会处，成员来自许多国家，包括瑞典。[2]随着外国来华商船和商人数量的增长，以及各国对华贸易地位的升降，各国集会处的重要性及活跃度也不断发生结构性变化。

不过，来华人群中占比最大的一部分是海员。海员在广州期间，要居住在黄埔港的商船上，因此黄埔是他们停留时间最久和最熟悉的地方。[3]海员们仅有一两天的自由时间，可以去广州十三行馆区游玩并在猪巷（Hog Lane）[4]的酒吧里饮酒作乐，但其他时间只能在黄埔活动。由于担心发生中外冲突而影响中外贸易，海员上岸后，活动也是受管制的。这方面主要由船员所属公司负责。1729年，东印度公司“为了

1　〔英〕孔佩特著，于毅颖译：《广州十三行：中国外销画中的外商（1700—1900）》，商务印书馆2014年，第15页。

2　〔瑞典〕丽莎·赫尔曼著，蔡香玉译：《广州贸易的社会关系——瑞典东印度公司的信息流动信用、空间与性别》，赵春晨、冷东主编：《广州十三行与清代中外关系》，世界图书出版公司2012年，第199页。

3　张坤：《鸦片战争前在华英美海员福利机构及其活动》，《暨南学报（哲学社会科学版）》2011年第1期。

4　〔美〕范岱克著，任希娇译：《1760～1843年广州外国人居住区的商业街》，《海洋史研究》2015年第2期。

避免中国人和西方水手之间发生争端，请予拆除黄埔的酒坊”[1]。清政府欣然应允。1760年，有记载称：“黄埔夷船海员人数众多，其中许多夷人生性野蛮，极易滋事。”广州东印度公司特别委员会也承认，中国人对欧洲人评价负面主要在于黄埔发生的“西方海员野蛮暴行与疯狂酗酒的事件”[2]。不过，他们并未反思，而是将矛头指向中国人，认为酒坊在酒中加入了“令人兴奋和麻木的成分”[3]，导致海员行为失控。

文艺复兴后，西方社会提倡男女平等，两性关系变得自由和开放，这与当时中国社会的主流价值观不相符合。为此，清政府要求外国商人必须在划定的范围内活动，尤其规定“洋妇不得进城”。因为洋妇不缠足，服饰有违中国礼俗，还与男子一起抛头露面，这都是当时中国社会无法接受的。道光十年（1830），英国东印度公司大班盼师的夫人违规进入广州城，并与几位外国男子在十三行商馆区附近闲逛，引起一大群中国人围观。两广总督、广东巡抚和广州将军等联名上奏朝廷，痛陈此事伤风败俗[4]，要求盼师的夫人退居澳门。

此外，西方社会饮用牛奶的习惯也在商馆区传播。19世纪上半叶，外国人为能够喝到新鲜的牛奶，用海船将奶牛运到中国，安排专人饲养。[5]这些奶牛随着他们的季节性迁移，在广州和澳门之间流动。

---

1 British Library OIOC MS G/12/26/8. 转引自〔英〕孔佩特著，于毅颖译：《广州十三行：中国外销画中的外商（1700—1900）》，商务印书馆2014年，第23页。

2 Morse，Chronicles 5，p.97 and 2，pp.409-410. 转引自〔英〕孔佩特著，于毅颖译：《广州十三行：中国外销画中的外商（1700—1900）》，商务印书馆2014年，第23页。

3 Morse，Chronicles 5，p.97 and 2，pp.409-410. 转引自〔英〕孔佩特著，于毅颖译：《广州十三行：中国外销画中的外商（1700—1900）》，商务印书馆2014年，第23页。

4 袁峰：《黄埔海关考》，中央编译出版社2016年，第27页。

5 〔美〕威廉·C. 亨特著，冯树铁译：《广州“番鬼”录》，广东人民出版社1993年，第60页。

三、西方医学

西方的现代医学起源于欧洲的文艺复兴运动。此后，以实验和科学为特征的西方医学大步前进，16、17世纪西方医学向世界各地传播。[1]中国与西方医学的接触始于16世纪中晚期。1569年，天主教耶稣会士卡内罗在今葡萄牙驻澳门总领事馆处开设拉法医院，这是现代西方医学传入中国的开始。当时，正值“隆庆开海”不久，中西方再次接触的大势已经形成，黄埔港因此成为现代医学传入中国的重要窗口。

康熙时期，西药在中国特定范围内传播，其中皇室贵胄因其独特的地位而有机会较早接触和使用到它们。康熙三十八年，耶稣会士医生洪若翰、刘应和罗德先使用金鸡纳霜治好了康熙皇帝的疟疾[2]，又用西药治好了他的心悸和唇瘤。因此，康熙皇帝十分重视西医和西药。他下令派人到广州和澳门邀请传教士医生到北京应试入宫，充当御医。此后30年，进入北京宫中行医的西医传教士约20人。[3]

在广州的西方人士，是当时中国境内现代医药最大的使用群体。康熙皇帝为搜寻西药，谕令两广总督赵弘灿“寻西洋格而墨斯，着实要紧得了。急速著台报上送来。再著西洋人写信台报上带去与广东众西洋人，有格而墨斯，着台报上送来；如无，将阿尔格而墨斯速速送来。钦此”。五六天后，他们从广州和澳门的西洋人那里找到了相关药物：“上写格而墨斯子一包，锡盒；第一盒格而墨斯药一件，磁碗

1　〔美〕玛格纳著，刘学礼译：《医学史（第二版）》，上海人民出版社2009年，第169页。

2　关雪玲：《康熙朝宫廷中的西洋医事活动》，《故宫博物院院刊》2004年第1期。

3　黄启臣：《十三行商领潮接纳西方文化——广州十三行商与广州城市文化研究之二》，赵春晨、冷东主编：《广州十三行与清代中外关系》，世界图书出版公司2012年，第319页。

贮；第二盒格而墨斯药一件，锡小花盒二盒样一件，小磁杯；格而墨斯制成的药，第一盒样一件；又格而墨斯子一封。"[1]两广总督因身居高位，具有强大的动员和搜求能力，可以在短时间内将药品搜寻齐备，这也说明当时西药在广州存量较大或较普遍，可能是在华欧洲人的常备药物。

值得注意的是，现代疫苗是从欧洲传入黄埔从而传向全中国的。1803 年，英国驻孟买总督向中国送出牛痘疫苗，这批疫苗于当年 10 月抵达黄埔。在行商的协助下，医生为几个健康儿童接种了疫苗。不过，因为运输时间过长，痘苗本身已失效。尽管如此，这却标志着中国接种疫苗的开始。后来，经过改良，接种水痘疫苗在广州有很高的接受度："广中近时有邱氏熹引痘方，其效甚捷。其法来自外洋。于婴儿臂上按穴挑损之，见膜而止，乃取牛痘浆传之，不数日即出数颗，如期奏功，永不再出。于是以人传人，如火之传薪，无不应手而愈。"[2]文中的"邱氏"为南海县人邱熹（1773—1850）。他在行医过程中，30 年间为病人接种水痘疫苗达 100 万剂，两广总督阮元对此称"阿芙蓉毒流中国，禁之仍恐禁未全。若得此丹传各省，稍将儿寿补人年"[3]。牛痘法果如阮元希望的那样，迅速传遍各省。以牛痘法代替人痘法，无论是对推动中国医学的进步，还是对促进中国人民的健康，都产生了积极的影响。

鸦片战争前，广州口岸出现多所西式医院。1835 年，英、美传教士在广州建立了中华医务传教会，通过行医的方式来传教。[4]中华医务

1 中国第一历史档案馆编：《康熙朝汉文朱批奏折汇编》（第二册），档案出版社 1984 年，第 300 页。

2 〔清〕阮元修，陈昌齐等纂：道光《广东通志》卷三百三十一"杂录一"，《续修四库全书·史部·地理类》，上海古籍出版社 2002 年，第 43 页。

3 同治《南海县志》卷二六"杂录下"。

4 董少新：《19 世纪前期西医在广州口岸的传播》，《海交史研究》2002 年第 2 期。

传教会是世界上第一个医务传教组织，它的成立对中国医学和基督教在华的传播影响深远，欧美国家也纷纷按此范例建立医务传教组织。

19世纪30年代，美国第一批新教传教医生来到广州口岸，开始了“医学传教”的历程。博济医院就是由美国传教医生创建发展起来的。1835年，第一位来华的美国传教医生伯驾创办了广州眼科医局。该局的创立拉开了美国新教在华医学传教活动的历史帷幕，它被称为我国“西医院之鼻祖”。[1]由于现代医学和中国传统医学有着不同的医药医疗逻辑，因此眼科医局的医疗活动一开始并不顺利。但随着医疗实践的开展，医治效果得到验证，口碑也不断被传播，不久就出现就医排队的情况。“道光十四年，有医生名谓伯驾，自北亚墨理加国来，自怀慈心，普爱万民，不可视困危而不持不扶也。始到广州府，暂往新嘉坡，再返，于十三行内开医院焉，其宅广，其房多矣。恃上帝之子耶稣之全能，伏祈恩赐德慧术，知医杂病矣。如此服药开方，无不效也。虽昼夜劳苦，然不取人之钱，而白白疗症。设使病痼许病人寓医院。间阎之人贫乏无钱，悦然供给饮食，待病愈回家矣。自无财帛，各国远客驻粤贸易并汉贵商一位联名签题银几千有余元，致买药材还赁行之钱。既使病豁然而脱，大有名声。病人不远一千里而来，得医矣。传说此事者亲眼看医院之士民云集、挤拥，老幼男女如曦来。莫说广东各府厅州县之人，就是福建、浙江、江西、江苏、安徽、山西各省居民求医矣。儒农官员，各品人等病来愈去矣。”[2]伯驾在行医过程中，还注意培养中国医生。博济医院附设“博济医校”，从事正规的现代医

1 梁碧莹:《“医学传教”与近代广州西医业的兴起》,《中山大学学报（社会科学版）》1999年第5期。

2 爱汉者等编，黄时鉴整理:《东西洋考每月统记传》，中华书局1997年，第404—406页。

学教育，其旧址就在今广州市越秀区沿江西路104号中山大学孙逸仙纪念医院内。

为配合西医的传播，传教士医生开始翻译西医书籍。当时，广东编译西医书籍最多的是英国传教士医生合信和美国传教士医生嘉约翰。合信在广东出版《西医论略》《内科新说》《妇婴新说》《全体新论》等书，被誉为“西洋医学学说输入中国的起点”[1]。嘉约翰一生共编译西医、西药书籍34种，内容丰富，涵盖面广，极大地传播了西方医学知识。[2]传教士医生还编辑西医报刊，如《西医新报》《博医会报》。这些19世纪末在中国出版的西医学的学术刊物，保存了许多西医的珍贵材料。

西方医学进入中国，首先服务于流动的西方人群，为他们提供医疗服务。因此，中外贸易是医学传播的重要动力。其次，西医进入中国还有传教的目的，基督教新教传教士是在广州创办西医和传播医学的主力。鸦片战争后，欧美国家拥有了自由传教权，因此以医学方式达到传教目的的“隐晦”手段已不再被需要。资本主义的逐利性和对占有市场的冲动，促使19世纪末现代西方医学在中国大地上加速传播，对中国医学事业的发展有较大的影响。如今我们审视现代西方医学在中国的传播，黄埔港是一个关键的观察点。[3]今天，人类化解了很多公共卫生风险，也攻克了大量致命疾病，这些都是现代医学带给人类的福音，而在中国现代医学的传播当中，黄埔港是上岸之地。

---

1 陈邦贤：《中国医学史》，上海书店1984年，第191页。

2 陶文钊、梁碧莹主编：《美国与近现代中国》，中国社会科学出版社1996年，第309—311页。

3 董少新：《19世纪前期西医在广州口岸的传播》，《海交史研究》2002年第2期。

四、科学技术和文化的传入

科学技术和文化也以多种多样的方式和契机从黄埔港传入广州并由此走向全国。西方的科学技术大多是文艺复兴之后，伴随资本主义的发展而兴起的，后由传教士在明清时期陆续传入中国。一些在西方工业革命之后大量存世的手工业或工业制品以“玩意儿”的形式登陆黄埔港，作为“敲门砖”为广州当地的官员、行商所接触，然后又以贡品的形式传到宫廷。

作为集西方机器工业之大成的欧洲钟表业，在工业革命的推动下快速发展，机械制造和机械结构不断优化，钟表体积大幅缩小，实现了便携化。据记载，最早将西洋钟表带入中国的是意大利耶稣会传教士罗明坚（1543—1607）。明万历九年（1581）春，罗明坚跟随葡萄牙商人到达广州。在广州期间，罗明坚与中国官员接触，并赠送“一机械表给总兵黄应甲”[1]。利玛窦（1552—1610）也在其回忆录中记载此事：“该省的军事首脑也是他（罗明坚）的朋友，罗明坚送他一块表，这是一种用许多小金属齿轮安装成套的计时工具。这位官员被称为总兵，也就是将军，在神父有机会访问他时，他也对神父特别礼遇。这些与官员们的早期友谊，对于发展对基督教的友好态度是很有价值的。”[2]当时，西洋机械钟表在国内十分罕见，因而备受推崇。所以，当利玛窦和罗明坚得知肇庆知府王泮很想得到自鸣钟时，他们二人便在澳门购买零件，请外国钟表工匠在广州组织工人制造了一座自鸣钟送给王泮。

1 〔法〕裴化行著，萧濬华译：《天主教十六世纪在华传教志》（下编），商务印书馆1936年，第190页。

2 〔意〕利玛窦、〔比〕金尼阁著，何高济、王遵仲、李申译：《利玛窦中国札记》，广西师范大学出版社2001年，第101页。

清代前期，上层统治者对西方技术特别感兴趣，康熙本人就是如此。[1]康熙对天文、历法十分重视："天文、历法，朕素留心。"[2]上有所好，下必甚焉。清初，很多传教士和使节来华前都会准备一些代表西方技术的物品，自鸣钟就是重要的备选物品。马戛尔尼使团前往中国前，"英王陛下经过慎重考虑之后，只精选了一些能够代表欧洲现代科学技术进展情况及确有实用价值的物品作为向中国皇帝呈现的礼物"[3]。在这些礼物中，就有一台天文地理音乐钟。之后，自鸣钟等各类钟表、望远镜、洋枪、船舶、水雷等近代西方技术产品，作为商品不断输入广州，而它们进入广州的第一站就是黄埔港。

康熙时期，广州工匠已经掌握了钟表制作技术。据康熙五十九年（1720）广东巡抚杨琳的奏折称："奴才访得广城能烧法蓝人一名潘淳，原籍福建，住家广东，试验所制物件颇好。……奴才随与安顿家口，并带徒弟黄瑞兴、阮嘉猷二人，随李秉忠一同赴京。所有潘淳烧成法蓝时辰表一个，鼻烟壶二个，钮子八十颗，合先呈验。"[4]由于皇帝对钟表的喜爱，一些外国工匠和中国工匠一起被选送到北京紫禁城从事钟表制作，广州的钟表业也因上层社会的强大需求，制作技术不断进步。"自鸣钟，本出西洋，以索转机，机激则鸣，昼夜十二时皆然。按：广人亦能为之，但未及西洋之精巧。"[5]

乾隆初年，广州工匠制作的钟表尚无法与洋钟表媲美："从前所进

1　朱有铭：《浅谈康熙与西方科学技术》，《学术论坛》1990年第3期。

2　《清圣祖实录》卷二四八，中华书局1985年，第456页。

3　〔英〕斯当东著，叶笃义译：《英使谒见乾隆纪实》，上海书店出版社1997年，第248页。

4　中国第一历史档案馆、澳门基金会、暨南大学古籍所合编：《明清时期澳门问题档案文献汇编》（一），人民出版社1999年，第109页。

5　〔清〕金烈、张嗣衍修，沈廷芳纂：乾隆《广州府志》卷四八"物产二"，乾隆刻本，广东省立中山图书馆藏。

钟表、洋漆器皿，亦非洋做。如进钟表、洋漆器皿、金银丝缎、毡毯等，务必要洋做者方可。”[1]“一口通商”之后，随着高质量的欧洲钟表大量进入广州，特别是技术高超的外国钟表工匠来穗，广钟的生产技术和工艺突飞猛进。目前存世的广州制作的钟表在功能、造型、装饰方面与西方进口的钟表各擅胜场，技术方面几乎没有差距，而创造性特别是装饰方面甚至要超过西洋制作的钟表。正因为如此，广钟才有机会进入宫廷，成为皇帝把玩的工艺品。

输入黄埔港的千里镜（望远镜）、显微镜等货物的消费者并非普通民众，而是有一定消费能力的富裕阶层。十三行行商潘有度就十分喜欢“千里镜”和“观星镜”等“高科技产品”。他对天文望远镜的使用感受是：“万顷琉璃玉宇宽，镜澄千里幻中看。朦胧夜半炊烟起，可是人家住广寒。术传星学管中窥，风定银河月满池。忽吐光芒生两孔，圭形三尺最称奇。”[2]十三行行商石中和也极为推崇国外的先进科技。乾隆六十年（1795），他因破产而被抄没家产时，所拥有的望远镜、钟表等高档消费品的价值占其总资产的15%。[3]

西方文化的传入以美术和音乐等为代表。现有资料显示，最早将西洋绘画艺术带到广州的是耶稣会士罗明坚。从万历八年至十一年（1580—1583），罗明坚先后4次跟随葡萄牙商人到达广州参加在海珠石附近举办的定期市（交易会）。他带来的意大利美术作品被公开陈列展览，任由广州民众参观。这些作品用西洋透视方法作画，所画立体感极强，人物生动，栩栩如生，吸引不少观众和广州画家参观。清

1　故宫博物院编：《故宫钟表》，紫禁城出版社2004年，第42页。

2　蔡鸿生：《清代广州行商的西洋观——潘有度〈西洋杂咏〉评说》，《广东社会科学》2003年第1期。

3　黄启臣：《十三行商领潮接纳西方文化——广州十三行商与广州城市文化研究之二》，赵春晨、冷东主编：《广州十三行与清代中外关系》，世界图书出版公司2012年，第316页。

初，耶稣会士利类思、南怀仁、郎世宁等到北京传教和作画，西洋绘画为皇帝及其周围大臣所接触，其中以郎世宁的影响力最大。郎氏是在广州被广东巡抚杨琳发掘并举荐到京城的，并成为康、雍、乾三朝宫廷画师。郎世宁将西方绘画技法和中国传统绘画题材进行结合，对清初画坛和画家，尤其是宫廷绘画产生了重要影响。

广州的外销画是一种兼容中西的绘画形式。前有述及，外销画是以外销为目的绘制的画作。在清代中外贸易过程中，外国商人在购买中国绘画作品时，他们对画作绘制进行干预，要求使用西方的绘画方法、工具和颜料创作中国主题的风俗画、风景画，以及绘制中国人的生活场景、制作植物标本画等，融入中国传统绘画元素与西方绘画技法，形成独特而富有异国情调的艺术风格。十三行时期最有名的外销画画家是十三行商业画家关乔昌（又名啉呱）和关联昌（又名庭呱）兄弟。[1]

西洋音乐的传入有两个途径：一是传教士，二是外国商人或使团。前者主要是将音乐作为宗教礼仪的一部分或个人生活习惯引入中国。在此过程中，音乐作为西方文化的组成部分为中国人所认知和了解。后者如清初荷兰国在广州贸易时，都会安排乐队或乐师随行。屈大均称，荷兰船上“时鼓弄铜琴铜弦，拍手弹肩，对舞以娱客”[2]。荷兰德胜使团出使北京时，使团中也有一支乐队，携带西洋乐器钢琴、小号和铜管等。

总之，作为中外交流的窗口，黄埔这个小区域的作用是显而易见的。但是，我们不能因此认为这种单个港口承载中外贸易的状态是正

1　黄启臣：《十三行商领潮接纳西方文化——广州十三行商与广州城市文化研究之二》，赵春晨、冷东主编：《广州十三行与清代中外关系》，世界图书出版公司2012年，第355—356页。

2　〔清〕屈大均撰：《广东新语》卷十八“舟语”，中华书局1985年，第485页。

常的。中外交往的历史长河有时候宽阔，有时候狭窄。作为过去，历史无法改变，但也留下了深刻的教训。在我们见证过的历史中，所能看到的结果和得出的结论，无疑都是开放要比闭塞好。

第四节　外国宗教的传入

宗教是人类所有文化形式中最早产生的。马克思在《黑格尔法哲学批判》导言中精辟地指出："宗教就是这个世界的总的理论，是它的包罗万象的纲领。"[1]人类在认识自然和自身的过程中，将遇到的各种无法解释的现象，归为神秘和未知的力量，宗教因此产生。不同宗教的产生有着各自的历史和文化土壤。唐代以来，黄埔港因为外国商旅人士接踵而至，自然也带来了多元、复杂的宗教信仰。美国学者谢弗指出，唐代不同种族的外国人在广州会聚，如印度的佛教、什叶派穆斯林，信奉不同宗教的外国人相处融洽，穆斯林在广州甚至有属于自己的清真寺。[2]实际上，1000多年来，来华宗教从黄埔港传向广阔华夏大地的过程中，虽拥有不同的境遇，但大多数时间未被过度干预。

一、佛教

广州是佛教从海路传入中国公认最早的地点。南朝梁武帝普通八年（527），达摩祖师从印度半岛抵达广州，成为中国禅宗的初祖，其

1　中共中央马克思恩格斯列宁斯大林著作编译局编：《马克思恩格斯选集》（第一卷），人民出版社1972年，第1页。

2　〔美〕谢弗著，吴玉贵译：《唐代的外来文明》，中国社会科学出版社1995年，第26—27页。

登岸之处被称为“西来初地”，即今广州市荔湾区华林寺一带。佛教传入广州除僧侣传播宗教的情怀外，商人群体的力量也是不可小觑的。广州和南亚次大陆的海上贸易往来从隋唐开始，港口即是黄埔港，从海上通道传播的佛教由此进入中国。

佛教在广州传播过程中，也是其在中国大发展大繁荣的阶段。黄埔港作为中外海上通路中的重要节点，在向内传入佛教的时候，也向外传播佛教。从六朝起，大量外国僧人从广州登岸，开始了在中国的弘法事业。南北朝时，很多著名僧人由于各种因缘来到广州，《高僧传》《续高僧传》对此有颇多记载。例如，求那跋摩曾主张“圣化宜广，不惮游方，先已随商人竺难提舶，欲向一小国，会直便风，遂至广州”。又如求那跋陀罗，中天竺人，僧人，“随舶泛海……元嘉十二年至广州”。[1]又有“拘那罗陀，陈言亲依，或云波罗末陀，译云真谛，并梵文之名字也，本西天竺优禅尼国人焉……以大同十二年八月十五日达于南海，沿路所经，乃停两载”[2]。真谛于梁大同十二年（546）到达广州，之后前往南朝梁的都城金陵再返回广州，一住就是7年。[3]开元七年（719），印度高僧金刚智抵达广州。中外高僧因为传播和索求佛法，以广州作为进入中国首站的例子之多，难以一一枚举，也充分说明广州在中外佛教交流方面的重要地位。

唐代以来，许多中国僧人为求佛法真经，经海路赴印度求法者不在少数。他们通常从南海扬帆，越南海后转入印度洋前往印度半岛。[4]咸亨二年（671），高僧义净从扬州到广州再南下。唐高僧鉴真从扬州

---

1 冯承钧：《中国南洋交通史》，商务印书馆2011年，第27页。

2 〔隋〕释道宣撰：《续高僧传》卷一，哈佛燕京图书馆藏江北刻经处光绪十六年刻本。

3 姚崇新：《广州光孝寺早期沿革与驻锡外国高僧事迹考略——兼论光孝寺在中外佛教文化交流中的地位》，广州市文物博物馆学会编：《广州文博》（拾贰），文物出版社2018年，第41页。

4 蔡鸿生：《广州海事录：从市舶时代到洋船时代》，商务印书馆2018年，第54页。

东渡日本，途中遇到风暴，漂流至海南岛，天宝九年（750）从海南岛北返，途经广州。[1]广州还曾是国际中转站。开元十一年（723），新罗高僧慧超自广州赴印度求取佛法。

隋唐时期是中外佛教交流最为频密的时期，无论是陆路还是海路，都有大量中外僧侣以虔诚之心参与佛教的弘扬，佛教传播的高潮因此出现。在佛教交流过程中，广州至今仍存有许多遗存可以感受当时的盛况，如光孝寺、华林禅寺和六榕寺，以及现已不存的三归寺、王仁寺、婆罗门寺、文殊寺、开元寺、真乘寺等，从各种寺院的名称可以看出广州佛教在长期传衍过程中，保持着较为清晰的脉络。黄埔港作为当时广州对外开放的主港口，见证了中外佛教交流的伟大壮举。宋代以后，虽然中外佛教交流仍然存在，但是随着来华商人群体的变化，佛教文化交流的光辉有所暗淡。

二、伊斯兰教

和佛教传入中国的路径类似，伊斯兰教传入中国的路径也有陆路和海路之分。广州与海上丝绸之路沿线国家的交往过程也伴随伊斯兰教的传入，广州著名的怀圣寺是伊斯兰教在中国传播的见证。

7世纪中前期，伊斯兰教成为阿拉伯半岛上占统治地位的宗教，并于随后建成横跨亚、欧和非洲大陆的哈里发帝国。这一伊斯兰教蓬勃发展的时期正值中国的唐代，它在政治上奉行“中国既安，四夷自服”[2]的方针。为鼓励穆斯林与中国加强沟通，穆罕默德也曾经发出一条著名的圣训：“学问虽远在中国，亦当求之。”[3]

1　〔日〕真人元开著，汪向荣校注：《唐大和上东征传》，中华书局2000年，第68—70页。

2　〔宋〕司马光编著：《资治通鉴》卷一九八“唐纪十四”，中华书局1956年，第6085页。

3　卿希泰主编：《中外宗教概论》，高等教育出版社2002年，第190页。

伊斯兰教传入中国时间的说法不一，有隋开皇年间、唐武德中、唐贞观年间等，但缺乏确切的文献记录。广州是唐代全国最大的港口，也是海上丝绸之路的主要始发港，因此伊斯兰教通过海路首先传入广州的可能性最大。唐、宋、元三代，广州伊斯兰教的信徒主要来自外国侨民，分布集中于蕃坊。“蕃坊”位于今惠福西路以北、五仙观附近，周边有怀圣寺及光塔等伊斯兰教建筑。对居住在蕃坊的各国信教商人来说，宗教是其日常生活的重要组成部分。由于蕃坊内的外国人以波斯人和大食人（阿拉伯人）为主，因此，伊斯兰教在其中处于主导地位。

唐宋时期，广州蕃坊内的外国人数量众多[1]，文献中没有记载具体的数字，人数有数千人[2]、数万人[3]乃至十数万人的不同说法[4]，但就阿拉伯人能够在广州修建大型伊斯兰教建筑而言，人口数量近万人应该是很可能的。苏莱曼《中国印度见闻录》记载，广州“其处有回教牧师一人，教堂一所……各地回教商贾既多聚广府，中国皇帝因任命回教判官一人，依回教风俗，治理回民。判官每星期必有数日专与回民共同祈祷，朗读先圣戒训。终讲时，辄与祈祷者共为回教苏丹祝福。判官为人正直，听讼公平。一切皆依《可兰经》圣训及回教习惯行事。故伊拉克（Irak）商人来此方者，皆颂声载道也”[5]。书中所指的伊斯兰教堂，可能就是广州著名的怀圣寺。唐代蕃坊的居民以波斯人和大食人为主，但宗教信仰不仅限于伊斯兰教，还有景教、祆教、摩尼教、婆罗门教等。波斯人原本信仰祆教、景教、摩尼教等，唐永徽二

1 陈坚红：《关于唐代广州港年外舶数及外商人数之质疑》，《海交史研究》1987 年第 2 期。

2 刘有延：《唐代广州蕃舶数以及城区人口和蕃客数量估计》，《回族研究》2015 年第 2 期。

3 水立子编：《世界回教史略》卷下，牛街清真书报社 1930 年，第 1 页。

4 穆根来、汶江、黄倬汉译：《中国印度见闻录》，中华书局 1983 年，第 96 页。

5 张星烺编注，朱杰勤校订：《中西交通史料汇编》（第二册），中华书局 1977 年，第 201 页。

年（651），波斯被阿拉伯帝国所灭，而后波斯人才渐渐转为信仰伊斯兰教。

值得一提的是，与伊斯兰教并行传入的还有阿拉伯的天文、数学、历法、音乐、美术、舞蹈、服饰、语言、饮食以及其他风俗等。如当时和后世广州使用香药、斗鸡、蓄养黑奴和蛮婢等风俗即来源于这个外商群体。

宋元时期，因贸易兴盛，广州蕃坊的规模扩大。据《续资治通鉴》记载，熙宁五年（1072），广州城外“蕃汉数万家”[1]，其中不少携妻带子女来华侨居者。《萍洲可谈》称其为“住唐”[2]，甚至有延续五世以上的土生蕃客。

宋元时期，伊斯兰教仍是蕃坊居民的主要信仰。这些居民除了波斯人、大食人，还有大量南洋国家的伊斯兰信徒，如著名的蒲氏家族：“番禺有海獠杂居，其最豪者蒲姓，号白番人，本占城之贵人也。既浮海而遇风涛，惮于复反，乃请于其主，愿留中国，以通往来之货。主许焉，舶事实赖给其家。岁益久，定居城中，屋宽稍侈靡逾禁……獠性尚鬼而好洁，平居终日，相与膜拜祈福。有堂焉以祀，名如中国之佛，而实无像设，称谓聱牙，亦莫能晓，竟不知何神也。堂中有碑，高袤数丈，上皆刻异书如篆籀，是为像主，拜者皆响之。”[3]从这个记述来看，蒲氏在番禺居住时，仍保持其宗教信仰。

明清时期，由于长期海禁以及欧美殖民主义者继阿拉伯人控制了东西方海上霸权，因海上贸易来华的伊斯兰教徒急剧减少。广州的伊

1　〔宋〕李焘撰，上海师范大学古籍整理研究室、华东师范大学古籍整理研究室点校：《续资治通鉴长编》卷二百三七“神宗熙宁五年八月戊子”，中华书局2004年，第5767页。

2　〔宋〕朱彧撰：《萍洲可谈》卷二，上海古籍出版社编：《宋元笔记小说大观》（第二册），上海古籍出版社2001年，第2310页。

3　〔宋〕岳珂撰：《桯史》卷十一“番禺海獠”，浙江大学图书馆藏本。

斯兰教信徒在明中后期以陆续从外地到广州驻防的回回军士为主体，并逐渐形成具有达官兵营和回回教坊双重特征的五个穆斯林聚居区。东营寺、南胜寺、濠畔寺等新的清真寺也在这一时期创建。清代，分别以怀圣寺、东营寺、南胜寺、濠畔寺为核心的四个纯教坊形式穆斯林聚居区最终定型。[1]

三、基督教

基督教在中国的传播，历史上大致经历了四个不同阶段。第一次是唐太宗贞观九年（635），基督教的聂斯托利派，即景教传入中国并广为传播。第二次是元至元三十一年（1294），天主教传入，当时称也里可温教。第三次是明神宗万历十年（1582），以天主教之名再次传入。第四次是清道光二十六年（1846），因清廷在鸦片战争中落败，西方列强获得在中国自由传教的权利，当时以耶稣教名之。[2]

广州是天主教第三次传入中国的入口和中转站。明代长期实行严格的海禁和朝贡贸易政策，不允许外国人在中国居留。明中后期，海禁虽开，但仅广州允许外国商舶来华，因而广州也是外国传教士最初进入的中国城市。明末清初，葡萄牙人在全球贸易当中占据优势，因此在华贸易上拥有突出地位。他们控制之下的澳门成为天主教在远东的传教中心。明嘉靖三十四年（1555）、嘉靖三十五年（1556），两名葡萄牙传教士先后采用贿赂或偷渡的方式进入广州活动，但均未获得传教机会。万历八年，意大利耶稣会士罗明坚以葡萄牙商队成员的身份进入广州，但其传教行为被严格禁止。万历十年，罗明坚获得在

1　李燕：《广州港与海上丝绸之路》，广东经济出版社 2019 年，第 218—220 页。

2　林悟姝：《唐代景教与广州 —— 寄望岭南文博工作者》，广州市文化广电新闻出版局广州市文物博物馆学会编：《广州文博（玖）》，文物出版社 2016 年，第 54—55 页。

肇庆传教的机会，之后利玛窦也来到广东，二人一同在华传教。1585年，罗明坚在澳门编写出版的《教义问答》一书通过广州传入中国内地。

清康熙四十二年（1703），广州有天主教堂7间，其中耶稣会教堂、巴黎外方传教会教堂、方济各会教堂各2间，奥斯定会教堂1间。不过，这种传教方式在广州虽然有一定的生存空间，但仍为官方所禁止。乾隆皇帝在给马戛尔尼使团的上谕中明确指出："尔国所奉之天主教，原系西洋各国向奉之教，天朝自开辟以来，圣帝明王，垂教创法，四方亿兆率由有素，不敢惑于异说。即在京当差之西洋人等，居住在堂，亦不准与中国人民交结。妄行传教，尤属不可。"[1]由此可见，天主教在中国的传播是被明令禁止的，其在广州以及广东其他地区的传播事实上是当局弛禁所致。鸦片战争后至民国期间，广州有12间天主教堂，其中以1888年建成的广州教区主教堂——耶稣圣心大教堂（本地俗称石室教堂）最为著名。中华人民共和国成立初期，广州尚有8间天主教堂。

天主教在广州传播期间，正是西方文明乘着"文艺复兴"和"工业革命"的东风登上全球舞台的阶段。凭借生产力优势，西方文化在全球强势传播，这种影响也波及了中国。西方宗教在传播过程中与现代西方医学有着比较密切的联系，因此天主教来到广州后也从事相关工作。天主教会先后在广州创办了4间医院——中法韬美医院、中法医院、伯多禄医院、惠爱医癫院[2]，3间孤儿院和育婴院——天主教圣山圣婴院、圣灵孤儿院、圣婴育婴院，以及学校和老人院[3]。

1　〔清〕梁廷枏：《粤海关志》卷二十三"贡舶三"，《续修四库全书》（第836册），上海古籍出版社2002年，第122页。

2　郭强、李计筹：《近代广东教会医院的创办及时空分布》，《宗教学研究》2014年第2期。

3　李燕：《广州港与海上丝绸之路》，广东经济出版社2019年，第221—222页。

明清时期，天主教在中国的传播过程中还将一些西方科技知识传到中国，在一定程度上推动了中国社会的进步。宗教从来都不是独立的，它所包含的是一类人的总体思想。通过思想碰撞、文化交流和科技交往，中国人的思维观念受到影响。明末徐光启等人以及清代前期的宫廷、高级官员对西方都有一些接触，虽然这种接触未能挽狂澜于既倒，但在微观层面的影响也不容忽视。虽然制度的惯性和势能非常强大，但“一枝一叶总关情”，各种因素汇聚在一起，才能更好地理解历史的丰富面向。

四、基督教新教

基督教新教传入中国始于清中叶。广州是新教传入中国的首站，这是由广州的“一口通商”政策决定的。清乾隆二十二年开始，外国商船来华贸易被限制在广州进行，广州因此成为中西文化交流的唯一孔道。清嘉庆十二年，英国伦敦传道会的传教士马礼逊以东印度公司广州商馆职员的身份来到广州，进行隐蔽的传教活动，是为新教传入中国之始。之后，陆续有英美的传教士以各种身份或名义进入广州秘密传教，但活动范围都十分有限，仅限于十三行一带的商馆区。其中，美国公理会传教士伯驾在开设眼科医院过程中开展传教活动，取得了一些效果。医学传道的方式让中国人逐渐接受西方文明，进而对基督教信仰产生兴趣。

鸦片战争以后，随着一系列不平等条约的签订，新教在华传播变得合法。道光二十四年（1844），英国浸信会传教士罗孝全和叔未士在联兴街鸭栏铺租屋宣讲福音，开启公共场合布道的序幕。1849年，罗孝全在东石角（今八旗二马路附近）修建广州首间教堂，称粤东浸信会堂。整个晚清阶段，广州基督教差会共有15个，其中美国10个，英国3个，德国2个，先后建立教堂30间。民国时期，基督教新教在广州的发展更加迅速。1916年，全市教徒5000人，教堂34间；1949年，教徒约1.7万人，教堂62间。基督教新教的规模不仅远远超过了天主教，甚至可能是当时广州最大的宗教。

王尔敏指出："西洋传教士来华传教，对中国最大贡献，实在于知识之传播，思想之启发，两者表现于兴办教育与译印书籍，发行报刊。自十九世纪以来，凡承西洋教士之直接熏陶与文字启示之中国官绅，多能感悟领会酝酿醒觉思想，同时举凡世界地理、万国史志、科学发明、工艺技术，亦多因西洋教士的介绍在中国推广。"[1]基督教新教先后在广州创办中小学校、书院、专业学校等50多间，如真光中学、培正中学、培英中学、圣三一中学、格致书院（岭南大学前身）等。各教会团体和教堂先后出版宗教期刊30多份，以《真光杂志》影响力最大。美南浸信会开办的美华书局是20世纪30年代以前华南地区规模最大的基督教出版机构。此外，基督教新教在广州先后创办了10个医疗机构，其中又以博济、柔济两医院声誉最高。[2]

从佛教、伊斯兰教到基督教和新教，这些主流宗教的变迁历程就是黄埔港作为中外往来孔道的历史见证。从邻近的南亚地区，到阿拉伯地区，再到欧洲，从中可以看到古代海上丝绸之路不断深入的轨迹，也反映出全球区域发展的兴衰。从全球史来看，区域的发展有起有落，对外交往时疏时密，而从中国外来宗教的角度观察，各种文明兴衰也饶富趣味。

宗教文化是人类思想观念的映射，人群、族群和国家间的交往不可避免带有宗教的因素。有些宗教以其强烈的政教合一色彩支配着它

1　王尔敏：《序》，林治平主编：《近代中国与基督教论文集》，宇宙光出版社1981年，第3页。

2　李燕：《广州港与海上丝绸之路》，广东经济出版社2019年，第223—224页。

所影响的人群，有些宗教则是政教分离甚至是超然出世的，因此不同宗教有不同宗教的特色，不同宗教有不同宗教的旨趣。中国文化在接触外国宗教文化时，采取的政策有时候是开放包容的，有时候是限制禁止的。不同时期统治者所秉持的宗教治理策略与各个时代的传统有关，而明清时期的统治者似乎较之前朝代的统治者显得更加“心事重重”，对外来文化采取限制措施。这也可能与我国传统统治走向衰落、制度活力降低有关。

总而言之，黄埔港1000多年的商贸往来背后蕴含的都是各个时代的文化印记。作为港口，它可以向外无限延伸，影响所及难以尽述，也无法尽述。从历史发展来看，交流意味着了解，也意味着发展。中华民族有着五千年的文明史，中国也有着长久的“以史为鉴”传统，从历史出发，从现实出发，开放的大门越开越大，中国的发展也会越来越好。

第四章　港口管理与海上民俗活动

历史上逶迤而来的帆船，以及珠江上穿插游弋的小船，随着现代远洋货船的出现早已难觅踪影。如今，无论是古扶胥港还是黄埔古港，抑或是长洲岛附近的黄埔新港，昔日帆影重重、人声鼎沸的热闹场景渺不可追。中外交流的历史恰如风一样，来去无痕。不过，黄埔港管理制度的变迁，以及伴随黄埔港的发展而出现的一些民俗活动，非常值得关注。前者是我国传统社会发展变迁的一面镜子，既昭示过去，又启迪未来；后者具有传承性和活态性，一些活动至今仍可在南海神庙一带看到，它们是黄埔港千年历史进程中闪耀着民间智慧的文化遗产。

第一节　港口管理制度的演变

从隋唐时期起，扶胥港便是中外船舶进出广州的通道。不经检查，中外船只不能任意进出广州。宋元时期，国家继续对出入船只检查的手续和制度进行完善。从现代海关制度来看，港口管理制度变化见证了中国海关制度的演变。唐代中期开始，国家在广州设市舶使，宋代改为市舶司，用专门机构管理对外贸易。元承宋制，也在广州设市舶司，明代仍之。清代，政府在广州设粤海关，管理包括黄埔港等在内的一众港口。鸦片战争以后，近代海关管理体制被引入中国。

一、市舶使

唐代，国家在广州首设市舶使，其所在机构为市舶使院，它是我国历史上第一个专门管理海外贸易的机构。市舶使执掌市舶使院，由中央政府委派，人选一开始由岭南节度使兼任，代表国家掌管南海诸国的邦交和贸易事务。

一项制度的创设，其背后的考虑是综合性的。首先，唐代海外交通繁荣，华夏中心观下的“朝贡”需求旺盛，需要归口管理。其次，中外贸易的行为需要规范，即纳入“礼”的管理范畴。最后，贸易过程中，海内外人员流动频繁，要做好人员服务，招徕远人，维护国家体面。因此，唐高宗龙朔元年（661），设立广州市舶使，管理中国与外国的贸易事务。其中，首先是管理海外各国从海路前来“朝贡”的事务。当时，琉球、林邑、干陀利、诃陵、狮子、大食、大夏（巴克特里亚，位于今阿富汗北、塔吉克斯坦南部、乌兹别克斯坦西南一带）与唐朝的交往，都走海路，一般先到广州。市舶使一是负责接待海外各国使节，安排人员护送使臣和贡品前往长安。[1]二是管理贸易与税收，即从进口货物中征购官府所需商品，以及对进口商品征收“舶脚”，即货物进口税。

由于往来扶胥港的中外船只众多，货物流通畅旺，因此征收的商

1　周鑫、王潞：《南海港群——广东海上丝绸之路古港》，广东经济出版社2015年，第14—16页。

税非常可观。前有述及，卢钧任岭南节度使时打破惯例不兼任市舶使，以避沾润市舶之利的嫌疑，以及唐朝中期代宗年间每年40艘船舶停靠黄埔港的盛况，都说明广州市舶之利庞大。据左仆射于琮称，即便是唐末，“南海市舶利不赀，贼得益富，而国用屈”[1]。他甚至认为，广州一旦被黄巢起义军夺得，“国藏渐当废竭”。[2]

当然，唐代中前期国家财源丰富，广州市舶使当时的主要职责在于服务外国使节，其次才是征收赋税。但是，随着历史的发展，后者地位逐渐上升。我们知道，对外管理制度既是一种经济行为，也是一种政治行为，它具有意识形态属性。因此，只有从国家角度来审视港口管理制度，我们才能更好地理解不同时期国家采取不同港口管理制度的用意。

二、市舶司

宋朝政府十分重视海外贸易。宋开宝四年夏，赵匡胤在广州设立全国第一个市舶司，黄埔港也因此发展为南方最大、最重要的港口。宋代至明代，广州港口管理不断加强，港口管理的规章制度也趋于系统和完善。

（一）市舶司的设置

宋元两朝，广州港口管理机构是提举市舶司，简称市舶司。它是对唐代港口管理制度的发展和完善。广州市舶司的管辖范围为广州及雷州半岛、海南岛等地的港口。宋朝政府后来陆续在泉州等地设市舶

1 〔后晋〕刘昫等撰：《旧唐书》卷九十四，中华书局1975年，第2998页。
2 〔后晋〕刘昫等撰：《旧唐书》卷九十四，中华书局1975年，第2998页。

司，并在规模较小的港口设立地位比市舶司低的市舶务或市舶场，但存续时间不一，仅广州市舶司一直发挥海关和招徕远人的作用。可见，宋朝政府十分重视广州外贸，广州市舶司的重要性也远超其他各处市舶管理机构。

宋初，广州市舶司由中央和地方共同派员管理："初于广州置司，以知州为使，通判为判官。及转运使掌其事，又遣京朝官、三班、内侍三人专领之。"[1]市舶司以知州兼任市舶使，通判为市舶判官，市舶司抽取的赋税则由中央派遣的转运使负责，以确保此项利源归中央掌握。宋熙宁、元丰年间，国家修订市舶条例，市舶使改由转运使或副使兼任，取消知州的兼职，使地方无法干预或沾润这一官缺。宋徽宗崇宁年间，市舶提举成为专职，市舶以提举为首，下有监官、专库、手分等属吏。至此，广州市舶司完全脱离了地方管理，成为直属中央政府的中外贸易管理机构。

元代，市舶司多循宋制。宋代元祐元年（1086），即在广州等处设立提举市舶司，初期以地方高级官员兼领或监督市舶司。之后，任命专职官员，其官制据《元史·百官志》记载："每司提举二员，从五品；同提举二员，从六品；副提举二员，从七品；知事一员。"[2]由是观之，元代广州市舶司的正式官员仅7人。在管理体系上，广州市舶司设提举两人，推测实行双首长制。

（二）市舶司的职能

宋神宗元丰三年（1080）重订《广州市舶条》，元世祖至元三十年（1293）颁布《整治市舶勾当》22条，元仁宗延祐元年（1314）再

1 〔清〕徐松辑：《宋会要辑稿》职官四四之一，中华书局1957年，第3364页。
2 〔明〕宋濂撰：《元史》卷九十一"百官志七"，中华书局1976年，第2315页。

次修订《市舶则法》，使宋元时期市舶司的职掌和管理制度更趋严密。

宋初，提举市舶司的职能是："掌蕃货、海舶、征榷、贸易之事。以来远人，通远物。"[1]北宋中期以后，市舶司的职能不断扩大，主要负责以下几个方面的事务：①负责招徕外舶及设宴迎送外商；②征收进出口中外船只关税；③负责政府专卖品和其他蕃货的收买、销售、保管及送纳京都；④检查进出口中外船只有无携带违禁走私物品；⑤给出海船发放"公凭"，规定往来禁地；⑥保护外商及居留广州蕃客；⑦禁止一般官吏与海外通商和与民争利，防止地方官吏与市舶官吏营私舞弊。这些规定既有经济方面的考虑，也涉及制度、权限方面的厘定，特别是第⑥、⑦两点，反映宋朝政府拥有广阔的胸襟，为确保外国商人在华期间能够得到良好的对待，特意提出保护蕃客的规定，并且为营造良好的营商环境，禁止地方官吏和市舶官吏鱼肉商人。

元代市舶司对进出广州的中外商船有一套完整的检查检验手续。首先，由溽州（今台山广海镇一带）巡检司接引，然后护送至黄埔港接受检查，接着在市舶亭下碇，地方官员和市舶司官员再次共同到场勘验。之后，申报纲首、直库、杂事、部领、梢工、碇手等"具名呈市舶司申给文凭"，并请5人出具甘结作保且缴纳税款后，才能贸易。[2]同样，商船离开黄埔港时，也需要接受检查，确认合法合规后，由"点检"官员与寨兵一起将船舶护送至溽州出洋。[3]

市舶司给出海商船发放的"公凭"，又称"公据""公验"，即出海贸易许可证。商人前往海外贸易，应向其所在州县报告货物名称、数量、前往地点，并要有当地3名富户做担保人，经当地政府核实后，

---

1 〔元〕脱脱：《宋史》卷一百六十七"职官七"，中华书局1977年，第3971页。

2 陈高华等点校：《元典章》"市舶则法二十三条"，中华书局、天津古籍出版社2011年，第874—882页。

3 吴家诗主编：《黄埔港史》（古、近代部分），人民交通出版社1989年，第54页。

通知市舶司所在地的官府登记并领取“公凭”才能启程。返航时，要回到原港口，把“公凭”交还市舶司。[1]

没有“公据”的商船擅自出海将会受到严厉的惩罚：“海商不请验凭，擅自发舶船，并许诸人告捕，犯人断罪，船物没官，于没官物内以三分之一充赏。”[2]“公据”的内容是：货主姓名、地址、前往地点、船主船员姓名、货物名称数量、担保人姓名、发证官员职务和姓氏。其中，申明一些禁止事项，例如：不许贩运的违禁项目；不许前去和我国敌对的国家和地区；商人前往外国，不得冒充我国使者进行活动。

舶商开船之际，市舶司需要派员上船检查是否有违禁物品。元代还规定，一艘大船只许带一条柴水小船，所经之地及所拟买之货，并须具明。凡公据、公凭须各在船随行，违者即是私贩。对于返程时间，也有规定。如果违法，则要受到法律制裁。[3]

（三）税收制度

《宋史》载：“旧法抽解有定数，而取之不苛，输税宽其期，而使之待价。”[4]宋代的税收有“抽解”和“输税”两种。抽解征取的是实物，输税征取的是现金。实物税是在商船到达港口后，由帅漕与市监官按照货物的具体情况来确定税额和征收比例。现金税可以待货物出售后再行缴纳。

宋代税率经常变动，细货一般十抽一，粗货十抽三，也有十分取三以上的，如“以十分为率，真珠龙脑凡细色抽一分；玳瑁苏木凡粗

1 〔清〕徐松辑：《宋会要辑稿·职官》四四之二七，中华书局1957年，第5509页。

2 陈高华等点校：《元典章》“市舶则法二十三条”，中华书局、天津古籍出版社2011年，第880页。

3 陈高华等点校：《元典章》“市舶则法二十三条”，中华书局、天津古籍出版社2011年，第878—880页。

4 〔元〕脱脱：《宋史》卷一百八十六“食货下八”，中华书局1977年，第4566页。

色抽三分”[1]。北宋的税收不算重，但宋室南渡后，税率加重，如绍兴十四年（1144），货物不分粗细，均十抽四[2]，蕃商申诉税率太重，其后，宋高宗赵构下令减税：“今后蕃商贩到龙脑、沉香、丁香、白豆蔻四色，并依旧抽解一分，余数依旧法施行。”[3]至于细色货物，税率也不划一，造成进口细色货物减少，粗色货物增加。

元代初期，广州市舶司对“蕃货”“土货”抽税率仍然较高，后来发现不妥，于是对“蕃货”实行“双抽”，对“土货”实行“单抽”。[4]至元二十年（1283），“定市舶抽分例，舶货精者取十之一，粗者［取］十五［之一］”[5]。延祐元年，进口货物税收标准被上调，“细物十分抽二，粗物十五分抽二”[6]。蕃舶除缴纳货税之外，船舶停泊港口还需交纳下碇税。该税收始于唐朝，宋淳化年间实行十征一的税率，元代实施二十五抽一或三十抽一。[7]

宋代港口税收在整个国库收入中占有重要地位，特别是宋室南渡后，赵宋岁入不过一千万缗，而南海市舶一年即贡献税收二百万缗，占20%，因此有“南渡后，经费困乏，一切倚办海舶”[8]一说。南宋政权稳固后，国家岁入正常，但是南海海舶之利，仍是国家财政收入的

---

1 〔宋〕朱彧撰：《萍洲可谈》卷二，上海古籍出版社编：《宋元笔记小说大观》（第二册），上海古籍出版社2001年，第2308页。

2 〔清〕梁廷枏：《粤海关志》卷三“前代事实二”，《续修四库全书》（第835册），上海古籍出版社2002年，第488页。

3 〔清〕徐松辑：《宋会要辑稿》职官四四之二五，中华书局1957年，第5509页。

4 〔明〕宋濂撰：《元史》卷九十四“食货二”，中华书局1976年，第2401页。

5 〔明〕宋濂撰：《元史》卷十二“世祖九”，中华书局1976年，第255页。

6 〔明〕宋濂撰：《元史》卷九十四“食货二”，中华书局1976年，第2403页。

7 〔清〕梁廷枏：《粤海关志》卷十四“课一”，《续修四库全书》（第835册），上海古籍出版社2002年，第697页。

8 〔明〕顾炎武撰：《天下郡国利病书》卷一百二十“海外诸蕃入贡互市”，清光绪五年（1879）蜀南桐花书屋薛氏家塾刊本。

重要来源。宋高宗曾说："市舶之利最厚，若措置合宜，所得动以万计，岂不胜取之于民！朕所以留意于此，庶几可以宽民力尔。"[1]海舶收入成为支撑南宋政权的重要财源。

广州市舶司的收入在北宋时期居全国港口之首。宋末和元代时，广州港口收入仅次于泉州，重要性仍然很高。其时虽有浙、闽、广市舶司，而尤以浙江市舶司最为不振，主要依靠闽、广。"闽、广二市舶司之得利额略同"[2]，可见，此时广州港口的收入仍然处于领先位置。

（四）海舶管理及巡检制度的建立

广州为"岭南巨镇，瞰海负山，前控蕃夷，后带蛮獠；兵威镇遏，诚为重事。山林险隘之地，水道津要之冲，自唐宋以来，并设屯戍"[3]。宋代番禺县在扶胥、伍镇、广惠三地设司，共有巡检寨兵1050人，其中扶胥都监额管800人[4]，约占总兵数的八成，可见扶胥的重要性远超其他两处。

宋代广州市舶司在珠江岸边，即今越秀区海珠路与大德路交会处，并且设立了市舶亭："广州市舶亭枕水，在海山楼，正对五洲，其下谓之小海。"蕃舶抵达广州后，在市舶亭停泊，"五洲巡检司差兵监视，谓之编栏"[5]。巡检司负责对进出黄埔港的中外船只进行检查，严禁不准

1 〔宋〕李心传撰：《建炎以来系年要录》卷一百十六"绍兴七年闰十月辛酉"。

2 〔日〕桑原骘藏著，冯攸译述：《唐宋元时代中西通商史》，河南人民出版社2018年，第196页。

3 〔元〕陈大震纂修：《大德南海志》，中华书局编辑部编：《宋元方志丛刊》，中华书局1990年，第8444页。

4 〔元〕陈大震纂修：《大德南海志》，中华书局编辑部编：《宋元方志丛刊》，中华书局1990年，第8445页。

5 〔宋〕朱彧撰：《萍洲可谈》卷二，上海古籍出版社编：《宋元笔记小说大观》（第二册），上海古籍出版社2001年，第2309页。

出口或与申报不符的货物出口，抑制走私。同时，禁止武器出口，禁止女性出洋，防止逃兵通过海船去往异国他乡躲避惩罚。宋代禁止铜钱流出，在检验货物时对其特别留意。不过，从“南海Ⅰ号”出水器物来看，铜钱作为当时海上丝绸之路上的“国际货币”，官方无法阻止其外流。宋朝同样对铁器等金属进行严管，但“南海Ⅰ号”出水的铁器多达几百吨。这也提醒我们章程条文和实际运作之间是有较大出入的，严令禁止不等于令行禁止。

元代对输外货物也有相关禁令，如“金、银、铜、铁货，男子妇女人口，并不许下海私贩诸蕃”，船舶出海前，“轮差正官一员，于舶船开岸之日，亲行检视各各大小船内有无违禁之物，如无夹带，即时开洋”。[1]如果负责检视的官员失职，则严加惩办。

宋元两朝对进出广州船只的管理有相应的规定。宋神宗元丰三年，《广州市舶条》规定：“诸非广州市舶司，辄发过南蕃纲舶船；非明州市舶司，而发过日本、高丽者，以违制论。”[2]按照规定，下南洋的船只应该由广州市舶司发给公凭，前往日本、高丽的商船则由设在宁波的明州市舶司发给公凭，由于当时明显存在各市舶司越权乱发执照的情况，故朝廷予以明确。

不过，从文献来看，宋朝政府对出海船舶的管理较为混乱。如元丰八年（1085），政府规定：“诸非杭、明、广州而辄发海商舶船者，以违制论。”[3]如果按照字面理解，除杭州、明州和广州外，尚有其他地方可以发放出海公凭。另外，政府并没有对三地发放出海凭证的相应区域进行明确，似乎只强调出海船舶需要由该三地颁发出海凭证而已。

1 陈高华等点校：《元典章》“市舶则法二十三条”，中华书局、天津古籍出版社2011年，第880、882页。

2 俞福海主编：《宁波市志》“海港口岸”第九卷，中华书局1995年，第690页。

3 〔宋〕苏轼：《苏东坡全集》卷八，中国书店1986年，第495页。

崇宁五年（1106），宋徽宗又颁布诏令，由广州去往“南蕃”各国贸易的海船，必须返回广州纳税，不能进入其他港口。[1]乾道三年，福建路市舶程祐奏请各出海船舶应回到始发港进行验凭和收税，“广南、两浙市舶司所发船回，日内有妄托风水不便，船身破漏，樯舵损坏，即不得拘截抽解，若有别路市舶司所发船前来泉州亦不得拘截，即委官押发离岸，回元来请公验去抽解”[2]，获皇帝同意。

元代，相关规定变得更加严格，出海船舶要在公凭上填写船行目的地和货物情况：“其发舶回帆，必著其所至之地，验其所易之物。”[3]出海船只需要严格遵守，不能冒填或乱填。如果在前往目的地过程中，“因风水打往别国”，航线偏离目的地，回国后由市舶司向同船其他人求证，“别无虚诳，依例抽分”；如果被查出“诈妄”情节，船货“依例断没”。[4]元代，对出洋船舶“给以公文，为之期日”[5]，发舶和回帆，都要检查货物。如发现走私，船主、纲首、事头、火长，各杖一百七十，船物没收。元朝政府还鼓励揭发走私者，如有首告者，查实后将没收货物的三分之一奖励给举报人。

三、从朝贡贸易到“广中事例”

明代建立后，对海外贸易实行严格控制，合法的中外贸易以朝贡贸易和市舶贸易的形式存在。“贡舶与市舶一事也……贡舶者，王法之所许，市舶之所司，乃贸易之公也。海商者，王法之所不许，

1 〔清〕徐松：《宋会要辑稿》职官四四之九，中华书局1957年，第3368页。
2 〔清〕徐松：《宋会要辑稿》职官四四之二九，中华书局1957年，第3378页。
3 〔明〕宋濂撰：《元史》卷九十四“食货志二”，中华书局1976年，第2401页。
4 陈高华等点校：《元典章》“市舶则法二十三条”，中华书局、天津古籍出版社2011年，第878页。
5 〔明〕宋濂撰：《元史》卷九十四“食货志二”，中华书局1976年，第2401页。

市舶之所不经，乃贸易之私也。”[1]明代广州市舶司设立于洪武三年（1370），在广州城内原宋市舶亭海山楼旧址。永乐元年（1403）重开海禁，设怀远驿，共有房舍120间，由市舶司管理，专门款待外国贡使和随行人员。[2]

明代的朝贡贸易采取“厚往薄来”的原则，不同国家有不同的规定。“凡外夷贡者，我朝皆设市舶司以领之……其来也，许带方物，官设牙行与民贸易，谓之互市。是有贡舶即有互市，非入贡即不许其互市明矣。”[3]不过，朝贡贸易是一种“政治贸易”，以维持“宗藩关系”，换取藩属国对中国的臣服和拱卫，因此宗主国对朝贡贸易是不计较成本的。明朝在国力强盛时可以维持朝贡贸易，一旦国力下降，维持起来就很困难。

明嘉靖二年（1523），因为“争贡之役”[4]，嘉靖帝认为市舶隐患太多，谕令裁撤泉州和宁波两市舶司，仅保留广州市舶司。因此，从嘉靖二年至嘉靖四十五年（1566），黄埔港成为官方唯一许可的对外贸易港口。隆庆元年，国家开放漳州月港，标志着明代对海外贸易的态度发生一百八十度大转弯。

广州市舶司设提举1人，副提举2人，吏目1人，“掌海外诸蕃朝贡市易之事，辨其使人、表文、勘合之真伪，禁通番，征私货，平交易，闲其出入而慎馆穀之”[5]。可见，市舶提举司不仅管理朝贡事宜，而

1 〔明〕王圻：《续文献通考》卷三一“市籴考”，北京大学图书馆藏本。

2 〔清〕杜臻：《闽粤巡视纪略》卷二“香山”，清康熙经纬堂刻本，国家图书馆藏。

3 〔明〕王圻：《续文献通考》卷三十一“市籴考”，北京大学图书馆藏本。

4 明朝嘉靖二年，日本大名细川氏和大内氏各派遣对明朝贸易使团来华朝贡，两团在抵达浙江宁波后因为勘合真伪之辩而引发冲突，在浙江宁波爆发了武力杀戮事件。大内氏代表宗设沿路烧杀抢掳，对当地居民造成很大伤害，追击的备倭都指挥刘锦、千户张镗等明朝官兵战死。

5 〔清〕张廷玉等撰：《明史》卷七十五“职官四”，中华书局1974年，第1848页。

且还管理市易之事，执行“禁通番，征私货”的任务。永乐元年以后，朝廷派内臣管理市舶，置市舶于宦官的监督之下。贡舶贸易中最重要的抽买货物和课税的实权皆落入宦官之手，市舶司提举官吏只履行登记货物之事。

因为“贡舶”与“市舶”掌握在国家手中，所以统治者对其是放心的，但“海商”贸易是民间自发的贸易形式，处于“失控”状态，这是统治者所不能允许的。因此，朱元璋下令禁止：“海外诸夷多诈绝……因诱蛮夷为盗，命礼部严禁绝之。敢有私下诸番互市者，必实之重法，凡番香番货皆不许贩鬻，其见有者，限以三月销尽……违者罪之。”[1]可见，当时的统治者对中外贸易抱有非常负面的认知。朱元璋多次重申禁令，要求“人民无得擅出海，与外国互市”[2]，并以法律的形式进行惩处：“凡将马、牛、军需、铁货、铜钱、段疋、细绢、丝棉私出外境货卖及下海者，杖一百；挑担驮载之人，减一等，物货船车并入官。于内以十分为率，三分付告人充赏。若将人口军器出境及下海者，绞；因而走泄事情者，斩。其拘该官司及守把之人，通同夹带，或知而故纵者，与犯人同罪；失觉察者，减三等，罪止杖一百，军兵又减一等。”[3]

不过，随着明代商品经济日益发达，出海贸易有利可图，海商[4]争相出海贩卖货物。李剑农指出：“明初海上之商业关系，已呈变态。”[5]

1 中央研究院历史语言研究所校印：《明太祖实录》卷二三一“洪武二十七年正月甲寅”，1931 年，第 3373—3374 页。

2 中央研究院历史语言研究所校印：《明太祖实录》卷二五二“洪武三十年四月乙酉”，1931 年，第 3373—3374 页。

3 〔明〕刘惟谦等撰：《大明律》卷十五“兵律三”，北京大学图书馆藏本。

4 王涛：《明清海盗（海商）的兴衰：基于全球经济发展的视角》，社会科学文献出版社 2016 年，第 60 页。

5 李剑农：《中国古代经济史稿》（第三卷），武汉大学出版社 1990 年，第 154 页。

这种“变态”就是指贡舶贸易难以维系，海舶贸易兴起。从弘治时期开始，广州实施的商舶贸易管理体制——“广中事例”应运而生。政府允许私人从事海外贸易，对往来黄埔的船只抽收赋税，以“丈抽”取代“抽解”，并将实物税改为征收白银。

（一）贡舶（市舶）贸易

朝贡贸易是明朝前期和中期对外贸易的主要形式。这种贸易形式的出发点是为了“羁縻远人”，确保中华帝国边疆的稳定。另外，各藩属国进贡货物一般较为名贵，能够满足统治阶级的消费需求。

明朝政府对贡舶贸易的规定非常严格，手续相当烦琐。首先，实行“勘合”制度。[1]“勘合”是一种凭证，有明朝政府颁发的“勘合”的国家才允许来中国贸易。当时，允许来广州贸易的国家主要是一些东南亚、南亚、西亚国家如真腊、暹罗、占城、满剌加[2]等。这些国家来华朝贡的指定登陆地在广州，即从黄埔港上岸，按照驿路在中方官员的陪同下北上，其中路线是规定好的。

明代朝贡方面的程序与元代相似，大致为：守澳官核实资格—地方官和市舶司官员上船核对“勘合”—列明贡品清单—造册报户部—派人将贡使和贡品解运进京。正德三年后，明政府对进贡货物实行“抽分制”，即对贡舶征收一部分实物税后，一般不再收买，而是在牙行的监督下，自由出卖。[3]具体做法是：贡舶下碇黄埔港等港口后，作为中外贸易中介的牙行商人便前来看货，并将货物报官，待派官抽

1　〔明〕李东阳等撰，〔明〕申时行等重修，《大明会典》卷一百八，明万历十五年（1587）内府刊本。

2　〔明〕李东阳等撰，〔明〕申时行等重修，《大明会典》卷一百五至一百六，明万历十五年（1587）内府刊本。

3　李龙潜：《明代广东的对外贸易》，《文史哲》1982年第2期。

分后，由牙行商人带领商人前来交易。需要说明的是，牙行制度是在商品经济和对外贸易过程中产生的新事物，对中外贸易的规范化具有重要意义。当时，广东规定外国商品在华销售必须通过官牙，否则便是“私通番货”的违法行为。

嘉万之后，广东贡舶贸易开始衰落，私人贸易日益发展，牙行在中外贸易中的地位和作用显得更为重要，逐渐从中介人变为主导中外贸易的“纲首”，即撮合中外交易由“纲首所领也”[1]。此时，牙行的任务主要有四项：第一，议定商品价格；第二，代替广东地方官吏征收“关税”；第三，负责外国商船进出口商品的销售与购买；第四，负责供应外国商船人员所需的食物，牙行从中获取30%—50%的利润。[2]所以，在市舶制度逐渐衰落和解体的过程中，牙行制度便应运而生，取代了市舶制度，成为清代广州十三行的先驱。

（二）海商贸易

私人海外贸易是一种古老的中外贸易形式，虽然时常受到政府政策的影响，但只在程度和规模方面受影响，政府很难禁绝。明代的海商贸易即私人贸易，指的是沿海商人不顾明朝政府的禁令，私自出洋贸易，或者在沿海和珠江内河与外国商人开展的走私贸易。这种贸易形式在明朝中前期是被严格禁止的。因此，走私贸易活动一般在沿海地区或一些海岛上偷偷摸摸地进行。

走私贸易主要有两种方式。一是私人组织商船队出洋。广东私人造船出洋贸易，最早出现于宣德八年（1433），其后规模越来越大。资本雄厚的大商人“勾引”闽浙富商，联合组织商船队共同从事海外

1 〔明〕顾炎武撰：《天下郡国利病书》卷一百四“广东八”，清光绪五年（1879）蜀南桐花书屋薛氏家塾刊本。

2 李龙潜：《明代广东的对外贸易》，《文史哲》1982年第2期。

贸易。这种商船队的规模庞大，船只多达几十艘甚至几百艘，人数多到几十人、几百人甚至几千人。广东著名的海商有汪直、叶宗满等人。他们在广东造的“巨舰联舫，方一百二十步，容二千人，木为城为楼橹，四门其上，可驰马往来”[1]。可见，这些商船规模巨大，堪称海上的浮动岛屿。他们从黄埔和其他各澳运出硝石、硫黄、丝、绵等违禁物品到日本、东南亚各国出售。同时，他们还以中间商的身份，将日本商品运往中国出售。

二是私下交易。港口周边居民与来华贡舶私下交易，将商品以“蚂蚁搬家”的方式运往国内或运出国门，其中还有官员监守自盗而分润其中利益：“按夷中百货，皆中国不可缺者，夷必欲售，中国必欲得之……然夷货之至，各有接引之家，先将重价者私相交易，或去一半，或去六七，而后牙人以货报官，且为之提督，如牛荣辈者复从而收猎之，则其所存以为官市者又几何哉？”[2]可见，贡舶来到港口后，先与国内商人私下交易贵重物品，然后才将剩余商品报关纳税。在这个过程中，港口执法者或参与其中，或在收验货物时从中染指贪污。

隆庆元年以后，海商贸易获得政府的许可，遵守政府相关规定并缴纳税收即可从事海上贸易。值得一提的是，当时有许多广东商人到南洋以后，不再回到广东，成为华侨。这一时期也是华人大规模出洋的重要历史时期。明代中后期，海上丝绸之路上形成了一张由船主、海商、揽头、华侨组成的中国与南洋各国贸易的商业网络，货物的购置、运输、销售全部链条化，助推海上私人贸易的大发展。

1　范表:《海寇议后》,《玄览堂丛书续集》(第一五册)，正中书局1985年。

2　〔明〕严从简著，余思黎点校:《殊域周咨录》卷八，中华书局2000年，第284页。

（三）税收制度的变化

从明朝贸易发展过程来看，黄埔港收税名目有抽分、水饷、陆饷、加增饷、引税五种。如前所述，抽分是一种实物税，实施于明朝中期；水饷、陆饷、加增饷、引税用白银，实施于明中后期。

1. 抽分。明洪武二年（1369）规定："朝贡附至番货，欲与中国贸易者，官抽六分，给价偿之，仍免其税。"[1]弘治年间，广州对进出口货物"俱无抽分"。直至正德三年，广州才实行抽分制，征取贡舶货物十分之三的实物作为关税。抽分大权掌握在镇巡等地方官吏手中。正德十二年，税率改为十分之二[2]，充作地方军饷之用，之后的税率一般维持在这一水平。

2. 水饷。明万历三年（1575），开始有水、陆二饷的征收。水饷"以船广狭为准，其饷出于船商"，是按照船只大小征收的一种累进税。前往西洋的船只，船阔1丈6尺以上的，每尺征银5两，1船共征银80两；船阔2丈6尺以上的，每尺征银10两，1船共征260两。去往东洋的船只的船税，照西洋船税减十分之三。[3]

3. 陆饷。陆饷"以货多寡，计值征输，其饷出于铺商；又虑间有藏匿，禁船商无先起货，以铺商接买货物，应税之数，给号票，令就船完饷，而后听其转运焉"[4]，即按照货物的多寡及价值的高低向货主征收的货物税，税率为2%，如胡椒、苏木等货物，计值1两者税银2分，其余货物，也照此计税。

4. 加增饷。加增饷是向前往吕宋的商船设置的一种特别税。因为

1 〔清〕梁廷枏：《粤海关志》卷四"前代事实三"，《续修四库全书》（第835册），上海古籍出版社2002年，第501页。

2 〔明〕黄佐撰：嘉靖《广东通志》卷六六"外志三"夷情上。广东省地方志办公室1997年誊印，第1722页。

3 〔明〕张燮：《东西洋考》卷七"饷税考"，明万历四十六年王起宗刊本。

4 〔明〕张燮：《东西洋考》卷七"饷税考"，明万历四十六年王起宗刊本。

广东、福建海商到吕宋贸易，回国时往往带货物少而带西班牙银圆多，明政府失去征收进口货物税的机会，因此制定了加增饷这个名目。凡去往吕宋的商舶回港时，除征收水、陆二饷外，每船还征收银税 150 两，后减为 120 两。

5. 引税。引税的征收始于隆庆元年“准贩东西二洋”之后。明政府规定，凡中国商人出洋贸易，应先领取“引票”，即通行证，回时缴销。领取“引票”时要交付“引税”，每引税银 3 两，后增至 6 两。

总而言之，明朝对中外海上贸易征税的行为有一个变化过程。从早期的免征关税，到之后征收实物税，再到征税补充军饷，以及后期中外贸易正常化后推出多个税种，从中可以看到明朝商品经济发展的影子。明朝政府从一开始禁止中外民间贸易，无视海上贸易巨大的商业价值，到“隆庆开海”，运用一整套关税体系管理中外贸易，其实是在内部商品经济和外部资本主义发展的双重影响下，不得不做出的调整。

明代处于我国王朝统治晚期，政治上守成过甚，导致对发展中外海上贸易有很深的心理芥蒂。这从客观上限制了传统社会治理能力的自我进化，导致我国经济社会发展变慢和国际竞争力下降。其结果就是明清两代在国家治理方面过度“重内轻外”，对历史潮流和国际情况疏于了解，最终酿成近代长达一百多年被列强侵略蹂躏的屈辱历史。

四、清代“一口通商”

满族入主中原后迅速汉化并借鉴明朝的制度，初期延续明代的朝贡贸易，并仍以“天朝上国”自居，对待海外贸易有诸多限制：“凡入贡者，番邦先给符簿，及至三司与合符，验视表文、方物无伪，乃津送入京。”[1]乾隆二十二年，乾隆皇帝颁布谕旨，只允许广州“一口通商”。在此后长达80多年的时间里，中外海上贸易集中在广州黄埔港。在此过程中，清政府的海关管理制度不断发展与完善。

（一）粤海关

康熙二十三年，清政府设立粤海关，地点在广州城五仙门内。粤海关监督的品级在总督、巡抚之下，但不受广东督抚节制：“监督征收税课及一切应行事宜，仍照旧例遵行，不必听督抚节制。如此庶关税既有专司，地方官仍无敢歧视，于税课商民均有裨益。”[2]由此可知，粤海关监督大多由内务府的满族人担任。因此，粤海关监督虽名义上属于户部官员，但实际是向皇帝和内务府负责，收取的税款多被收入皇帝的私人银库。

海道朝贡贸易仍然在继续，接待贡使的地方仍在怀远驿，名称与地址和明代保持一致。《南海县志》云：“怀远驿在西关十八甫。顺治十年，暹罗国有番舶至广州，表请入贡。是年复有荷兰国番舶至澳门，恳求进贡。时盐课提举司白万举、藩府参将沈上达，以互市之利说尚王，遂咨部允行。乃修明市舶司故馆以居贡使，而厚给其廪饩以招纳远人焉。”[3]贡舶所携带的货物，由蕃商在明代旧有的市舶馆地与中国商人交易，不得在海上交易。因此，船舶一进虎门，就要按规定向粤海关报告细节，请求放行。船只进入内港后，先封存货物，待勘验合格，查验无误后才被准许进行交易。

1 〔清〕金烈、张嗣衍修，沈廷芳撰：乾隆《广州府志》卷八“关津”，哈佛燕京图书馆藏本。

2 〔清〕梁廷枏：《粤海关志》卷七“设官”，《续修四库全书》（第835册），上海古籍出版社2002年，第562页。

3 邓端本：《广州港史》（古代部分），海洋出版社1986年，第176页。

康熙开放海禁后，对中外贸易的限制仍然极严，特别对本国出洋船只限制其载重在五百石以下。康熙四十二年，限制出洋船舶只准用双桅，梁头不得超过一丈八尺。康熙五十六年（1717），又颁布禁止本国船只前往南洋贸易的命令，直到雍正七年（1729）才撤销了这项禁令。外国人来中国贸易，也必须通过牙行、牙商中介，不得直接与中国商人接触。

清朝开放贸易初期，外国来船的数量并不多。据统计，1757年至1766年的十年间，广州港来船为180艘[1]，平均每年18艘。当时外国船只到港后的相关收费为："凡夷船禀请批照，起运零星货物，往来省城、黄埔，每次收银一钱。凡夷船禀报起布包木箱，每次收银二两。凡夷船禀请批照，雇木匠、漆匠往黄埔修船，每名收银一钱。凡夷船驳运进出货物，扁艇每只收银二钱四分；如尾艇、三板，每只收银一钱二分。凡洋船进口各项货物，秤验报税，上行后运往内河别处发卖，每百斤拆票银一分。凡夷船自进口日起至出口日止，每日收银六钱。凡夷船黄埔起货，每日收银三两四钱八分。"[2]乾隆二十四年，广东巡抚托恩多奏报，粤海关乾隆二十二年所到洋船比乾隆二十一年（1756）少8艘，合计船钞、规项及洋船货物少收银94255两。1758年到1837年的80年间，停泊在黄埔港的船只超过5107艘，为黄埔港带来持续的繁荣。

黄埔挂号口设黄埔税馆、夷务所、买办馆和永靖营等机构管理对外贸易，其中如黄埔税馆主要负责征收外国商人的船钞、规礼、挂号银、引水费及其他杂费。外国商船停靠黄埔港之后，即由保商负责办

1　丁哲：《广州十三行通商体制的变迁及其对广州对外贸易的影响》，云南师范大学2016年硕士学位论文，第38页。

2　〔清〕梁廷枏：《粤海关志》卷十一"税则四"，《续修四库全书》（第835册），上海古籍出版社2002年，第644页。

理手续，并“把进口货由船上用享有专利权的驳船护送到仓库”[1]。

《粤海关志》记载了黄埔挂号口的税则：洋船进出口，每艘收银2.3两；海南乌艚船入口，每艘收银2.2两；海南乌艚船出口，每艘收银1.4两；海南白艚船入口，每艘收银1.8两；海南白艚船出口，山东、天津、江浙等处船进出口，福建船装京果入口，每艘收银1.2两；福建船装咸鱼入口，每艘收银0.5两；福建船出口，每艘收银0.5两；白艚船进口，每艘收银0.35两；白艚船出口，每艘收银0.3两；接驳洋货扁艇，每艘收银0.24两；接驳洋货尾艇三板，每艘收银0.12两；洋人搭寮贮存货物，每个收银2.3两；修整洋船的木匠、漆匠，每名收银0.22两；大小盐船及空船无饷货的进出口船只，免交税费。[2]从这个税则可以看出，黄埔港往来的船只非常丰富。除国外的商舶外，国内广东以北地区商船放洋时，很可能将黄埔港作为重要的补给港口或目的地。

根据约翰·菲普斯的记载，当时外国商船“在黄埔付出的费用共有四种，分别为船料、规礼、引水费和杂项费用。其中，船料即船钞，多寡依船只大小而定；规礼是向粤海关官员提供的‘陋规’；引水费进出港皆为60元；杂项费用主要付给通事和买办的”[3]。通事，即清政府官方的翻译。他的主要职责是为外商请领卸货和装货的许可证，办理各种通关手续，并经管税钞的账目。买办主要为外商提供后勤服务。

从乾隆五十七年（1792）起，粤海关由监督管理，两广总督和广东巡抚则负责稽查海关工作，这个工作架构一直延续到1842年五口通

1 〔美〕马士著，张汇文等译：《中华帝国对外关系史》（第一卷），商务印书馆1963年，第85页。

2 袁峰：《黄埔海关考》，中央编译出版社2016年，第42页。

3 John Phipps, *Practical Treatise on the China and Eastern Trade*, W. H. Allen, 1836, pp.142-144.

商为止。其间，粤海关的主要监督职责有：①每年向皇帝和户部奏报贸易和关税收支情况。②向户部和内务府报解税饷。据清宫档案记载，粤海关关税分配大致为70%上缴户部，24%上缴内务府，3%缴付广东布政司，3%自留。③选派胥吏到各口征税。④许可商船进出口及开舱贸易：国内商船经营对外贸易，要先向地方官和海关监督申请登记，海关发给船照后才能进出口。外国商船来华贸易，要先在澳门暂停，经海关监督允许后，由引水员引入虎门水域，不得越过海关部门。⑤发放牌照：外国大班从澳门到广州处理商务，或从广州回澳门过冬，都要向海关监督请领牌照。⑥批准行商从事中外贸易及办理行商退出手续。⑦核准买办和通事。[1]

鸦片战争后，清政府逐步失去关税自主权，海关大权旁落。道光二十九年（1849），黄埔挂号口与澳门总口合并成粤海关黄埔总口。1859年10月24日，粤海关税务司署正式设立，署址位于今广州市越秀区沿江西路29号。粤海关第一任税务司是美国驻上海副领事罗福。粤海关税务司署设立后，广州口岸的海关管理职权被一分为二，粤海关税务司署负责外轮货物的稽查征税，名义上是在粤海关监督之下行使关政，实际上只对海关总税务司负责。此后，黄埔海关由粤海关税务司署管理，与之前粤海关监督管理时的常关颇为不同，称为洋关或新关。粤海关税务司署在设立之初工作内容庞杂，主要业务涉及监管、征税、缉私和编制海关统计，还管理港务、海务、船政，兼办过邮政、卫生检疫，以及协办广州同文馆等。除海关业务外，其他大部分业务在清末及民国时期先后划归地方政府管理。港务、海务等业务直到中华人民共和国成立后才移交相关部门管理。

1860年1月11日，粤海关（洋关）就将原常关的黄埔口改为黄埔

1　袁峰：《黄埔海关考》，中央编译出版社2016年，第35页。

分关。黄埔总口由粤海关监督管辖变为由外籍税务司控制。黄埔分关设立之初，海关辖区划定为黄埔长洲岛一带水域。随着广州沙面白鹅潭一带码头设施的发展和管理机构的设立，沙面逐渐取代了设施简陋的黄埔港。同治年间，黄埔水域河沙淤塞，影响商船靠泊，往来船只逐渐减少，黄埔分关被降级为黄埔分卡。1876 年 5 月，黄埔分卡抽调近一半人员到小马骝洲常关税厂。自此，黄埔分卡的职能逐渐变为单纯的锚地管理。清末到民国初年，黄埔分卡业务极少。[1]

清初，新设立的粤海关及以黄埔港为代表的外贸港口承担着南方海上丝绸之路的重任。及至乾隆二十二年，粤海关成为中国境内唯一处理中外贸易往来的海关。[2] 粤海关及其下属港口的对外开放是全球贸易发展中的重要事件，它既是清政府颟顸和不思进取的标志，也是晚期中华帝国走向衰落的标志——一场全球化的浪潮早已在世界范围内轰轰烈烈地铺开，而清朝统治者却毫无察觉，在自己的舒适圈里虚度光阴。

（二）主要关税

鸦片战争之前，黄埔是来华商船停靠的主要港口；鸦片战争结束以后，外国商船可以直接进入珠江，黄埔港不再是必需的碇泊之所。鸦片战争前，进出口关税主要在黄埔征收，主要关税有如下几种。

1. 船钞，即船料，亦称船税或吨税。进口船只由粤海关派人在虎门登船丈量，在黄埔纳税。船钞税额多少以船只大小而定。西洋船“一等船长七丈四五尺，阔二丈三四尺，长阔相乘，该十八丈，该纳饷银一千四百两；二等船长七丈二尺，阔二丈二尺，长阔相乘，该十五

1 袁峰：《黄埔海关考》，中央编译出版社 2016 年，第 53 页。

2 韦庆远：《澳门通洋贸易与广州黄埔设港的关系》，纪宗安、汤开建主编：《暨南史学（第三辑）》，暨南大学出版社 2004 年，第 461 页。

丈八尺四寸，该纳饷银一千一百两；三等船长六丈五六尺，阔二丈，长阔相乘，该十三丈二尺，该纳饷银六百两”[1]。上述船钞可以按照八折征收。随着时间的推移，西方造船技术不断进步，船的体量不断增加，因此船钞上扬。综合来看，一等大船需缴纳船钞“一千一百余两至二千一二百两”，二等、三等中小船征钞“八百余两至四百余两不等”[2]。粤海关规定，未经丈量的外国商船，一律不许进入黄埔港。

2. 货税，也称正税或商税。外国商船到达黄埔港后，首先要到十三行投行，将进口货物的销售和回程出口货物的购置全部委托给十三行行商。因此，进出口货物的货税征收办法与船钞不同，它不是由粤海关直接征收，而是由十三行行商代外商缴纳。货税缴纳一般如此操作：出口货税在行商为外商采购货物时随货值一起缴纳；进口货物的货税则在洋商回程时缴纳。粤海关货税制度有一个不断完善的过程。康熙二十八年（1689），粤海关即制定了税例，其时海关机构尚未健全，对货物进出口税并不全照例抽。雍正十三年，清政府制定了关税税则，列明商品名称和对应的税率，并将货物分为布匹、食品、器皿和杂物四类，按类征税。该税则根据货物量计征，茶、丝、棉花以斤计，布匹、绸缎以丈计，器皿以件计，基本上是一种从量税，即按货物体量征税。该税则虽然比较粗糙，但也是一种征税的思路。根据规定，出口货物中，细土茶每百斤征税银二钱，粗土茶每百斤征税银一钱；湖丝、丝经每百斤征税银五两四钱，土丝、纵土丝、湖绵等每百斤征税银一两。进口货物中，象皮、犀牛皮每百斤征收税银一两，山马皮、麂皮每百斤征收税银二钱六分；小银自鸣钟每个征税一两，

1　〔清〕梁廷枏：《粤海关志》卷九“税则二”，《续修四库全书》（第 835 册），上海古籍出版社 2002 年，第 616—617 页。

2　〔清〕梁廷枏：《粤海关志》卷八“税则一”，《续修四库全书》（第 835 册），上海古籍出版社 2002 年，第 608 页。

洋法蓝器自鸣钟每个征税四两等。相关进出口货物分门别类，清楚列明应征税课标准。[1]从以上代表性货物的征税税率来看，粤海关的进出口货税实行的是一种低税率政策。康熙末年至雍正年间，进出口货物平均关税率为4%，其中税率最高的是生锌，为7.7%，最低的是茶叶，为0.4%。[2]

清朝政府不但从一开始就执行低税率关税政策，而且从粤海关成立之时至道光年间，还曾多次减免进出口税，使实际的关税水平变得更低。这种低税率政策有利于吸引外国商人到黄埔港贸易，但也给已完成工业革命的西方国家的商品大量进入中国大开方便之门。

（三）海关制度的建立

清代海关制度在继承前代经验的基础上，不断建立和完善，主要有引水制度、行商制度。它们对中外贸易的顺利开展起到了重要作用。

1. 引水制度。康熙二十三年清政府放开海禁后，越来越多的西方商人到黄埔港进行贸易。当时，外国商船进入黄埔港前，一般先停泊在珠江口外海面，在澳门办好手续后，方得将船开抵黄埔碇泊，然后开舱贸易。因此，在澳门聚居的外商逐渐增多。乾隆八年（1743）以前，澳门有外商近6000人。[3]

由于日久生弊，外国商人的管理成为头等大事。乾隆九年（1744），清政府新设澳门海防同知，印光任成为第一位海防同知，专理澳夷事务，兼管督辅海防。印光任上任后，首先制定了管理蕃船及澳夷的章

1 〔清〕梁廷枏：《粤海关志》卷九“税则二”，《续修四库全书》（第835册），上海古籍出版社2002年，第611－616页。

2 K. Latourette，H. B. Morse，The Chronicles of the East India Company Trading to China（1635-1834），*the American Historical Review*，Vol.1，1926，pp.78-86.

3 萧致治、杨卫东编撰：《鸦片战争前中西关系纪事（1517－1840）》，湖北人民出版社1986年，第203页。

程七条。章程规定："洋船到日，海防衙门拨给引水之人，引入虎门湾，泊黄埔。"[1]这是中国历史上建立的第一个引水制度，最先实行于澳门与黄埔之间。

一般的引水程序是：洋船向澳门同知衙门申请入港，澳门同知衙门选派2名引水员前往接洽，手续办理完毕后，引水员带领洋船从虎门进入黄埔港停靠，然后完成后续贸易事项。需要说明的是，引水员需要由内地"殷实良民"充任，当时具有引水员资格的共14人。在成为引水员之前，他们需要"取具保甲、亲邻结状，县丞加结申送，查验无异，给发腰牌、执照准充，仍列册通报查考，至期出口等候"[2]。也就是说，引水员的选拔和充任程序很严格，在成为引水员之后，便可等待船只来港，承担引水工作。

为了进一步规范引水工作，防止外国船只在珠江口长时间滞留或私下雇请非法引水员办理相关入港手续，嘉庆十四年（1809），清政府重申："嗣后夷船到口，即令引水先报澳门同知，给予印照，注明引水船户姓名，由守口营弁验照放行，仍将印照移回同知衙门缴销，如无印照，不准进口。"[3]

道光十五年，两广总督卢坤和粤海关监督中祥为统筹管理洋船来粤事宜，对包括引水制度在内的诸多制度进行完善。对于引水员，卢坤等人重申，官方发给执照的才是合法引水员，外国船只不得雇用无执照的人员充任。另外，由于当时发生了不法人员冒充引水员导致外商投诉的事件，故卢坤等人要求澳门同知在选拔引水员时"查明年貌、

---

1 〔清〕梁廷枏：《粤海关志》卷二十八"夷商三"，《续修四库全书》（第836册），上海古籍出版社2002年，第194页。

2 〔清〕梁廷枏：《粤海关志》卷二十八"夷商三"，《续修四库全书》（第836册），上海古籍出版社2002年，第194页。

3 〔清〕梁廷枏：《粤海关志》卷二十八"夷商三"，《续修四库全书》（第836册），上海古籍出版社2002年，第208页。

籍贯，发给编号、印花腰牌，造册报明总督衙门与粤海关存案，遇引带夷船，给与印照，注明引水户姓名，关汛验照放行，其无印花腰牌之人，夷船不得雇用”[1]。尽管当时西方殖民主义者无视中国法律和港口管理制度，不少英美鸦片走私船非法闯入珠江口水域，但中国的引水制度毕竟已经建立起来，这对维护国家主权具有重要意义。

2. 行商制度。广州十三行与黄埔港的关系甚为密切。清朝前期，对外贸易限于黄埔港，外国商船不准进入广州城。因此，黄埔港进出口货物，均由十三行承揽销购。它既是黄埔港进出口货物的集散地，又是黄埔港进出口货物的贮存仓库，故有“洋楼虽栖于省岸，市舶皆聚于黄埔”的说法。

清代的行商制度是从明代的牙行制度演变而来的。清代行商制度的建立，是清政府实行“以官制商，以商制洋”政策的结果。康熙二十四年，粤海关设立之初即有行商，不过只有几家，而无“十三行”之多。之后，行商数量也是时常变动的，多则20余家，少则数家，并非刚好13家。[2]这个时期，行商代表清政府对洋船征收贸易相关税赋，并与洋商接洽以下各项事宜。

（1）洋船抵粤时，需要在十三行行商中选择一家为“保商”，保商对该外商及其船舶、水手的一切行动负责。因此，外商不得不将各项事务完全委托于保商。外商只能将货物卖给公行。除将货物原装运回外，决不能将货物卖给公行以外的商人。外商购买商品，也需要行商承揽。

（2）行商是一个整体。一个行商如有商欠，整个行商团体要承担连带责任，替政府向外国商船征收的税款也由他们集体担保。

1 〔清〕梁廷枏：《粤海关志》卷二十九“夷商四”，《续修四库全书》（第836册），上海古籍出版社2002年，第224页。

2 梁嘉彬：《广东十三行考》，广东人民出版社2009年，第71页。

（3）行商一面负责与洋商之间的贸易，一面担任官府与外商之间的沟通桥梁，既要保证外国人在粤贸易期间的生命财产安全，也要规范他们的行为。

（4）行商在对外贸易中的地位重要，除获准散商参与的贸易商品外，其他外洋商品的贸易也由其独占并受政府保护。[1]

十三行的上述职能在长期实践中会产生一些问题，如某一行商因经营不善而积累大量商欠，会导致整个十三行系统负上偿还压力，严重的还会影响中外关系。十三行的垄断地位也导致行商之间缺乏竞争，因而滋生弊端。道光十一年（1831），户部奏："广东各行商尾欠甚多，因满关后六个月续有夷船进口，无力洋商往往挪移新货饷银，完纳满关以前旧饷。自嘉庆年间至今，无不递年挪掩，竭蹶完公。迨道光四年以后，各洋商内有丽泉、西成、同泰、福隆等行节次倒闭，共欠税饷银六十八万两，夷账银一百四十五万余两，皆现开各行商分摊赔缴，商力日绌，完项日增……请俟后自癸巳年分为始，进口货物于夷船清舱之日，责令保商、通事先行报明某货已经某行买受，某货夷人尚未卖出；已卖之货由行商完纳，未卖之货由夷商交饷，保商代纳。夷商以货换货，不许借给行商银两。行商照例交易，毋许多欠夷商货价。凡有一船回帆，即将一船进口饷银完清，方准请牌出口。其出口稍迟者，以验货后三个月为限，责成保商完纳，不得缓至请牌之时。"[2] 由此可见，当时有行商产生的商欠已经引起清政府的高度重视。一些行商因为经营不善在产生商欠后倒闭，为此，清政府要求行商理顺交易环节，不允许行商向洋商借款，并且重申洋船返回时，税货两清，方能放行。

1　梁嘉彬：《广东十三行考》，广东人民出版社2009年，第135－137页。

2　梁嘉彬：《广东十三行考》，广东人民出版社2009年，第178页。

鸦片战争以前，清政府为管理外国商人，从18世纪三四十年代至鸦片战争前的100年时间里，颁布的重要“章程”和“条例”高达20多个。其中，道光十一年，两广总督李鸿宾等制定的《防范夷人章程》中的内容较有代表性。

（1）外国商船进入黄埔港，受雇的引水、通事、买办，须有由澳门同知给发的牌照，不准非法私雇。没有中国引水员引领，外国商船一律不得进入黄埔港碇泊。

（2）外国护货兵船必须停泊在珠江口外，不得驶入虎门。商船进入黄埔港后，必须先卸除炮位，方可开舱贸易，待贸易完成后，船只返航时发还，以免发生不测。

（3）禁止外商在广州滞留。乾隆二十四年前后，规定外商每年6—7月来黄埔港贸易，10—11月回棹。如贸易未清，应委托行商办理，暂到澳门居住，不准在省城住冬。道光十一年前后，到黄埔港贸易的外国商船成倍增长，有的船只迟至9—10月才到达黄埔港，由于贸易时间较长，不许外商在省城住冬的规定没有得到严格执行。因此，新规定要求洋商在省城居住期间，行商要认真约束他们的行为并遵守中国法律。

（4）洋人不准私带蕃妇入住商馆，不准在省城坐轿，也不准携带枪炮及其他武器进入广州城。

（5）行商向外商借贷的银两，严禁久拖不还。

（6）限制外商雇用华人仆役。初期，外商除可以雇用通事、买办外，不准雇用其他中国人。后来，为方便外商生活和交易，此条有所放松，改为可雇看门人2名、挑水4名、看货1名，禁止超出限额雇人。

（7）外商不得直接向上呈递禀帖，应由行商转禀。如系控告行商，或行商不为转禀之事，才允许外商自赴地方官衙门禀报。

（8）禁止鸦片走私和纹银出口。[1]

从上述条款上看，章程对中外贸易的管理是十分细致和严格的，符合清政府管理中外贸易的初衷——在"中外之大防"的观念下，对外国人在广州的活动制定规范，以避免中西冲突。当然，这些规范只是制度层面的条文，具体的执行和实施效果则另当别论。

在清政府绞尽脑汁以期规范中外贸易时，对中国海关和港口管理体制的挑战也时有发生，如清代前期的"洪任辉事件"，以及乾隆朝的中英通商事件，即"马戛尔尼使团访华事件"，还有荷兰访华使团、英国阿美士德使团等要求和中国开展自由的商品贸易，皆被清政府拒绝。清政府重申，西方国家在广州贸易应遵守中国的法律。实际上，在广州开展贸易活动是能够为外国商队带来巨大收益的。1830年，英国议会曾有人这样评论："广州的生意几乎比世界其他一切地方都更方便好做。"[2]

从历史上看，广州的港口贸易管理体制有一个发展过程。一开始，法规的制定主要是从管理和规范外国人员的角度出发的，"严夷夏之防"是各项政策制定的立足点。这一心理优势主要在于清朝统治者对华夏文化的过度自信，以及对域外文明的盲目无知，特别是对文化多样性的无知。这当然是"后见之明"，但至少说明当时的清朝统治者守成有余、开拓不足，这也是后来中国落后挨打局面形成的重要原因。不过，中华民族是一个包容和懂得反思的民族，所以才有醒悟之后的奋起直追。国家的发展有起有落，这也是历史的一部分。

回到本节主题，宋元两代的中外贸易处于正常状态。由于当时的统治者需要借助对外贸易获得经济效益，因此推动中外贸易的发展，

1　〔清〕梁廷枏：《粤海关志》卷二十九"夷商四"，转引自吴家诗主编：《黄埔港史》（古、近代部分），人民交通出版社1989年，第104—114页。

2　汪敬虞：《论清代前期的禁海闭关》，《中国社会经济史研究》1983年第2期。

取得不错的成效。“广州通海夷道”上因此帆影不断，有去有还。明清时期，中国传统统治体制走向成熟化甚至过熟化，产生“信息茧房”效应，统治者自视甚高，不愿意了解国外的情况和世界大势，沉湎于“天朝上国”的迷梦，放弃本应该继续加深的中外往来和交流，“躲进小楼成一统”，最终在中西竞争中落败，进而导致中国国家地位的疾速下降，在约100年的时间里遭受西方列强残酷的剥削和压榨，沦为半殖民地半封建社会，这是封闭和愚昧带来的苦果。这种创巨痛深，直到今天仍未完全从中国人心中抹去。抚今追昔，今天我们在制定政策时，一定要放眼看世界，将国家发展融入全球历史进程中，站稳人民立场，以高瞻远瞩的政治站位、权衡利弊的理性情感，推行有利于人民、有利于中国和有利于世界的方略，始终敞开胸怀，坚持对外开放，做全球发展的贡献者和推动者。

制度和政策是国家心态的反映。作为一个世界性大国，中国所制定的制度具有强烈的溢出效应和示范效应，其所带来的影响是非常深远的。一项“一口通商”政策将清朝统治者的心态暴露无遗，其所带来的后果恐怕是乾隆皇帝本人始料未及的。但是，时间不能倒回，历史没有假设，但历史会重复，若不能改变心态应对外来挑战，便有可能重蹈覆辙。因此，只有吸取历史教训，国家才能继续前行；只有坚持对外开放，人民才能享受改革开放的“红利”。

第二节　南海神庙的官方祭仪

南海神庙是古代统治者为祈求南海平靖而敕建的，其位置就在古代扶胥港附近。隋文帝开皇十四年下诏兴建南海神庙。唐初，统治者制定了每年的祭祀礼制和祠官选择要求，之后历朝历代大都遵守如仪，予以崇祀。

除祭祀以外，按照王朝统治的习惯，各朝各代还会对南海神进行加封。唐代封南海神为“广利王”。《南海神广利王庙碑》称：“海于天地间为物最巨，自三代圣王莫不祀事。考于传记而南海神次最贵，在北东西三神、河伯之上，号为祝融。天宝中，天子以为古爵莫贵于公侯，故海岳之祀，牺币之数，放而依之，所以致崇，极于大神。今王亦爵也，而礼海岳，尚循公侯之事，虚王仪而不用，非致崇极之意也。由是册尊南海神为广利王，祝号祭式与次俱升。”[1]“广利王”即广利生民的意思。

南海神庙的职责和定位，主要有以下几个：①广利生民，海不扬波；②护佑国家，番夷咸服；③保境安民，平定内乱；④顺应民心，赐予子嗣；⑤保佑信众，给予健康。由此可见，南海神并不是一元神而是多元神，在历史发展过程中，其职能不断扩展。一方面，南海神庙为出海船员提供心理慰藉，让船员在出发前可以进行祭拜，得到心理慰藉和精神寄托，从容走向大海；另一方面，外来的商旅和使节，可以由此看见中国的风貌，了解中国的民情。

开宝四年二月，宋太祖统一岭南地区，当年六月就派遣司农少卿李继芳前来南海神庙致祭。为加强对南海神庙的管理，开宝五年（972），赵匡胤发布谕旨，南海神庙由番禺县令兼任庙令，县尉兼任庙丞。开宝六年（973），政府派人前来修缮南海神庙，并撰文立碑，仪式相当隆重。淳化二年（991），宋太宗下令，每年立夏日向扶胥港南海神庙致祭。皇祐五年（1053），宋代官兵在扶胥港击退了侬智高起义军的侵扰，统治者认为是获得了南海神的帮助，故加封南海神为

1 广州市地方志办公室编，陈锦鸿点注：《南海神庙文献汇辑》，广州出版社2008年，第161页。

“南海昭顺洪圣广利王”。宋理宗宝庆元年，朝廷大规模重修南海神庙，耗资六百余万两，这笔资金正是来自海上贸易的获利。淳祐十二年（1252），宋理宗以盛大庆典祭祀南海广利洪圣昭顺威显王。[1]

由于南海神庙因海而兴，宋代不少文人墨客对它进行过吟咏。苏轼被贬惠州时，曾游览过扶胥镇，并有《浴日亭》诗流传下来：“剑气峥嵘夜插天，瑞光明灭到黄湾。坐看旸谷浮金晕，遥想钱塘涌雪山。已觉沧凉苏病骨，更烦沆瀣洗衰颜。忽惊鸟动行人起，飞上千峰紫翠间。”[2]杨万里在《题南海东庙》一诗中说：“大海更在小海东，西庙不如东庙雄。南来若不到东庙，西京未睹建章宫。”[3]诗中的东庙指的就是扶胥港旁边的南海神庙。

宋元交替之际，扶胥港南海神庙被战火所毁。元朝建立后，立即重建南海神庙，规模比之前更大。元代因袭宋代重视海外贸易的政策，也希望通过中外贸易产生的税收让国家“得大济”。元朝政府封南海神为“广利灵孚王”，并多次派高官万里迢迢到广州拜祭南海神。元泰定四年（1327），政府派吕宏道祭祀南海神。当时所立的碑文记述：“具舟进自黄木湾，铙鼓震天，旌旗盖海……阖庙旋舻，歌管嗷嘈，龟鱼踊跃，祥飚送帆，真有如韩记所云。”[4]至此，扶胥港又恢复往日千帆云集的繁荣景象。

明代对海外贸易实施严格的管理措施，相当长时间内禁止民间贸易，不过南海神的崇祀并未因此削弱。明太祖朱元璋在洪武二年、洪

1　黄淼章、闫晓青：《南海神庙与波罗诞》，暨南大学出版社2011年，第10页。

2　广州市地方志办公室编，陈锦鸿点注：《南海神庙文献汇辑》，广州出版社2008年，第212页。

3　广州市地方志办公室编，陈锦鸿点注：《南海神庙文献汇辑》，广州出版社2008年，第231页。

4　广州市地方志办公室编，陈锦鸿点注：《南海神庙文献汇辑》，广州出版社2008年，第117页。

武三年分别在南海神庙立了“敕祀南海之记”“洪武三年御碑”“瑜祭南海神文”三块碑，仍以“南海之神”崇祀南海神庙主尊神。明朝后期，皇帝在南海神庙立碑更多，南海神的功能也被大大拓展，从保佑海不扬波发展到祈雨禳灾等。隆庆元年，明朝统治者解除海禁，中西交往重新活络起来，人们皆前来广州开展商贸活动。天启元年（1621），明熹宗敕令重修南海神庙，并刻立“重修南海神像记碑”。碑文称：“余尝眺望扶胥江中，见白云诸峰龙脉蜒蜿，而东又折而之西，至此则高陵隐起，脉始结焉。两水大会，诸山环朝，人瑞天符，庥嘉滋至，真胜地也。”[1]

康熙四十二年，康熙亲笔御题“万里波澄”并命户部右侍郎范承烈前往广州致祭南海神，赐南海神庙为“波罗庙”。“波罗”一词是梵语“Paramita”音译“波罗蜜多”的简称，意为到达彼岸，又有办事成功之意。清雍正三年（1725），朝廷派年希尧到广州致祭南海神，加封南海神为“南海昭明龙王之神”。这是历代皇帝对南海神的最后一次封王。[2]清朝实行“一口通商”后，广州中外往来日益频繁，南海神庙因之香火更盛，人员更多。乾隆三十七年（1772），乾隆为庆祝母亲八十大寿，派官员到广州致祭南海神，并撰《皇太后八十万寿祭南海神记》及刻立石碑。

可见，隋唐以来，南海神庙作为我国对外贸易港口的重要信仰设施，在推动中外贸易方面起着十分重要的作用。古人对自然界的认识比较淳朴，对一些自然现象的理解需要借助一些“超自然”的理论方能自洽。在自然科学不甚发达的当时，许多现象不是可以用“科学”能够解释的，而神祇的存在给予人们，特别是出海人员的心理抚慰是

1　广州市地方志办公室编，陈锦鸿点注：《南海神庙文献汇辑》，广州出版社 2008 年，第 191 页。

2　黄淼章、闫晓青：《南海神庙与波罗诞》，暨南大学出版社 2011 年，第 12 页。

一种长期的心理暗示。科学研究证明，正面的心理暗示是有一定积极作用的。南海神庙和南海神在长期的中外贸易中，特别是对从广州黄埔港出海的人员来说，起到了一定的"护佑"作用，让他们可以在出海期间有强有力的精神支撑。

第三节　南海神庙的民俗活动

南海神庙的各项民俗活动是黄埔港历史发展过程中积累的重要文化遗产，也是具有地方特色的民俗事项。它们一方面具有官方特征，另一方面也代表当地民众的心理诉求。比如，每年五月出海季，广东地方官员会举办仪式，祈求雷神（雷神名丰隆）保佑海上航行顺风顺水，即"广帅以五月祈风于丰隆神"[1]。不过，其中最为盛大的民俗活动非南海神庙会莫属。

南海神庙会又称"波罗诞"，每年农历二月十三举办，是集贸易、娱乐和祈祷于一体的混合性活动。围绕南海神有一套完整的制度：南海神有妻子、子女还有属下，属下广为人知的有"六侯"，即助利侯达奚司空、助惠侯杜公司空、济应侯巡海曹将军、顺应侯巡海蒲提点使、辅宁侯王子一郎、赞灵侯王子二郎。[2]关于南海神及相关神祇的故事建构，经过长期的扩充，已形成完备的故事体系，各个神祇在其中发挥各自的作用。单是看这些神祇的命名，就知道民众们信奉民俗神祇的朴素缘由，即民众希望由此得到一些心灵上的安慰，以及生活上的利益。

1　〔宋〕朱彧撰：《萍洲可谈》卷二，上海古籍出版社编：《宋元笔记小说大观》（第二册），上海古籍出版社2001年，第2309页。

2　王川：《南海神庙》，广东人民出版社2002年，第39页。

每年农历二月上旬，方圆百里的居民便来到扶胥港南海神庙参拜。波罗诞当天，珠江三角洲地区番禺、南海、顺德、东莞、增城、中山等地的人们从四面八方赶来，在南海神庙及其周围聚集。一时间，神庙内外人头攒动，烟雾缭绕，分外热闹："波罗庙每岁二月初旬，远近环集如市，楼船、花艇、小舟、大舸，连泊十余里，有不得就岸者架长篙、接木板作桥，越数十重船以渡。其船尾必竖进香灯笼，入夜明烛万艘，与江波辉映，管弦呕哑嘈杂，竟十余夕。连声爆竹，灯火通宵，登舻而望，真天宫海市不过是矣。至十三日，海神诞期，谒神者，仅三更，烧猪腊，燕斋楮帛，蚨脂络绎，庙门填塞，不能入庙……（庙前广场）搭蓬作铺店。凡省会、佛山之所有日用器物玩好，闺阁之饰，儿童之乐，万货荟萃，陈列炫售，照耀入目……（庙东的海光寺则）百货聚集庙门，寺里则摆卖字画、洞碑古帖、虫鱼卉木。（村民）糊纸作鸡，涂以金翠或为青鸾彩凤，大小不一，谓之'波罗鸡'。凡谒神游剧者必买符及鸡以归，馈遗邻里，谓鸡比符尤灵。"[1]

到了花朝节（每年农历二月十五），成年女性也前往南海神庙祈祷。宋代诗人对当时庙会的场景有生动描写："香火万家市，烟花二月时。居人空巷出，去赛海神祠。东庙小儿队，南风大贾舟。不知今广市，何似古扬州？"[2]宋元时期，扶胥港因朝霞映水，波光粼粼，是观看日出的好地方。"扶胥浴日"也因此成为宋元时期"羊城八景"之魁首。

由于珠江水网密布，水上交通十分发达。晚清民国时期，每逢波罗诞，"每一艘船都装饰一番。有的船体雕龙画凤，船顶插有飘带的三

1 〔清〕崔弼辑：《波罗外纪》，《广州大典》第34辑第21册，广州出版社2015年，第28—29页。

2 广州市地方志办公室编，陈锦鸿点注：《南海神庙文献汇辑》，广州出版社2008年，第233页。

角彩旗，五颜六色的长方旗，龙牙旗，有的船只还有罗伞，五彩缤纷，壮丽非凡；有的桅顶挂灯笼，船头和船尾点着香火；有的船上专设坛台，表演地方特色的节目。东莞船燃放五彩缤纷的烟花；佛山船布满千姿百态的灯饰；番禺船表演令人惊叹的飘色；顺德船演唱人们喜爱的粤曲和演奏悦耳动听、荡气回肠的广东音乐。本地人敲锣舞狮，还有走马卖解，舞刀弄枪、杂要戏猴等。真是旌旗招展，火树银花，鼓乐喧天，欢声雷动，热闹非凡。珠江水位稍降低，略看到浅滩沙基，船上的人便争先恐后提着灯笼，拿着香烛、元宝离船上岸，涉水过滩到庙里参拜。拜完后，或登高远眺，或欣赏诗文，或玩读碑刻，或赶集购物，买上一二只波罗鸡，祈求好运。”[1]可见，波罗诞无疑是黄埔港最具影响力的民俗活动，其影响范围遍及珠江三角洲及其附近地区。波罗诞中，吃喝玩乐的设施一应俱全，活动异常丰富，人们携家带口参加这一盛事，希望能够领受幸运，去除不好的观感。各种活动虽然以波罗诞或南海神诞为名，但是活动内容远远超过庆祝神祇生日的范围，更似一场超大规模的民众祈愿和社交活动。

波罗诞还衍生出四乡会景（五子朝王）、祭祀海神、舞狮子、演大戏、烧花炮、杂要等丰富多彩的民俗文化活动，南海神庙因此成为珠江三角洲地区民俗文化的聚集地和展示地，成为彰显和传承民俗文化的重要载体。[2]其中，波罗诞期间最为壮观的活动是“四方会景”，也叫“五子朝王”。“四方会景”是将供奉在附近十五乡村的洪圣王5个儿子的神像，在南海神正诞日分别抬到南海神庙拜见他们的父王，为其贺寿。这是波罗诞活动中的高潮，神祇信仰与传统人伦在此汇流，一个神性与人性同时在场的情绪共鸣引燃所有参与者的热情。

1　王川：《南海神庙》，广东人民出版社2002年，第64页。

2　黄淼章、闫晓青：《南海神庙与波罗诞》，暨南大学出版社2011年，第46页。

每年农历正月初一至初七，珠江三角洲及附近居民也会祭拜南海神。作为地方神祇，南海神除保佑出海平安之外，还有保境安民、有求必应等一切神明应该具备的灵应功能。关于南海神的神性功能，如送子[1]，属于偶像崇拜的泛化。送子在民间本属于观音菩萨的职能，但各地都有地方神祇掌管生育之事，因此这是一个普遍神和地方神共有的“职责”。这与中国人泛神信仰和多神信仰有密切关系，民间可以通过自洽的逻辑使之合理化。

围绕南海神和南海神庙神举办的一系列民俗活动是扶胥港海贸文化和地方信仰的显性表现。一些活动虽然在诞生伊始与海上航线密切相关，但是民俗活动有着自身的变异性和适应性。经过长期传承，地方神祇的功能不断增加，层累地造成“全能神”的形象。不过，这种功能上的增益正说明其在社会上得到广泛认可。

第四节　船上民俗

船舶既是一个运输工具，也是一个物理空间，在扬帆起航之后，则形成一个移动的社会。中国人关于海的认识及对海的敬畏与期待在这个移动的社会上有充分的体现。一般而言，为祈求平安，船上话语会有禁忌，这是中国吉祥文化的延伸。另外，在中国信仰体系之中，具有海上庇佑功能的神祇，以及地方上保佑平安的神祇，都有可能是海洋信仰的组成部分。

如前所述，南海神祝融是南海海上信仰的一部分，现在还没有资料显示，在扬帆出海之前的祭祀南海神活动中，船主或船员有无携带

1　《南海神庙》编写组编:《南海神庙：史话与传说》，广东省地图出版社1992年，第16页。

南海神相关信物上船，又或者有无携带南海神分身或代表与船只共同劈波斩浪。以“后见之明”来推断，南海神祭祀过程中应该有物质载体或形象被请上船，与船员一起驶向蓝色海洋。

由于时代变化和参与者众多，海上信仰是一个复杂的体系。宋代沉船“南海I号”出水了玉雕佛像和泗州和尚等神祇，为我们今天了解当时中国出洋船只上的信仰和护佑体系提供了实物证据。[1]这里要重点提及泗州和尚。泗州和尚，本名僧伽（638—710），唐代名僧，俗姓何，唐龙朔元年从西域来中土游历，曾在泗州城驻锡传教。去世后，唐中宗派人将僧伽坐化之身护送回泗州建塔供养，故称“泗州大圣”。[2]僧伽在唐代就有神性和“显灵事迹”，并因此神化，后来泗州和尚与观音信仰合流，民间已经难以分辨。按《宋高僧传》的说法，僧伽原为观音菩萨化身，现沙门像，可依不同的对象而现不同身，所现“小僧状”实有佛典作为依据。从传世僧伽造像来看，僧伽的形象基本上有两种：一是常见的高僧形象；二是头戴风帽的形象，特别是有两条垂带的风帽，几乎成了泗州特有的帽式。[3]“南海I号”船舶上的泗州和尚像明显属于高僧形象。唐宋元时期，泗州和尚信仰广泛流行，船舶上供奉其神像也属于正常现象，而其与佛像一同供奉，或许就是将其视为观音，毕竟南海是观音的道场。

《萍洲可谈》记载了船只航行中的一些民俗：“舟人病者忌死于舟中，往往气未绝便卷以重席，投水中，欲其遽沉，用数瓦罐贮水缚席间，才投入，群鱼并席吞去，竟不少沉……舶行海中，忽远视枯木山积，舟师疑此处旧无山，则蛟龙也，乃断发取鱼鳞骨同焚，稍稍没

1　广东省博物馆编：《大海道：“南海I号”沉船与南宋海贸》，岭南美术出版社2019年，第251、262页。

2　徐汝聪：《试论僧伽造像及僧伽崇拜》，《东南文化》2014年第5期。

3　林晓君：《泗州佛信仰研究》，福建师范大学2007年硕士学位论文，第52页。

水中。凡此皆危急，多不得脱。商人重番僧，云度海危难祷之，则见于空中，无不获济，至广州饭僧设供，谓之‘罗汉斋’。”[1]实际上，后面所说的“蛟龙”，应是遇到海上风暴，此时风高浪急，木帆船凶多吉少。

元代以后，妈祖（天后）成为东南沿海地区航海保护神，这一信仰也传入广东地区。《广东新语》称：“凡渡海自番禺者，率祀祝融、天妃；自徐闻者，祀二伏波。祝融者，南海之君也……祠在扶胥江口，南控虎门，东溯汤谷……而天妃神灵尤异，凡渡海卒遇怪风，哀号天妃，辄有一大鸟来止帆樯，少焉红光荧荧，绕舟数匝，花芬酷烈，而天妃降矣，其舟遂定得济……其祠在新安赤湾，背南山，面大洋，大小零丁数峰，壁立为案……而二伏波将军者，专主琼海，其祠在徐闻，为渡海之指南。”[2]此外，民间尚有“洪圣王”崇拜。这是一个与“南海广利王”有交叉但更为民间的海神信仰。

清代的出海船舶信仰在“耆英号”上有突出的表现。由于该船上的船员大多是中国人，其中又以广东人占大部分，因此广东地方民俗在船上有着突出的表现。首先，船尾是广船的样子，俗称“大眼鸡”。另外，在船内的很多功能区有神祇信俗，如在交谊厅内放置了一幅佛像画以保佑航行顺利。在船的舵头立着一块木板，上面写着“愿海水永不淹没此船”的吉祥话，还系着两条红布。第二层尾楼甲板上有一个佛堂，供奉着戴红头巾的海神及其随侍。另外，主神旁边还供奉着一块木板，这是建造这艘船时铺下的第一根木材的一部分，并被高僧开过光。佛堂里点着一盏长明灯，“假如它熄灭了，就会被认为是凶

1 〔宋〕朱彧撰：《萍洲可谈》卷二，上海古籍出版社编：《宋元笔记小说大观》（第二册），上海古籍出版社 2001 年，第 2310 页。

2 〔清〕屈大均撰：《广东新语》卷六“神语”，中华书局 1985 年，第 204—205 页。

兆”[1]。尽管这些做法被外方船长凯利特责备，认为他们过于迷信。不过，船长还是不得不让步，并准备大量供奉神祇的应用之物，如锡纸、洒银纸和香烛等，“否则中国水手不肯签署合同”。“耆英号”上，人们还会以罗盘为礼祀对象，将罗盘摆在桌上，“前面放置茶水、甜饼和猪肉，以表示诚心诚意”[2]。

上述关于“耆英号”的记载为我们了解清代中国船只海上航行时的信仰空间提供了生动的文字资料。船上有专门的空间供奉海神，并且准备了锡纸、洒银纸和香烛等日常用于敬奉海神的供品。船上的设施也相当讲究，比如放置镇海的木碑刻，用于祈求海不扬波。总的来说，船员通过上述信仰空间的设置，以及常态化的祭祀仪式来获取神祇的保佑，从而确保一路平安。

海上航行的民俗是一种动态的文化现象，因缺乏文献记载，只能通过现存的一些文物和习俗进行推断。不过，由于海上航行的风险较陆地大，因此长期的海上生活积累下来的信仰和民俗是十分丰富的。举凡船只的建造、船只航行前的仪式、船上相关民俗设施、船上的生活习惯都有一定的成规。这些习惯构成维系海洋航行、船员海上活动和从事海洋贸易的一套文化系统。

1 〔英〕戴伟思著，高丹译：《东帆西扬——“耆英号”之航程（1846—1855）》，浙江大学出版社2021年，第77—78页。

2 〔英〕戴伟思著，高丹译：《东帆西扬——“耆英号”之航程（1846—1855）》，浙江大学出版社2021年，第78页。

结 语

今天，广州港是一个由内港港区、黄埔港区、新沙港区、南沙港区四大港区共同组成的复合概念。2023年，广州港完成货物吞吐量6.75亿吨，集装箱吞吐量251万标箱，规模稳居全球前列。广州港已开辟直达欧美、非洲、亚洲等国内外集装箱班轮航线199条，海运通达国内主要基本港和国外100多个国家及地区的400多个港口。隋唐以降的黄埔港早已发生巨变，但是黄埔作为港口和一个行政区至今仍然有着重要影响，这充分说明了"黄埔"的魅力。

黄埔港是中国对外开放的标志。从隋唐开始，黄埔港就成为国家重要的对外贸易窗口和岭南地区海上贸易的枢纽。宋元时期，黄埔港已经与世界上的100多个国家保持常态化的贸易交往。明清时期，特别是清代，广州作为"一口通商"的口岸，长期垄断中外贸易。鸦片战争后，清政府开放五口通商，广州名列其中，黄埔港继续对外开放并一直延续至今。可见，黄埔港的开放意义在我国历史上是十分独特且需要重点强调的。

历史人类学者认为，越是地方的，就越是国家的。[1]广州作为中国

1　刘志伟：《地域空间中的国家秩序——珠江三角洲"沙田—民田"格局的形成》，《清史研究》1999年第2期。

长期的对外贸易港口和交流前沿，自身的地方性往往与国家性相始终。我们不能仅仅理解其地方性，更要探索它的国家性。黄埔虽然在国家广阔的领土当中是一个很小的区域，但是它所体现出来的国家治理思路及其对近代中国走向的影响是具有全局性的。我们站在国家的角度来理解广州，理解黄埔，也就是从国家的角度来理解国家和变化的帝国。

美国学者柯文在《在中国发现历史——中国中心观在美国的兴起》[1]一书中强调，研究中国问题应该以中国的角度来观察中国的历史发展脉络，而非站在他者的立场，用西方的观点来批评中国，讨论中国在前现代化过程中的得失。这当然还是一种他者的角度，但是我们作为中国历史研究者，如果不理解中国自身历史发展的理路[2]，对中国社会的发展，特别是明清时期人口大量增加、社会高度繁荣，以及经济总量巨大的情况视而不见，片面以过密化或“内卷”来理解[3]，可能也是后见之明[4]。

从社会发展角度来看，中国在明清时期没有和欧洲一样向资本主义社会转型是一个非常复杂的问题。资本主义代表的是一种资源配置方式和政治制度，如果中国自身的官僚体制可以不断得到优化，社会管理可以持续，特别是生产关系能够不断演进，那么中国社会自行发展到资本主义社会也是有可能的。历史学界曾经提出明清之际“资本

1 〔美〕柯文著，林同奇译：《在中国发现历史——中国中心观在美国的兴起》，中华书局2002年。

2 即余英时著名的“内在理路”学说。该学说虽然针对清代思想史，但近年来逐渐被历史学界广泛运用于其他具有内在发展逻辑的相关研究中。余英时：《论戴震与章学诚：清代中期学术思想史研究》，生活·读书·新知三联书店2000年。

3 李伯重：《多视角看江南经济史（1250—1850）》，生活·读书·新知三联书店2003年。

4 罗志田：《近代中国社会权势的转移：知识分子的边缘化与边缘知识分子的兴起》，《开放时代》1999年第4期。

主义萌芽”问题[1]，至今仍然有部分学者认可。

不过，清代前期康雍乾三朝皇帝励精图治，传统社会的齿轮似乎重拾新动能，当时的清朝在全球依然是“领头羊”。在内部结构不变、外部恢复发展的情况下，中国传统治理模式似乎也可以走出一条康庄大道。因此，改弦更张的思想在统治阶级内部和知识分子阶层没有成为主流，在依靠“内卷”或“过密化”方式取得的农耕文明的复兴很明显是很难再往上走的。也就是说，没有生产力和生产关系的革命性变化，中国传统社会的发展很快就会触到“天花板”。最重要的是，社会在繁荣发展阶段会掩盖很多深层次的问题。“康乾盛世”也是如此，它的出现和延续在很大程度上抵消了传统社会的运行压力，导致统治者仍然以“天朝上国”自居。更何况，中国自身的地理位置和环境具有封闭性，从陆路和海路出发，周围很多国家和地区是拱卫华夏的藩属国。这与西欧国家间的生存状态是完全不一样的。实际上，如果我们倒看历史，就会发现，历史的发展往往是由小概率事件导致的社会发展大转折。葡萄牙、西班牙人打通全球航线的冲动，欧洲的“文艺复兴”，以及英国的“工业革命”，这些链条式的变革导致全球历史发展的巨变，而它们只发生在欧洲，不能不说是具有一定偶然性的。

今天，我们反思“闭关锁国”当然是十分必要的，打开国门也是非常必要的。但是，如果回到历史现场就会发现，对明清统治者来说，无论是开放“一口通商”还是几口通商，都是从现实出发所做的决策。彼时中西往来并不方便，货物量也不大[2]，国家在对外贸易上投入太多精力并不经济。中国是一个以农立国的国家，而且腹地广阔，物产丰

1　尚钺：《中国资本主义生产因素的萌芽及其增长》，《历史研究》1955 年第 3 期。

2　梁嘉彬：《广东十三行考》，广东人民出版社 2009 年，第 74 页。

盈，向海外拓展的欲望并不强烈。因此，缩小涉外管理的规模，将对外贸易限制在一定范围可能是当时的最优策略。再回到当前，我国政府积极推动全球贸易便利化，积极加入各种全球、区域和多边贸易体系，其根本原因就是我国的产业规模十分巨大，我们有大量产品可以供应全球，也需要全球市场来消化我们的产品。所以，我们迫切需要利用国际国内市场，从而实现产业经济和消费的"外循环""内循环"，从而实现"双循环"，造福中国人民乃至世界人民。

从我国沦为半殖民地半封建社会的过程来看，大国转型是一个艰难过程，其中有许多不可控的因素。从全球史来看，第二次世界大战后，许多民族建立了独立国家，但是在走向现代化过程中，绝大多数并不成功，甚至长期陷于内战和贫困。中国的现代化过程也是一波三折，在经历洋务运动、维新变法和辛亥革命之后，许久仍未见到曙光。1949 年，中华人民共和国成立，中国社会面貌焕然一新。1978 年，国家决定实行改革开放，才令中国的现代化进程大步向前。巧合的是，改革开放起步区就在广东，就在珠江口。

国家的竞争既要靠软实力，更要靠硬实力。硬实力主要来自工业能力。目前，我国拥有 41 个工业大类，207 个中类，666 个小类，是全世界唯一拥有联合国产业分类中全部工业门类的国家。这是中华民族伟大复兴最大的底气，而我们需要以更加开放的心态，放眼全球市场，继续推动改革，继续深化开放。我们曾经在全球化的第一次浪潮中落后，在历史发展的紧要关头被西方国家超越，并因此饱尝落后挨打的痛苦，今天我们要扛起全球化的大旗，走新型发展之路，发挥大国担当，帮助后进国家融入全球化，共同享受开放带来的成果。我们要警惕产业"空心化"，积极开展"二次工业化"，提升产业链的科技含量和韧性。

最后，我们站在黄埔港看中外交流，站在岭南看世界历史，就不可能不有所触动。总结历史经验，吸取历史教训，不让历史重演，是每一代中国人必须牢记的。历史研究的目的不是复述历史记忆，也不是为了走进现场，而是以史为鉴，向新而行。中华人民共和国成立前的黄埔港的历史，记录了隋唐以降各朝代的心态，它让我们时刻警醒，也让我们时刻不忘推进改革开放。

参考文献

一、古籍

[1]《百可亭摘稿》

[2]《大明会典》

[3]《道园类稿》

[4]《东西洋考》

[5]《觚剩续编》

[6]《古今事文类聚遗集》

[7]《海国闻见录》

[8]《航海述奇》

[9]《建炎以来系年要录》

[10]《明太祖实录》《明宪宗实录》《明神宗实录》

[11]《南海百咏》

[12]《唐大诏令集》

[13]《天下郡国利病书》

[14]《桯史》

[15]《武备志》

[16]《小方壶斋舆地丛钞》
[17]《绣谱》
[18]《续高僧传》
[19]《续文献通考》
[20]《夷氛闻记》
[21]《舆地纪胜》
[22]《渊颖集》
[23]《粤小记》
[24]《资治通鉴》
[25]《紫岘山人全集》
[26]道光《广东通志》
[27]光绪《番禺县志》
[28]乾隆《广州府志》
[29]壬申《南海续县志》
[30]同治《庐陵县志》
[31]同治《南海县志》
[32]雍正《广东通志》

二、著作

[1]〔汉〕班固撰,〔唐〕颜师古注:《汉书》,中华书局 1999 年。

[2]〔汉〕司马迁撰:《史记》,中华书局 2014 年。

[3]〔后晋〕刘昫等撰:《旧唐书》,中华书局 1975 年。

[4]〔唐〕魏征等撰:《隋书》,中华书局 1973 年。

[5]〔宋〕李焘撰,上海师范大学古籍整理研究所、华东师范大学古籍整理研究所点校:《续资治通鉴长编》,中华书局 2004 年。

[6]〔宋〕李昉等撰:《太平御览》,中华书局 1960 年。

[7]〔宋〕陆游撰:《老学庵笔记》,上海古籍出版社 1993 年。

［8］〔宋〕欧阳修、宋祁等撰：《新唐书》，中华书局 1975 年。

［9］〔宋〕苏轼：《苏东坡全集》，中国书店 1986 年。

［10］〔宋〕王象之编著，赵一生点校：《舆地纪胜》，浙江古籍出版社 2012 年。

［11］〔宋〕杨仲良撰：《皇宋通鉴长编纪事本末》，江苏古籍出版社 1988 年。

［12］〔宋〕张知甫著，孔凡礼点校：《可书》，中华书局 2002 年。

［13］〔宋〕赵汝适原著，杨博文校释：《诸蕃志校释》，中华书局 2000 年。

［14］〔宋〕周去非著，杨武泉校注：《岭外代答校注》，中华书局 1999 年。

［15］〔宋〕朱彧撰：《萍洲可谈》，上海古籍出版社编：《宋元笔记小说大观》（第二册），上海古籍出版社 2001 年。

［16］〔宋〕朱长文等撰：《吴郡图经续记》，《宋元方志丛刊》，中华书局 1990 年。

［17］〔元〕陈大震纂修：《大德南海志》，中华书局编辑部编：《宋元方志丛刊》，中华书局 1990 年。

［18］〔元〕马端临撰：《文献通考》，中华书局 1986 年。

［19］〔元〕脱脱等撰：《宋史》，中华书局 1977 年。

［20］〔元〕周致中著，陆峻岭校注：《异域志》，中华书局 2000 年。

［21］〔明〕黄佐撰：嘉靖《广东通志》，广东省地方志办公室 1997 年誊印。

［22］〔明〕桑悦《重修岭路记》，康熙《江西通志》，《景印文渊阁四库全书》（第 517 册），台湾商务印书馆 1986 年。

［23］〔明〕宋濂撰：《元史》，中华书局 1976 年。

［24］〔明〕严从简著，余思黎点校：《殊域周咨录》，中华书局 2000 年。

［25］〔清〕崔弼辑：《波罗外纪》，《广州大典》第 34 辑第 21 册，广州出版社 2015 年。

［26］〔清〕崔弼辑，闫晓青校注：《波罗外纪》，广东人民出版社 2017 年。

［27］〔清〕董诰等编：《全唐文》，中华书局 1983 年。

［28］〔清〕顾祖禹撰，贺次君、施和金点校：《读史方舆纪要》，中华书局 2005 年。

［29］〔清〕郝玉麟等纂，鲁曾煜总辑：雍正《广东通志》，海南出版社2006年。

［30］〔清〕黄鸣坷修、石景芬纂：同治《南安府志》，《中国方志丛书》华中地方第268号，成文出版社1975年。

［31］〔清〕梁廷枏：《粤海关志》，《续修四库全书》（第835册），上海古籍出版社2002年。

［32］〔清〕屈大均撰：《广东新语》，中华书局1985年。

［33］〔清〕王之春著，赵春晨点校：《清朝柔远记》，中华书局2008年。

［34］〔清〕魏源撰：《海国图志》，岳麓书社1998年。

［35］〔清〕徐继畬：《瀛寰志略》，上海书店出版社2001年。

［36］〔清〕徐松辑：《宋会要辑稿》，中华书局1957年。

［37］〔清〕张渠撰：《粤东闻见录》，陈建华主编：《广州大典》第49辑第3册，广州出版社2015年。

［38］〔清〕张廷玉等撰：《明史》，中华书局1974年。

［39］〔清〕赵翼：《瓯北集》，上海古籍出版社1997年。

［40］〔清〕赵翼撰：《檐曝杂记》，中华书局1982年。

［41］〔清〕曾衍东：《南中行旅记》，《小豆棚》，齐鲁书社2004年。

［42］《清实录》，中华书局1986年。

［43］中共中央马克思恩格斯列宁，斯大林著作编译局编：《马克思恩格斯选集》（第一卷），人民出版社1972年。

［44］《海关贸易十年报告》（1882—1891）。

［45］广州市黄埔区政协文史资料研究委员会编：《黄埔文史》（第4辑），1988年铅印本。

［46］《南海神庙》编写组编：《南海神庙：史话与传说》，广东省地图出版社1992年。

［47］爱汉者等编，黄时鉴整理：《东西洋考每月统记传》，中华书局1997年。

［48］蔡鸿生：《广州海事录：从市舶时代到洋舶时代》，商务印书馆2018年。

［49］陈高华等点校：《元典章》，中华书局、天津古籍出版社 2011 年。

［50］陈珲、吕国利：《中华茶文化寻踪》，中国城市出版社 2000 年。

［51］陈建平、关伟嘉、端木玉、龚幼编著：《广东船舶发展简史》，哈尔滨工程大学出版社 2018 年。

［52］邓端本、章深：《广州外贸史》，广东高等教育出版社 1996 年。

［53］邓端本：《广州港史》（古代部分），海洋出版社 1986 年。

［54］范表：《海寇议后》，《玄览堂丛书续集》（第一五册），正中书局 1985 年。

［55］方志钦、蒋祖缘、徐松荣主编：《广东通史》，广东高等教育出版社 2010 年。

［56］冯承钧：《中国南洋交通史》，商务印书馆 2011 年。

［57］傅振伦著，孙彦整理：《〈景德镇陶录〉详注》，书目文献出版社 1993 年。

［58］故宫博物院、香港中文大学文物馆编印：《清代广东贡品》，故宫博物院 1987 年。

［59］故宫博物院编：《故宫钟表》，紫禁城出版社 2004 年。

［60］顾家熊、聂宝璋编：《中国近代航运史资料》，上海人民出版社 1983 年。

［61］广东省博物馆编：《民国海淘生活指南：广东二十世纪初的洋货风潮》，岭南美术出版社 2021 年。

［62］广东省博物馆编：《牵星过洋：万历时代的海贸传奇》，岭南美术出版社 2015 年。

［63］广东省博物馆编：《三城记——明清时期的粤港澳湾区与丝绸外销》，岭南美术出版社 2020 年。

［64］广东省博物馆编：《异趣同辉：广东省博物馆藏清代外销艺术精品集》，岭南美术出版社 2013 年。

［65］广东省博物馆编：《重彩华章：广彩瓷器 300 年精华展》，岭南美术出版社 2014 年。

［66］广东省博物馆编：《大海道："南海 I 号"沉船与南宋海贸》，岭南

美术出版社 2019 年。

［67］广州海关编志办公室编：《广州海关志》，广东人民出版社 1997 年。

［68］广州市地方志办公室编，陈锦鸿点注：《南海神庙文献汇辑》，广州出版社 2008 年。

［69］广州市黄埔区政协文史资料研究委员会编：《黄埔文史》（第 5 辑），1990 年铅印本。

［70］国家文物局水下文化遗产保护中心、广东文物考古研究所、中国文化遗产研究院等编著：《南海 I 号沉船考古发掘报告之二——2014~2015 年发掘》，文物出版社 2018 年。

［71］何国卫：《中国木帆船》，上海交通大学出版社 2019 年。

［72］黄鸿寿：《清史纪事本末》，中华书局 1925 年。

［73］黄淼章、闫晓青：《南海神庙与波罗诞》，暨南大学出版社 2011 年。

［74］黄启臣：《澳门通史》，广东教育出版社 1999 年。

［75］黄启臣：《广东海上丝绸之路史》，广东经济出版社 2014 年。

［76］黄仁宇：《中国大历史》，生活·读书·新知三联书店 1997 年。

［77］黄时鉴、沙进：《中国三百六十行：美国皮博迪·艾塞克斯博物馆藏品》，上海古籍出版社 2006 年。

［78］黄苇：《上海开埠初期对外贸易研究》，上海人民出版社 1979 年。

［79］江滢河：《广州口岸与南海航路》，广东人民出版社 2002 年。

［80］江滢河：《清代洋画与广州口岸》，中华书局 2007 年。

［81］冷东、金峰、肖楚熊：《十三行与岭南社会变迁》，广州出版社 2014 年。

［82］李伯重：《多视角看江南经济史（1250—1850）》，生活·读书·新知三联书店 2003 年。

［83］李调元：《南海竹枝词》，《中华竹枝词》（第 4 册），北京古籍出版社 1997 年。

［84］李剑农：《中国古代经济史稿》，武汉大学出版社 1990 年。

［85］李庆新：《濒海之地：南海贸易与中外关系史研究》，中华书局 2010 年。

［86］李燕：《广州港与海上丝绸之路》，广东经济出版社 2019 年。

［87］梁嘉彬：《广东十三行考》，广东人民出版社 2009 年。

［88］梁金成主编，广东省地方史志编纂委员会编：《广东省志·海关志》，广东省人民出版社 2002 年。

［89］梁启超：《中国近三百年学术史》，东方出版社 2004 年。

［90］廖大珂：《中国传统海外贸易》，海天出版社 2019 年。

［91］刘子芬：《竹园陶说》，1925 年石印本。

［92］吕思勉：《吕思勉读史札记》，上海古籍出版社 1982 年。

［93］骆昭东：《朝贡贸易与仗剑经商：全球经济视角下的明清外贸政策》，社会科学文献出版社 2016 年。

［94］穆根来、汶江、黄倬汉译：《中国印度见闻录》，中华书局 1983 年。

［95］彭泽益：《中国近代手工业史资料（1840—1949）》，中华书局 1962 年。

［96］乔培华主编：《航运与广州现代化》，光明日报出版社 2011 年。

［97］秦庆均：《黄埔史话》，广州市黄埔区政协文史资料研究委员会编：《黄埔文史》（第一辑），1985 年铅印本。

［98］卿希泰主编：《中外宗教概论》，高等教育出版社 2002 年。

［99］丘传英主编：《广州近代经济史》，广东人民出版社 1998 年。

［100］上海交通大学、上海市造船工业局《造船史话》编写组编：《造船史话》，上海科技出版社 1979 年。

［101］谭元亨：《十三行史稿：海上丝绸之路的一部断代史》，中山大学出版社 2021 年。

［102］陶文钊、梁碧莹主编：《美国与近现代中国》，中国社会科学出版社 1996 年。

［103］汪敬虞：《十九世纪西方资本主义对中国的经济侵略》，人民出版社 1983 年。

［104］王川：《南海神庙》，广东人民出版社 2002 年。

［105］王次澄等编著：《大英图书馆特藏中国清代外销画精华》，广东人民出版社 2011 年。

［106］王元林：《内联外接的商贸经济：岭南港口与腹地、海外交通关系研究》，中国社会科学出版社 2012 年。

［107］王元林主编：《广东海上丝绸之路史料汇编》，广东经济出版社 2017 年。

［108］王元林主编：《广州十三行与海上丝绸之路研究》，社会科学文献出版社 2019 年。

［109］王之春：《国朝通商始末记》，沈云龙主编：《近代中国史料丛刊》（第 15 辑），文海出版社 1967 年。

［110］吴家诗主编：《黄埔港史》（古、近代部分），人民交通出版社 1989 年。

［111］武堉干：《中国国际贸易史》，商务印书馆 1928 年。

［112］冼剑民、陈鸿钧：《广州碑刻集》，广东高等教育出版社 2006 年。

［113］肖致治、杨卫东：《鸦片战争前中西关系记事（1517—1840）》，湖北人民出版社 1986 年。

［114］新文丰出版有限公司编辑部编：《元人文集珍本丛刊》（第五册），新文丰出版有限公司 1985 年。

［115］严中平等：《中国近代经济史统计资料选辑》，科学出版社 1955 年。

［116］姚楠、陈佳荣、丘进：《七海扬帆》，中华书局 1990 年。

［117］姚贤镐编：《中国近代对外贸易史资料（1840—1895）》，中华书局 1962 年。

［118］余英时：《论戴震与章学诚：清代中期学术思想史研究》，生活·读书·新知三联书店 2000 年。

［119］俞福海主编：《宁波市志》“第九卷　海港口岸”，中华书局 1995 年。

［120］袁峰：《黄埔海关考》，中央编译出版社 2016 年。

［121］张伟湘、薛昌青：《广东古代海港》，广东人民出版社 2008 年。

［122］张星烺编注，朱杰勤校订：《中西交通史料汇编》，中华书局 1977 年。

［123］张星烺编注，朱杰勤校订：《中西交通史料汇编》，中华书局 1977 年。

［124］中国第一历史档案馆、澳门基金会、暨南大学古籍所合编：《明清时期澳门问题档案文献汇编》，人民出版社 1999 年。

［125］中国第一历史档案馆编：《康熙朝汉文朱批奏折汇编》，档案出版社 1984 年。

［126］周鑫、王潞：《南海港群 —— 广东海上丝绸之路古港》，广东经济出版社 2015 年。

［127］朱培初编著：《明清陶瓷和世界文化的交流》，轻工业出版社 1984 年。

［128］〔西〕阿比拉·菲诺：《日本王国纪》，岩波书店 1965 年。

［129］〔德〕利奇温著，朱杰勤译：《十八世纪中国与欧洲的文化接触》，商务印书馆 1991 年。

［130］〔俄〕B.C. 米亚斯尼科夫主编，徐昌翰等译：《19 世纪俄中关系：资料与文献：第 1 卷（1803—1807）》，广东人民出版社 2012 年。

［131］〔法〕费尔南·布罗代尔著，顾良、施康强译：《15 至 18 世纪的物质文明、经济和资本主义（第一卷）》，生活·读书·新知三联书店 1992 年。

［132］〔法〕裴化行、萧濬华译：《天主教十六世纪在华传教志》，商务印书馆 1936 年。

［133］〔美〕杜赞奇著，王福明译：《文化、权力与国家：1900—1942 年的华北农村》，江苏人民出版社 1996 年。

［134］〔美〕范岱克著，江滢河、黄超译：《广州贸易：中国沿海的生活与事业（1700—1845）》，社会科学文献出版社 2018 年。

［135］〔美〕黄宗智：《长江三角洲小农家庭和乡村发展》，中华书局 1992 年。

［136］〔美〕柯文著，林同奇译：《在中国发现历史 —— 中国中心观在美国的兴起》，中华书局 2002 年。

［137］〔美〕罗伯特·芬雷著，郑明萱译：《青花瓷的故事：中国瓷的时代》，海南出版社 2015 年。

［138］〔美〕玛格纳著，刘学礼译：《医学史》，上海人民出版社 2009 年。

［139］〔美〕马士，张汇文等译：《中华帝国对外关系史》，商务印书馆

1963年。

[140]〔美〕彭慕兰著，史建云译：《大分流：欧洲、中国及现代世界经济的发展》，江苏人民出版社2003年。

[141]〔美〕威廉·C.亨特著，冯树铁译：《广州番鬼录》，广东人民出版社1993年。

[142]〔美〕卫三畏著，陈俱译，陈绛校：《中国总论》，上海古籍出版社2014年。

[143]〔美〕谢弗著，吴玉贵译：《唐代的外来文明》，中国社会科学出版社1995年。

[144]〔美〕约翰·海达德著，何道宽译：《中国传奇——美国人眼里的中国》，花城出版社2015年。

[145]〔美〕张错：《中国风：贸易风动·千帆东来》，生活·读书·新知三联书店2022年。

[146]〔摩洛哥〕伊本·白图泰著，马金鹏译：《伊本·白图泰游记》，宁夏人民出版社1985年，第486页。

[147]〔日〕三上次男著，李锡经、高喜美译：《陶瓷之路》，文物出版社1984年。

[148]〔日〕桑原骘藏：《蒲寿庚考》，中华书局2009年。

[149]〔日〕桑原骘藏著，冯攸译：《唐宋元中西通商史》，河南人民出版社2018年。

[150]〔日〕松浦章、〔日〕内田庆市、沈国威编著：《遐迩贯珍の研究》，关西大学出版部2005年。

[151]〔日〕真人元开著，汪向荣校注：《唐大和上东征传》，中华书局1979年。

[152]〔瑞典〕龙思泰著，吴义雄、郭德焱、沈正邦译，章文钦校注：《早期澳门史》，东方出版社1997年。

[153]〔意〕马可波罗著，冯承钧译：《马可波罗行纪》，上海书店出版社2001年。

[154]〔意〕利玛窦、〔比〕金尼阁著，何高济、王遵仲、李申译，何

兆武校：《利玛窦中国札记》，中华书局 1983 年。

［155］〔英〕C. R. 博克舍编注，何高济译：《十六世纪中国南部行纪》，中华书局 1990 年。

［156］〔英〕戴伟思著，高丹译：《东帆西扬——“耆英号”之航程（1846—1855）》，浙江大学出版社 2021 年。

［157］〔英〕孔佩特著，于毅颖译：《广州十三行：中国外销画中的外商（1700—1900）》，商务印书馆 2014 年。

［158］〔英〕斯当东著，叶笃义译：《英使谒见乾隆纪实》，商务印书馆 1963 年。

［159］〔英〕裕尔撰，〔法〕考迪埃修订，张绪山译：《东域纪程录丛：古代中国见闻录》，商务印书馆 2021 年。

三、论文

［1］蔡奕芝：《从“南海一号”看中国瓷器的外销与影响》，冯小琦主编：《古代外销瓷器研究》，故宫出版社 2013 年。

［2］程美宝：《琛舶纷从画里来》，英国维多利亚阿伯特博物院、广州市文化局等编：《18—19 世纪羊城风物：英国维多利亚阿伯特博物院藏广州外销画》，上海古籍出版社 2003 年。

［3］黄静：《广东海上丝绸之路与陶瓷外销》，冯小琦主编：《古代外销瓷器研究》，故宫出版社 2013 年。

［4］黄启臣：《广州海上丝绸之路的兴起与发展》，广东省人民政府外事办公室、广东省社会科学院编：《广州与海上丝绸之路》，1991 年铅印本。

［5］黄启臣：《十三行商领潮接纳西方文化——广州十三行商与广州城市文化研究之二》，赵春晨、冷东主编：《广州十三行与清代中外关系》，世界图书出版公司 2012 年。

［6］冷东：《十三行与影响世界的茶叶之路》，赵春晨、冷东主编：《广州十三行与清代中外关系》，世界图书出版公司 2012 年。

[7] 刘凤霞:《繁华都会与鬼魅——从十三行为主题的中国外销画看口岸文化的发展》，赵春晨、冷东主编:《广州十三行与清代中外关系》，世界图书出版公司 2012 年。

[8] 陆明华:《“黑石号”沉船及出水陶瓷器的认识与思考》,《宝历风物:“黑石号”沉船出水珍品》，上海书画出版社 2020 年。

[9] 王元林、范招荣:《清代中后期江南外销丝货的国内流通与十三行在外销丝货中的作用》，赵春晨、冷东主编:《广州十三行与清代中外关系》，世界图书出版公司 2012 年。

[10] 韦庆远:《澳门通洋贸易与广州黄埔设港的关系》，纪宗安、汤开建主编:《暨南史学》(第三辑)，暨南大学出版社 2004 年。

[11] 武斌:《近代欧洲的茶叶贸易与中国茶文化的西传》，耿昇、戴建兵主编:《历史上中外文化的和谐与共生：中国中外关系史学会 2013 年学术研讨会论文集》，甘肃人民出版社 2014 年。

[12] 杨芹:《南宋海外贸易述略》，广东省博物馆编:《大海道:“南海Ⅰ号”沉船与南宋海贸》，岭南美术出版社 2019 年。

[13] 姚崇新:《广州光孝寺早期沿革与驻锡外国高僧事迹考略——兼论光孝寺在中外佛教文化交流中的地位》，广州市文化广电新闻出版局、广州市文物博物馆学会编:《广州文博(拾贰)》，文物出版社 2018 年。

[14]〔美〕基特·乔，克艾文:《中国茶叶走向欧洲》,《农业考古》1993 年第 4 期。

[15]〔日〕满冈忠成著，林中干译，彭适凡校:《宋朝瓷器与日本文化》,《江西文物》1990 年第 1 期。

[16]〔瑞典〕丽莎·赫尔曼著，蔡香玉译:《广州贸易的社会关系——瑞典东印度公司的信息流动、信用、空间与性别》，赵春晨、冷东主编:《广州十三行与清代中外关系》，世界图书出版公司 2012 年。

[17] 白芳:《广东省博物馆藏清代广作外销银器概述》,《文物天地》2019 年第 6 期。

[18] 蔡鸿生:《清代广州行商的西洋观——潘有度〈西洋杂咏〉评说》,《广东社会科学》2003 年第 1 期。

［19］陈小冲：《十七世纪上半叶荷兰东印度公司的对华贸易扩张》，《中国社会经济史研究》1986年第2期。

［20］董少新：《19世纪前期西医在广州口岸的传播》，《海交史研究》2002年第2期。

［21］方李莉：《丝绸之路上的中国瓷器贸易与世界文明再生产》，《云南师范大学学报（哲学社会科学版）》2016年第4期。

［22］刘鉴唐：《鸦片战争前四十年间鸦片输入与白银外流数字的考察》，《南开史学》1984年第1期。

［23］高建新：《"映日帆多宝舶来"——唐诗中的"海上丝路"》，《唐都学刊》2021年第5期。

［24］关雪玲：《康熙朝宫廷中的西洋医事活动》，《故宫博物院院刊》2004年第1期。

［25］黄超：《中国外销银器研究回顾与新进展——兼论18世纪广州的银器外销生意》，《海洋史研究》2018年第2期。

［26］黄慧怡：《唐宋广东生产瓷器的外销》，《海交史研究》2004年第1期。

［27］黄静：《纹章与纹章瓷》，《收藏》2016年第13期。

［28］黎虎：《唐代的市舶使与市舶管理》，《历史研究》1998年第3期。

［29］李宝庆、梁思远：《中国古代货币流出海外情况及其启示》，《西部金融》2018年第11期。

［30］李伯重：《英国模式、江南道路与资本主义萌芽》，《历史研究》2001年第1期。

［31］李军：《宋元"海上丝绸之路"繁荣时期广州、明州（宁波）、泉州三大港口发展之比较研究》，《南方文物》2005年第1期。

［32］李龙潜：《明代广东的对外贸易》，《文史哲》1982年第2期。

［33］李暖：《"转向东方"：俄罗斯东方学视野中的广州航道与海洋空间建构》，《俄罗斯研究》2022年第2期。

［34］梁碧莹：《"医学传教"与近代广州西医业的兴起》，《中山大学学报（社会科学版）》1999年第5期。

[35] 刘冬媚:《南海一号沉船 —— 解读南宋海洋贸易的重要宝库》,《收藏家》2019年第5期。

[36] 刘志伟:《地域空间中的国家秩序 —— 珠江三角洲“沙田—民田”格局的形成》,《清史研究》1999年第2期。

[37] 刘志伟:《在区域史研究中认识国家历史》,《江西师范大学学报(哲学社会科学版)》,2022年第1期。

[38] 吕坚:《谈康熙时期与西欧的贸易》,《历史档案》1981年第4期。

[39] 罗志田:《近代中国社会权势的转移:知识分子的边缘化与边缘知识分子的兴起》,《开放时代》1999年第4期。

[40] 马建和:《鸦片战争前西方殖民者在黄埔港的鸦片走私》,《岭南文史》1987年第1期。

[41] 沙丁、杨典求:《中国和拉丁美洲的早期贸易关系》,《历史研究》1984年第4期。

[42] 田汝康:《十七世纪至十九世纪中叶中国帆船在东南亚洲航运和商业上的地位》,《历史研究》1956年第8期。

[43] 汪敬虞:《论清代前期的禁海闭关》,《中国社会经济史研究》1983年第2期。

[44] 王双怀:《明代从海外引入华南的粮食作物》,《中国历史地理论丛》1998年第1期。

[45] 王翔:《论中国丝绸的外传》,《苏州大学学报》1991年第2期。

[46] 王郁风:《英国的茶叶贸易与饮茶文化》,《福建茶叶》1990年第3期。

[47] 吴寒筠、李灶新、肖达顺、崔剑锋:《广州南越国宫署遗址和“南海Ⅰ号”沉船出土酱釉器产地分析》,《文博学刊》2022年第2期。

[48] 吴尚时:《乐昌峡》,《地理集刊》1945年第12期。

[49] 武伯纶:《唐代广州至波斯湾的海上交通》,《文物》1972年第6期。

[50] 徐汝聪:《试论僧伽造像及僧伽崇拜》,《东南文化》2014年第5期。

[51] 许檀:《明清时期江西的商业城镇》,《中国经济史研究》1998年第3期。

［52］闫晓青：《南海神庙 —— 中国古代海上丝绸之路的重要遗迹》，《南方文物》2005年第3期。

［53］杨国桢：《十六世纪东南中国与东亚贸易网络》，《江海学刊》2002年第4期。

［54］赵立人、黄伟：《黄埔港的变迁》，《岭南文史》1986年第2期。

［55］赵立人：《黄埔港的沧桑》，《广州对外贸易学院学报》1986年第3期。

［56］朱杰勤：《十七世纪中国人民反抗荷兰侵略的斗争 —— 纪念郑成功收复台湾三百周年》，《历史研究》1962年第1期。

［57］曾玲玲：《广州古代海外贸易历史研究40年回顾（1979—2019）》，《海交史研究》2020年第1期。

［58］丁哲：《广州十三行通商体制的变迁及其对广州对外贸易的影响》，云南师范大学2016年硕士学位论文。

［59］方静仪：《唐代长沙窑瓷器研究 —— 以国内出土瓷器为中心》，中国社会科学院大学2021年硕士学位论文。

［60］江滢河：《西画东传与广州口岸》，中山大学2000年博士学位论文。

［61］郎国华：《宋代广东经济发展研究》，暨南大学2004年博士学位论文。

［62］林晓君：《泗州佛信仰研究》，福建师范大学2007年硕士学位论文。

［63］刘军：《明清时期海上商品贸易研究（1368—1840）》，东北财经大学2009年博士学位论文。

［64］陆晓林：《对外交流视域下的唐长沙窑瓷器文化艺术》，山东工艺美术学院2022年硕士学位论文。

［65］孙晓林：《民国时期的黄埔港建设研究（1925—1938）》，广东省社会科学院2020年硕士学位论文。

［66］翁舒韵：《明清广东瓷器外销研究》（1511—1842），暨南大学2002年硕士学位论文。

后　记

广东是我国海岸线最长的省份。长期以来，许许多多的民众凭海谋生，踏浪而行。港口是船只进出和驻留之处，也是历代从事海上贸易和海上生产的民众离家与回家的关键节点。1000多年来，黄埔港作为珠江入海口处中外往来的孔道，虽然位置多有变动，但作用和地位却愈发显要。明代“广中事例”和清代“一口通商”期间，广州长时间主导中外贸易，成为中国对外开放的窗口。研究港口的历史，物质和文化交流理应得到关注，而近年来民俗学和海上流动空间与社会研究也值得被引入港口研究之中，庶几为其提供更多研究张力和视角。

本书在写作上关注物质、文化、民俗三个面向，以黄埔港为中心，梳理其位置变动、角色变化、物质往来、文化交流和民俗事项，希望能够从多个侧面展示黄埔港丰富的层次性。其中，由黄埔港进出的货物、人员和文化还在广州、广东乃至全国产生影响，对它们由点及面地展开研究与阐释也是十分必要的。

广州是改革开放的前沿，从这个意义上来说，以黄埔港为代表的中外交往传统一直在延续。1957年4月，中国出口商品交易会在广州举办，可被视为明代海珠石附近交易会的现代版。前者不一定来自后者的启发，也可能是历史不经意的巧合。巧合的背后是广州开放包容基因的延续。如今，我们的物质和文化生活越来越富足，这在很大程度上是改革开放的结果。

感谢复旦大学魏峻教授和广州市黄埔区魏峻工作室为本书写作提供的便利。身处广州，扑面而来的中外交往交流气息分外浓郁，工作中经常接触海上丝绸之路相关的话题、议题和主题，研究中也经常会碰到一些问题。此次有机会深入阅读文献，编写相关内容，使我对海上丝绸之路有了更深入的了解，并促使我今后更加关注这个研究领域。

黄埔港历史悠久且位置重要。关于它的专题和相关研究较多，本书在吸收相关研究的基础上，有意拓展黄埔港研究的视野，将物质、文化、民俗、流动空间等放在一起讨论，希望通过综合视野拓展黄埔港的研究领域。当然，由于学养有限，书中不足在所难免，恳请读者不吝赐教。

吴昌稳

2024 年 3 月